本书由国家社会科学基金重点项目（22AGL014）资助出版

数字化时代下的职场成功老龄化：理论与实践

朱　玥　房俨然　汪　默　金杨华◎著

中国商务出版社

·北京·

图书在版编目（CIP）数据

数字化时代下的职场成功老龄化：理论与实践 / 朱玥等著. -- 北京：中国商务出版社，2024.12.

ISBN 978-7-5103-5062-7

Ⅰ. F249.21

中国国家版本馆 CIP 数据核字第 2025FY4352 号

数字化时代下的职场成功老龄化：理论与实践

朱　玥　房俨然　汪　默　金杨华◎著

出版发行：中国商务出版社有限公司

地　　址：北京市东城区安定门外大街东后巷 28 号　　邮　　编：100710

网　　址：http://www.cctpress.com

联系电话：010—64515150（发行部）　　　010—64212247（总编室）

　　　　　010—64515164（事业部）　　　010—64248236（印制部）

责任编辑：徐文杰

排　　版：北京天逸合文化有限公司

印　　刷：宝蕾元仁浩（天津）印刷有限公司

开　　本：710 毫米×1000 毫米　1/16

印　　张：18　　　　　　　　　　　　字　　数：266 千字

版　　次：2024 年 12 月第 1 版　　　　　印　　次：2024 年 12 月第 1 次印刷

书　　号：ISBN 978-7-5103-5062-7

定　　价：79.00 元

前　言

当今世界正经历两大深刻变革：一是数字化技术的飞速发展，人工智能、大数据、物联网等正以空前的速度和规模重塑人类的生产生活方式；二是全球人口老龄化趋势日益加剧，尤其在中国，老龄人口比例迅速攀升，对社会经济发展产生了深远影响；为应对这一挑战，党的二十大报告提出了"实施积极应对人口老龄化国家战略"，探索具有中国特色的应对老龄化路径。这两大趋势的交汇，不仅带来了前所未有的挑战，更孕育了巨大的机遇，迫切要求我们在宏观战略与微观实践上同步发力。

毫无疑问，社会结构和人口老龄化正深刻改变劳动力市场和组织的人力资源管理实践。在组织中，45 岁及以上的员工通常被视为"年长员工"。这一群体蕴藏着丰富的经验和技能，是尚未被充分挖掘的宝贵资源，但也带来了新的管理挑战，如激励他们持续学习、帮助他们适应变化，并在多代际工作环境中发挥作用。随着数字化时代的到来，这些挑战变得更加复杂。数字化技术不仅推动了社会创新和效率提升，也对劳动力的技能结构、适应能力和学习方式提出了更高要求。面对快速变化的技术环境，如何保持年长员工的竞争力、实现自我价值并保障健康福祉，已成为亟待解决的问题。这促使我们重新思考并拓展传统的成功老龄化理论，以更好地适应新时代需求，指导组织管理实践，实现个人与组织的双赢。

《数字化时代下的职场成功老龄化：理论与实践》一书正是基于这种需求而撰写。本书立足于理论与实践两个维度，系统探讨了年长员工如何在数字化时代实现职场成功老龄化。我们期望，通过本书，帮助年长员工在数字化背景下重新认识自我，提升个人价值；同时，协助企业制定高效的人力资源管理政策，推动企业和社会的可持续发展。

全书共分为三部分九章。理论基础篇的第一章分析了全球及中国的人口老龄化趋势，深入探讨了劳动力老龄化带来的机遇与挑战，并从个体、企业和劳动力市场三个层面剖析了其影响。第二章详细阐述了成功老龄化的内涵与理论发展，介绍了毕生发展观、选择—优化—补偿理论、社会情绪选择理论等核心理论，为理解职场成功老龄化奠定了坚实的理论基础。第三章聚焦数字化时代的特征，探讨了新的工作模式和要求，并分析了数字化技术对老龄劳动力的影响，构建了数字化时代下的职场成功老龄化理论框架。实证研究篇通过第四章至第六章的研究，实证检验了数字化技术感知、跨代际关系、人力资源管理实践对职场成功老龄化的影响。这些章节通过大量数据分析揭示了影响年长员工职场成功老龄化的关键因素，为理论模型提供了实证支持，也为实践提供了具体的指导建议。战略启示篇从第七章至第九章，分别从个人与家庭、企业、政府三个层面提出了应对人口老龄化的策略与行动。第七章强调了个人在健康管理、持续学习、职业规划和社交网络拓展方面的重要性，以及家庭在支持和代际互动中的作用。第八章探讨了企业如何通过年龄相关的人力资源管理实践和数字化技术的应用，促进老龄劳动力的成功老龄化。第九章详细分析了全球及中国的人口老龄化战略与政策，总结了成功的经验，并提出了科技助老的战略思考。

本书聚焦全球性的重大课题——劳动力老龄化，紧扣数字化时代的背景，从理论到实践进行了系统而深入的探讨，呈现出以下特色。一是深度融入数字化时代的视角，对劳动力老龄化进行全新解读。深入分析数字技术对老龄劳动力的深远影响，创新性地提出了数字化时代下的职场成功老龄化理论框架，为老龄员工适应新技术环境、实现自我价值提供了全新的理论指南。二是以翔实的实证研究为基础，深入剖析影响职场成功老龄化的关键因素。通过对数字技术感知、跨代际技术帮助、数字化人力资源管理实践等多重因素的细致研究，揭示了老龄劳动力在数字化背景下的行为特征和心理机制。这些研究不仅为理论模型提供了坚实支撑，更为企业和政策制定者提供了宝贵的数据依据和实践参考。三是从个人、家庭、企业和政府四个层面，系统总结并提出了应对老龄化挑战的策略与行动方案，旨在引导各方积极应对，实现个人发展与社会进步的双赢局面。

本书是集体智慧的结晶，具体编写分工如下：第一章（朱玥、彭雨荷）、第二章（朱玥、黄玺倩）、第三章（汪默、房俨然、朱玥）、第四章（朱玥、王肖宁）、第五章（金杨华、朱太球）、第六章（房俨然）、第七章（朱玥、金杨华）、第八章（汪默、朱玥）、第九章（房俨然、匡世龙）。

本书的完成离不开各界专家学者的支持与帮助，衷心感谢所有为本书提供宝贵意见和建议的同行们。在编写过程中，我们也借鉴了许多优秀的文献和资料，在此向相关作者表示诚挚的谢意。同时，由于时间有限，加之作者水平所限，书中难免存在不足之处，恳请读者和同行批评指正。我们深知，人口老龄化和数字化变革都是复杂而动态的过程，需要持续的研究和探索。期待本书能激发更多的思考与讨论，为社会的可持续发展做出贡献。

作　者
2024 年 10 月

目　录

理论基础篇

实证研究篇

战略启示篇

理论基础篇

第一章　劳动力老龄化：机遇与挑战

随着社会经济的发展和医疗卫生水平的提升，人口预期寿命显著延长。与此同时，人们生育意愿的变化，生育率不断下降，老年人口在总人口中的比重不断上升。当前，全球正在快速进入人口老龄化阶段，这一趋势已经成为 21 世纪最重要的社会变革之一，对社会经济发展产生深远影响。一方面，人口老龄化对多个领域提出了严峻挑战：劳动力供给的减少可能加剧劳动力市场的紧张，影响生产效率和经济增长；养老体系在应对庞大的老龄化群体时，面临资金压力与服务需求的平衡难题。另一方面，人口老龄化也蕴含着新的机遇。随着社会对老年群体的重新认识，年长劳动者拥有丰富的经验和知识储备，为社会和企业提供宝贵的智力支持。因此，全世界各国政府都在积极探索通过适当的政策和措施，推动年长劳动者继续参与社会经济活动，充分释放老年人剩余人力资本的潜力。

第一节　全球及中国的人口老龄化趋势

根据世界卫生组织（WHO）提出的新的人口老龄化划分标准，60~74 岁的人群称为年轻老人，75 岁以上的人群称为老年人，90 岁以上的人群则称为长寿老人。全球 60 岁及以上的老龄人口正在以前所未有的速度增加。中国面临着类似的人口老龄化趋势，并且由于人口基数庞大、城乡发展不平衡等，中国所面对的老龄化结构问题更为复杂，挑战更为艰巨。

一、全球人口老龄化现状

世界银行 2023 年统计数据显示，近 20 年来，全球 65 岁和 65 岁以上的人口占总人口的比例逐年增加，从 2004 年的 7.24% 上升到 2023 年的 10.03%（见图 1.1）。分析世界主要国家近 20 年的人口老龄化发展趋势（见图 1.2），可以看到各国 65 岁及以上人口比例都在不同幅度地增加。相较而言，韩国和日本的人口老龄化程度的增加幅度更加明显。这一趋势主要源于多重因素的综合作用。首先，这些国家的总和生育率长期低于维持人口更替所需的水平，例如韩国已经成为世界上人口生育率最低的国家，2023 年韩国的总和生育率仅为 0.72；日本 2023 年的总和生育率为 1.2。社会经济因素如晚婚晚育、女性就业率提高和育儿成本高，以及文化与社会观念的变化等，使得女性的生育意愿下降。尽管这些国家推出了鼓励生育的政策，但效果有限，生育率仍然偏低。其次，医疗技术的进步和生活质量的提高使得居民人均预期寿命延长，如日本女性的平均寿命已超过 87 岁，男性超过 81 岁，这加速了老龄人口比例的上升。此外，移民政策的影响也不可忽视，韩国和日本的移民政策相对保守，无法通过引入外国劳动力来缓解压力。

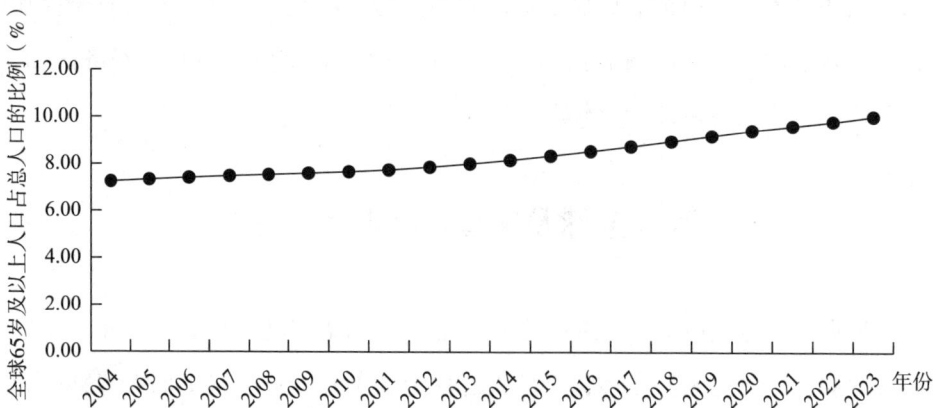

图 1.1　全球 65 岁及以上人口比例发展趋势

资料来源：世界银行 WDI 数据库。

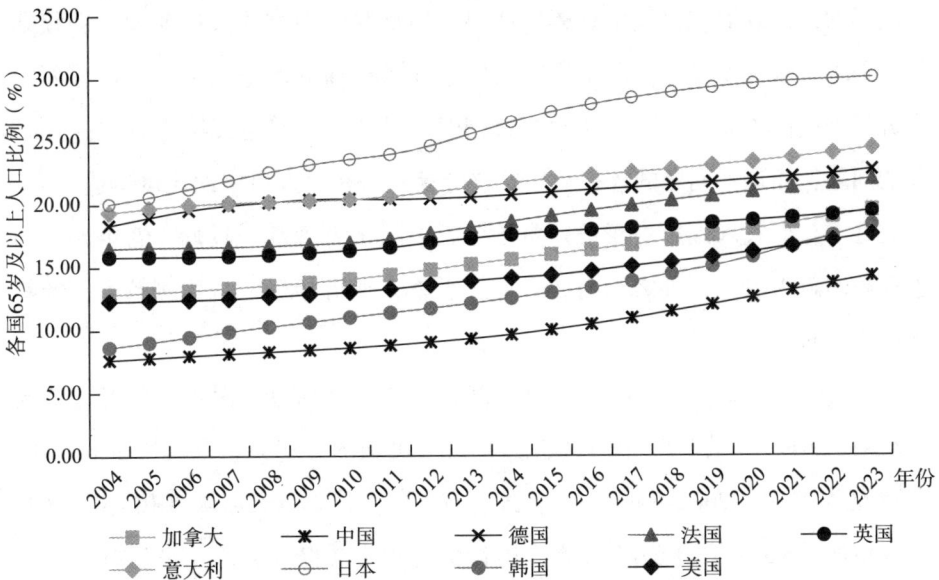

图 1.2　世界主要国家 65 岁及以上人口比例发展趋势

资料来源：世界银行 WDI 数据库。

对不同收入国家进行比较分析（见图 1.3）。可以发现，近 20 年来，高收

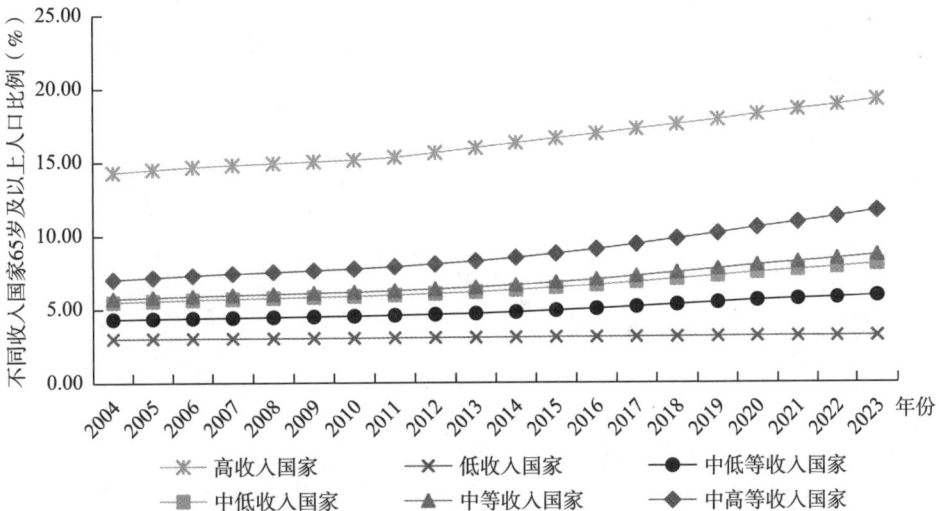

图 1.3　不同收入国家 65 岁及以上人口比例发展趋势

资料来源：世界银行 WDI 数据库。

入国家的人口老龄化比例增加幅度明显，而低收入国家的人口老龄化进程则相对平缓。这一差异主要源于高收入国家在医疗保健水平和生活质量方面的优势显著提高了老年人口的生存率；同时，这些国家普遍面临生育率持续下降的问题，而这一问题的存在直接导致老年人口在总人口中的比重迅速上升。相比之下，低收入国家由于医疗资源匮乏、经济发展水平较低，老年人口的生存条件较为艰难，加之相对较高的生育率，使得年轻人口比例较大，老龄化进程相对缓慢。

对比美国、日本、德国和英国在2010—2023年劳动力总人口的变化情况（分别见图1.4、图1.5、图1.6、图1.7）。美国的劳动力总人数从2010年的1.57亿人增加至2023年的1.71亿人。日本的劳动力总人数从2010年的6623万人增加至2023年的6934万人，尽管增速较为缓慢，但总体呈现持续增长的态势。德国的劳动力总人数则从2010年的4194万人增加至2023年的4478万人。英国的劳动力总人数在过去十四年中稳步增长，从2010年的3223万人增加至2023年的3527万人。尽管上述各国的劳动力总人数皆在2020年因新冠疫情受到冲击出现下降，但疫情结束后其劳动力总人数迅速恢复，并继续保持增长态势。

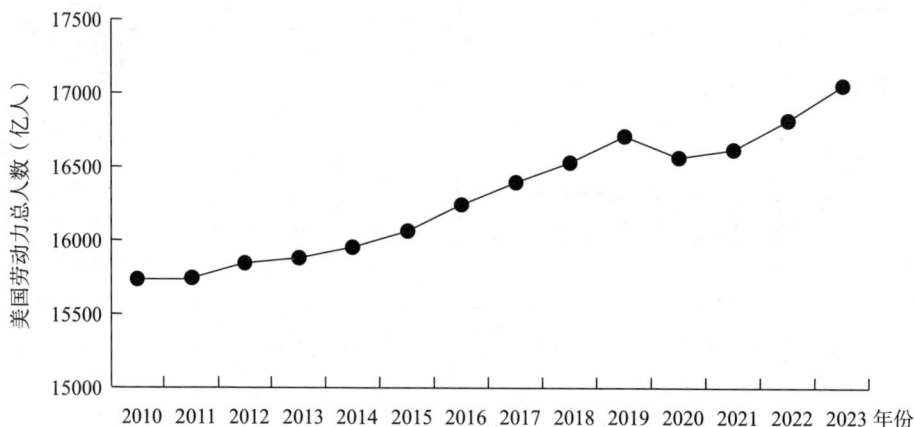

图1.4　2010—2023年美国劳动力总人口的变化情况

资料来源：世界银行WDI数据库。

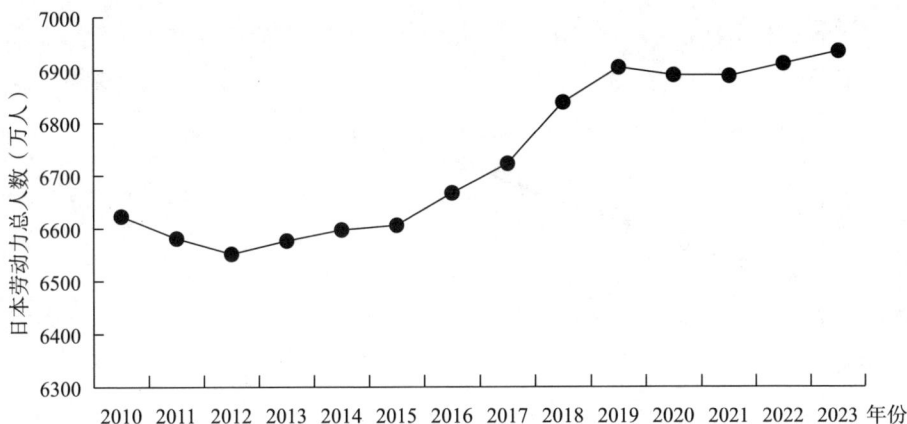

图 1.5　2010—2023 年日本劳动力总人口的变化情况

资料来源：世界银行 WDI 数据库。

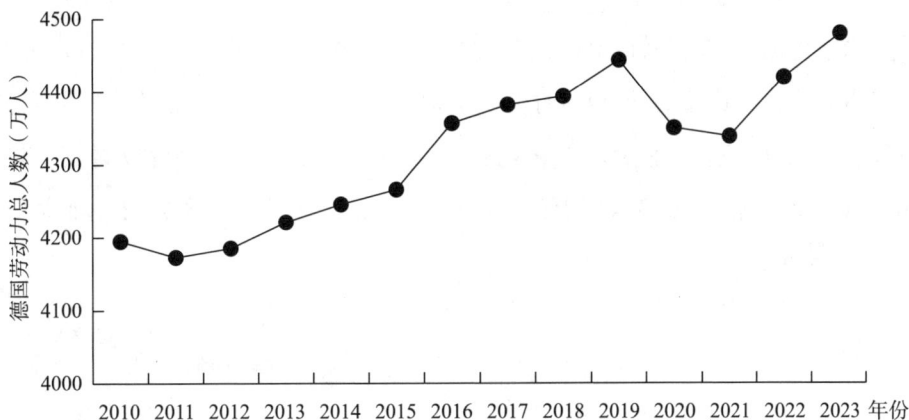

图 1.6　2010—2023 年德国劳动力总人口的变化情况

资料来源：世界银行 WDI 数据库。

二、中国人口老龄化分析

据国家统计局最新人口数据显示，截至 2023 年末，我国 60 岁及以上的人口为 29697 万人，占全国总人口的 21.1%；其中 65 岁及以上的人口为 21676 万人，占全国总人口的 15.4%。根据联合国关于老龄化社会的定义标

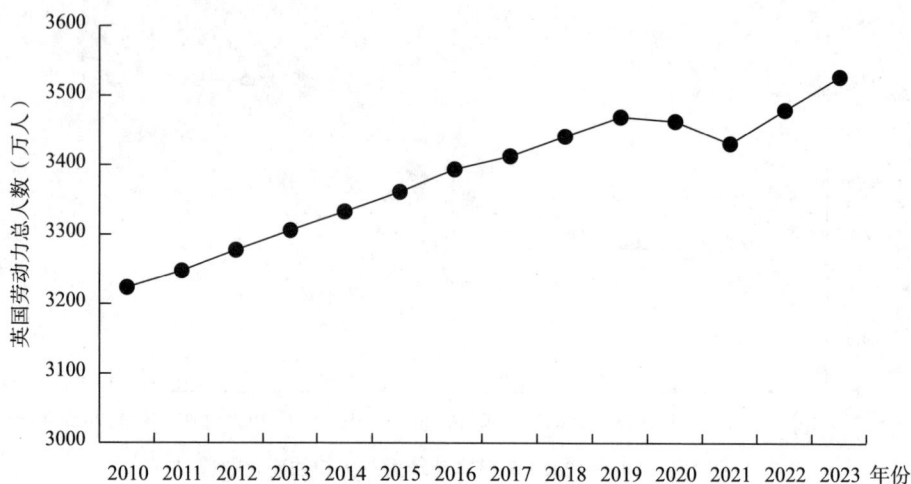

图 1.7 2010—2023 年英国劳动力总人口的变化情况

资料来源：世界银行 WDI 数据库。

准，当一个国家 60 岁及以上的人口占总人口比重超过 20% 或 65 岁及以上的
人口占总人口的比重超过 14% 时，该国被认为已进入"中度老龄化"社会。
可知，中国已经进入中度老龄化社会。从图 1.8 和图 1.9 中可以看到，自
2021 年开始，中国 60 岁及以上的人口数量和人口占比的增长幅度开始加大。

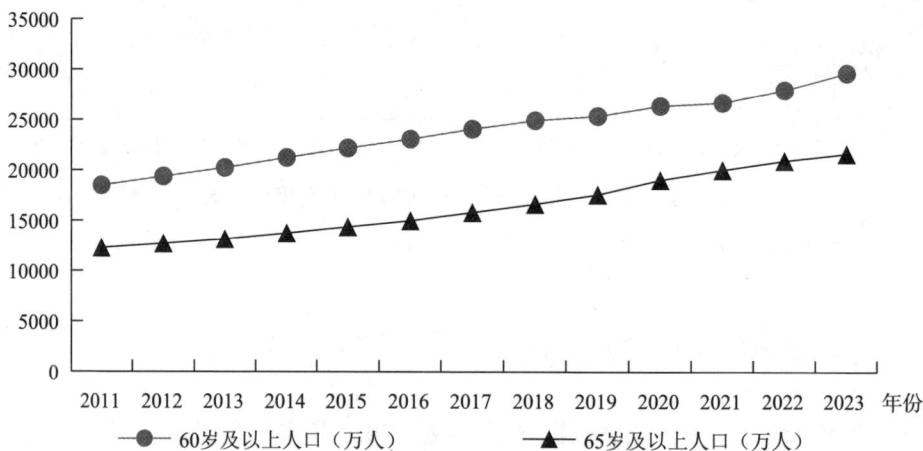

图 1.8 中国 2011—2023 年老龄人口数

资料来源：国家统计局。

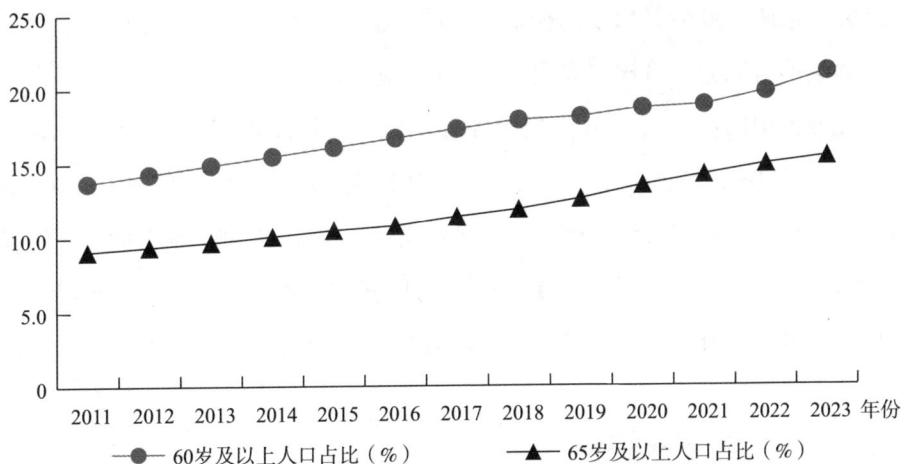

图 1.9 中国 2011—2023 年老龄化人口占比

资料来源：国家统计局。

对中国劳动力人口的年龄构成进行分析，如图 1.10 所示，在 2012 年至 2022 年的十年期间，30 岁以下的劳动力人口比例整体呈现下降趋势，从 23.2% 减少至 14.8%，意味着年轻劳动力人口在中国劳动力人口中的占比逐渐减少。同时，50 至 59 岁的劳动力人口比例显著上升，从 15% 增长至

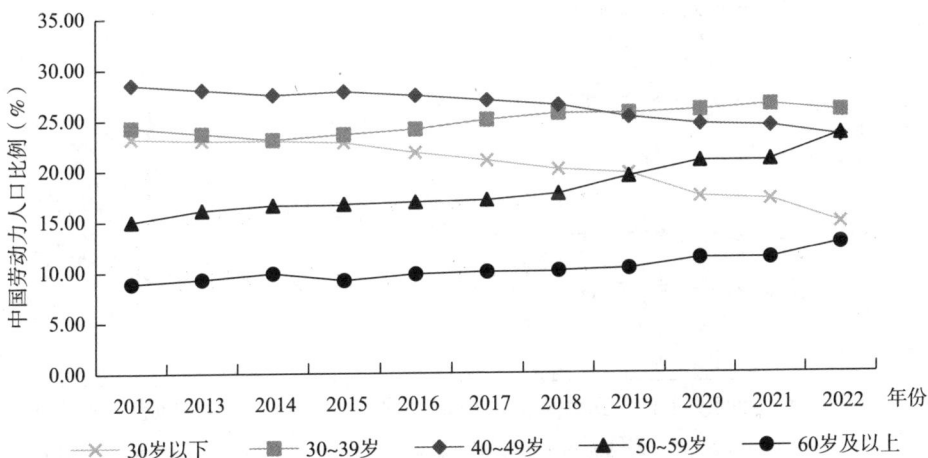

图 1.10 2012—2022 年中国劳动力人口年龄构成

资料来源：中国人口和就业统计年鉴。

23.5%，并且，60 岁及以上的劳动力人口的比例从 8.9% 增长至 12.8%，这两个年龄段的劳动力人口比例实现了近 50% 的增长。

此外，中国劳动力老龄化趋势在各性别群体中均明显存在。具体来看，如图 1.11 和图 1.12 所示，在 2012 年至 2022 年的十年间，30 岁以下的年轻劳动力人口在男性和女性群体中的占比均显著下降。男性就业比例由 23% 降至 15%，女性则由 23.6% 降至 14.5%。与此同时，50~59 岁年龄段的劳动力人口比例显著上升。在该年龄段，男性就业人员比例从 15.8% 增长至 24.5%，

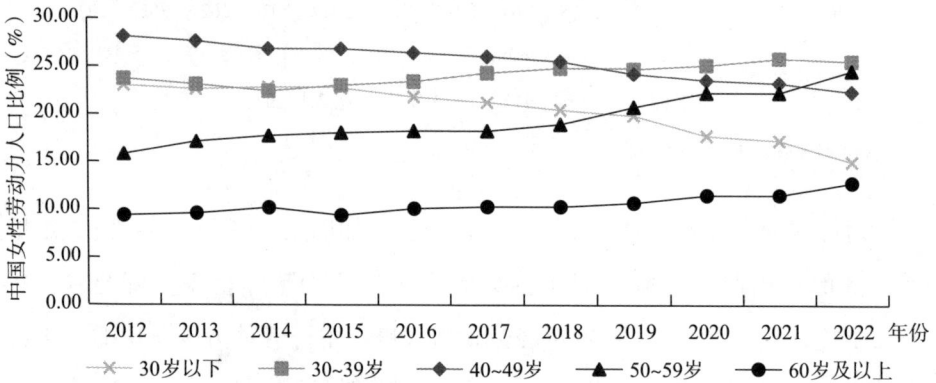

图 1.11　2012—2022 年中国女性劳动力年龄分布

资料来源：中国人口和就业统计年鉴。

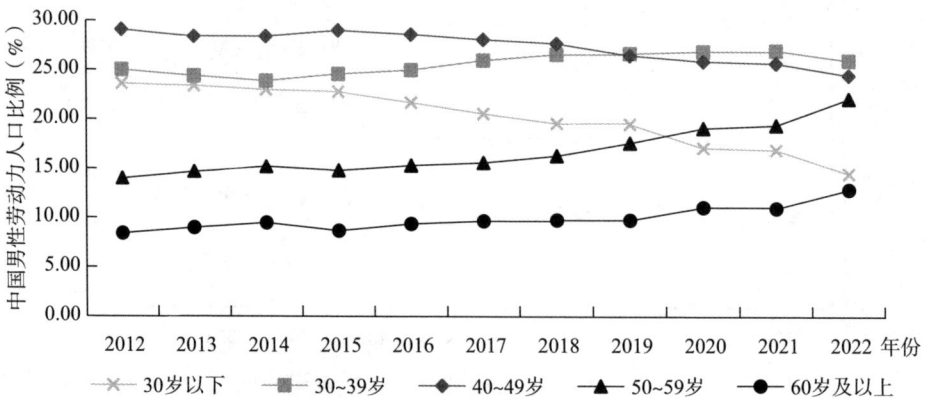

图 1.12　2012—2022 年中国男性劳动力年龄分布

资料来源：中国人口和就业统计年鉴。

女性则从 14% 增长至 22.1%，男女在 50~59 岁年龄段的劳动力人口占比均出现了超过 50% 的增长。此外，60 岁及以上年龄段的劳动力人口比例也有所增长，男性由 9.4% 增长至 12.8%，女性则从 8.4% 增长至 12.9%。总体来看，50~59 岁和 60 岁及以上这两个年龄段的劳动力人口占比均有所增长，特别是 50~59 岁年龄段的劳动力人口占比显著上升，显示出劳动力老龄化趋势在性别上的一致性。

第二节　劳动力老龄化的机遇与挑战

随着老年人口比重的上升，适龄劳动人口的比重下降，劳动力供给规模、参与率及总供给时间均有所减少。然而，老年人丰富的经验和技能积累有助于提高生产效率；同时，随着社会人口结构的变化，老龄化也促进了消费需求的变更，尤其在医疗健康和养老服务等领域，推动了产业结构的调整和升级。如果个体、组织和劳动力市场能有效应对劳动力老龄化带来的挑战，不仅可以维持经济活力，还能推动社会的可持续发展。

一、个体：成长机会与面临困难

1. 年龄对个体生活的影响

随着年龄的增长，个体会经历一系列生理、认知、社会以及日常生活能力的变化，这些变化显著影响其生活质量。生理层面上，如肌肉力量和骨密度的减少，以及代谢速率的降低，都可能导致身体抵抗力下降和恢复能力减弱。认知方面的变化包括记忆力衰退和处理信息速度减慢等，可能会削弱老年人的决策能力，影响其处理日常事务和维持独立生活的能力。此外，社会关系的变动，尤其是社交网络的缩小，会导致情感支持减少，增加孤立感。这些变化共同作用，对老年人的生活质量产生重要影响。因此，理解并适应这些与年龄相关的变化至关重要。

（1）生理和健康相关的变化。生理变化是衰老的显著特征之一。衰老导致所有组织和器官的结构和功能逐渐衰退（Whitbourne，1985；Medina，1997）。在日常生活中，我们可以看到明显的外观变化，如皮肤老化、头发变白、体型和身材的改变、肌肉力量和耐力下降、关节硬度增加，以及行走或运动速度普遍减慢等。衰老还伴随着所有感觉器官功能的退化，如视觉、听觉、味觉、嗅觉、前庭感觉（维持姿势和平衡所必需）以及对触觉、疼痛和温度的敏感性（即皮肤感觉）。这些感官逐渐变得迟钝，个体对感觉刺激的反应速度随着年龄的增长而减慢。值得注意的是，虽然与年龄相关的生理变化不可避免，但其类型和幅度因人而异，且与心理、社会、环境和生活方式等因素相互作用，共同决定了衰老的过程和速度（Rowe & Kahn，1987）。例如，积极的态度和人格特质会促使老年人更多地寻求智力刺激或从事身体和社交活动，减缓相关器官功能的衰退。而生理损伤导致的活动能力下降，则会阻碍这些活动的进行发生，从而进一步加速器官功能的退化（Bortz，1982）。因此，衰老带来的生理退化并非完全无法控制。通过定期锻炼、均衡营养以及积极参与社交和智力刺激活动，可以在一定程度上减缓衰老进程，延缓生理退化（Fries，1990）。

（2）认知功能的变化。大量证据表明与年龄相关的认知功能会随着时间的推移而下降。在高龄阶段，这些认知变化可能达到损害程度，使整体智力功能效率下降，尤其在病理性认知变化方面，痴呆症的患病率随着年龄增长而急剧上升。有研究发现，60 岁以上的成年人中，每增加 5 岁，痴呆症的患病率几乎就翻一倍，90 岁及以上人群的患病率估计超过 40%（Cooper，1997）。

（3）社会关系的变化。研究表明，随着年龄增长，个体的社会交往对象通常会减少（Lang & Carstensen，1994）。在美国和欧洲的调查中，65 岁以上的老年人通常报告其社会网络中有 5~15 个亲密社交伙伴，而中青年则为 15~35 个。这种减少主要由于老年人减少了与非情感亲密的社交伙伴的接触。然而，研究发现，老年人与家人及亲密朋友的交往则保持稳定，并且随着年龄增长，他们从社会网络中获得情感或实际支持的比例会增加（Zarit &

Eggebeen，1995）。

（4）日常生活能力的变化。日常生活能力是指个体独立执行日常活动的能力（Diehl，1998），其水平主要受感觉、运动和认知功能障碍的影响（Diehl，1998；Willis，1996）。其中，身体疾病是这些障碍的主要风险因素。Baltes 及其同事将日常生活能力分为基本水平和扩展水平两个层面（Baltes et al.，1999；Baltes & Wilms，1995）。基本水平的日常生活能力指个体独立完成如如厕、梳洗、穿衣、行走或购物等生存必需的活动能力。扩展水平的日常生活能力则包括个体积极构建生活的活动，如参与休闲、户外或社交活动，帮助他人以及工作等。研究显示，扩展水平的日常生活能力与实际年龄呈显著负相关，与社会经济地位呈正相关（Baltes et al.，1999）；这些关系又受到个性特征、流体智力和移动能力等因素的影响。此外，相关研究还发现，教育水平、财务保障和开放的生活经验等社会心理资源，对于保障老年人参与自主活动具有突出作用。

2. 年龄对个体职场的影响

早期的员工职业生涯理论，如 Super（1953）的"职业发展阶段"模型，对年龄增长持较悲观的看法，认为随着年龄的增长，个体的体力和认知能力会逐步衰退，最终导致其在职场中的价值逐渐消失；不少研究支持了这一观点。生物体的自然磨损过程（Baltes et al.，1999）可能导致各种功能障碍，如听力下降和慢性背痛等慢性健康问题。这些问题会限制员工在从事体力劳动，如：需要长时间站立的职业中的工作的能力。此外，免疫系统的衰退会使年长员工更易患病，并需要更长的时间恢复，进而影响他们的出勤率和持续工作能力。这些身体限制最终迫使员工提前退休、转岗或者减少工作时间，影响其职业发展路径。而在认知层面，老年人流体智力的下降将影响他们解决新问题、适应新技术和处理复杂任务的能力。随着年龄的增长，他们会发现学习新技能和适应快速变化的工作环境更为困难。认知灵活性的减退也会限制他们在职场中的晋升机会，尤其是在强调创新和需要快速适应新环境新变化的行业中。记忆力衰退，尤其是短期记忆力的下降，则会影响工作的效率和准确性，从而进一步影响他们的绩效评估和职业发展机会。

然而，随着近年来发展心理学研究的深入，毕生发展观（Life-Span Development Perspective）逐渐成为对于年龄与职业结果间关系的主流观点。毕生发展观及其相关的理论将老龄化定义为一个持续的增长与衰退的过程（Baltes et al.，1980）。毕生发展观认为，年龄不应再被视为评价个体特征的精确标准，而是作为一个反映个体变化的不完全准确的代理指标。各种个体变化会因生物学、认知、社会角色的转变，工作经验以及规范性影响而发生，并且发展速度各不相同（Baltes et al.，1980；Carstensen et al.，1999；Kanfer & Ackerman，2004）。因此，毕生发展观承认衰老过程中存在个体差异，例如，一个 50 岁的人在能力和动机方面可能与一个 35 岁的人相似，而另一个 50 岁的人可能与一个 65 岁的人相似。毕生发展观对劳动力老龄化的重要启示在于，尽管许多国家为年长员工提供了特定的年龄保护，但实际上并不存在一个明确的年龄标准来界定员工何时被视为"年长员工"。

此外，从毕生发展观的角度来看，认知老化为我们提供了更深刻的洞察（Salthouse，2010）。不少研究者对老年人和年轻人在流体智力与晶体智力上的差异进行了详细比较。流体智力，或称推理能力，主要与认知处理速度和记忆力相关，这些能力从成年早期开始逐渐衰退，并将在整个生命周期中持续缓慢下降。而晶体智力，即通过教育和经验获得的知识能力，其发展趋于稳定，根据不同的测量方式，甚至可能在整个成年生命周期中呈现增长态势（Ackerman，2000）。由于晶体智力对流体智力的补充作用，年龄可能不会直接影响个体执行核心任务的表现（Ng & Feldman，2008）。这一观点强调了认识和适应各个年龄阶段独特能力变化的重要性，为理解和支持年长员工在职场中的持续发展提供了关键的视角。

最后，从毕生发展观的角度来看个体动机。这一观点认为，个体动机受到多种与年龄相关因素的影响，这些因素可能影响年长员工在就业选择上的决策，以及他们在工作中对任务的关注和投入程度。性格特质（Roberts et al.，2006）、目标和动机（Ebner et al.，2006）在整个生命周期中随着年龄的变化而变化。例如，有研究发现，年长员工更容易在工作中找到意义。由于工作经验的积累，年长员工往往对自身工作或工作角色如何为组织和社会作出贡献有着更深入的理解，促使他们在年长阶段仍保持较高水平的工作投入（Kang & Kim，2017）。此外，随着年龄的增长，个体通常更注重并擅长情绪调节（Carstensen et al.，2000；Charles et al.，2001；Scheibe et al.，2021）。与年轻人相比，年长者更频繁、更强烈地体验积极情绪（Carstensen，1992；Carstensen et al.，2000），并更能成功调节负面情绪（Kang & Kim，2017）。这种情绪调节能力帮助年长员工在工作中获得更多积极体验，从而激发更高水平的工作投入。

Wang 和 Wanberg（2017）对近 100 年的个体职业生涯研究进行了回顾，在毕生发展观的基础上，强调需要重新审视个体职业生涯发展历程，并提出在劳动力老龄化加剧的背景下，关注个体职业生涯中期或晚期转型的重要性。职业转型指的是向一个全新领域的显著转变。例如，一个 50 岁的员工，因现有工作收入不足以维持生计，有可能需接受进一步的教育或培训以寻求更高薪的职位。这类职业生涯中晚期的转型过程本身及影响因素被当前的学界和企业界所忽视。因此，了解这些过程和影响因素，并给予相应的职业转型干预对于企业和社会充分开发、利用年长员工人力资本具有重要意义。此外，随着数字化时代下临时工、合同工和自由职业者的比例上升，职业生涯的自我驱动和无边界特征变得更加突出。整合毕生发展观与数字化时代下的工作特征，是理解、开发、利用年长员工剩余人力资本价值的重要理论视角和路径方向。

二、企业：管理挑战与战略机遇

人口结构的变化，使企业面临挑战与机遇并存的复杂局面，这一趋势深刻影响着人力资源、生产、企业文化及创新能力等关键管理领域。企业不仅需要重新审视并调整现有的工作模式和管理策略，还必须更有效的人力资源管理实践，以充分挖掘并利用老年劳动力的宝贵经验和独特视角，将其转化为推动企业创新和持续成长的关键动力。

1. 企业管理挑战

对于许多企业管理者来说，劳动力老龄化意味着新的管理挑战，这些挑战包括：

（1）劳动力老龄化对企业生产力和创新能力的潜在消极影响。随着劳动力老龄化，企业的生产力和创新能力可能受到削弱，主要原因在于年长员工在体力、精力和适应新技术方面相较于年轻员工存在一定劣势。世界卫生组织数据显示，60 岁以上人群中约 40% 的人患有至少一种慢性疾病①，这在一定程度上影响了他们的工作表现，尤其是在体力劳动密集的制造业中，这种影响尤为明显。此外，Von Bonsdorff 等学者研究（2018）发现，当公司劳动力的平均年龄较高时，其人力资本在资源损失上可能多于资源获取，因而公司的整体工作能力会相对较低。这是因为，尽管年龄增长会提高某些类型资源（如专业知识）的增长，但体力资源以及认知资源（如工作记忆）的流失往往更为明显，而这些资源对于完成工作任务至关重要。

此外，年长员工在接受新技术和新工作流程方面也可能遇到更多障碍。麦肯锡全球研究院的报告指出，那些数字化转型成功的企业，往往拥有较年轻的劳动力结构，它们对新技术的接受程度也更高②。年长员工可能由于较为保守的态度或缺乏必要的数字技能，限制了自身和企业的创新能力。特别是在技术革新过程中，年长员工对新系统和工具的接受度通常较低，可能影响整个团队的适应速度，削弱企业的竞争力。另外，年龄差异也可能对团队协作和沟通带来挑战。年长员工更习惯于传统的工作方式，而年轻员工则倾向于使用数字化工具进行高效协作，双方在工作态度和价值观上的分歧可能削弱团队的凝聚力和协作效率，影响整体工作氛围和绩效表现（Kunze et al.，2011）。尤其在需要快速应对市场变化的情境下，这种沟通不畅和协作效率的

---

① World Health Organization, Ageing and health, https://www.who.int/news-room/fact-sheets/detail/ageing-and-health, 2021.

② McKinsey Global Institute, Digital globalization: The new era of global flows, https://www.mckinsey.com, 2018.

下降会对企业造成不利影响。

（2）劳动力老龄化导致企业人力成本上升。年长员工由于较高的工龄和丰富的经验，通常享有较高的薪酬和福利。美国劳工统计局的数据表明，55岁以上员工的平均薪资比 25～34 岁员工高出约 30%[1]。在中国，随着工龄和资历的增加，年长员工的薪资水平通常也会上升。

年长员工的健康问题是导致人力成本上升的另一个重要因素。随着年龄的增长，慢性疾病的发生率上升，年长员工可能因健康问题导致较高的病假率和医疗费用。这不仅进一步降低了生产效率，还增加了替代人力的成本，特别是在需要临时雇佣人员来填补岗位空缺的情况下，企业需支付额外的费用。值得注意的是，年龄与病假缺勤之间的关系并不是那么简单直接。例如，Shao 等人（2022）的研究分别采用来自 35 个欧洲国家的 28553 名员工样本和美国健康与退休研究（HRS）的 304 名员工样本，发现年龄与其病假间存在两条影响路径。一条是提升路径，年龄与身体健康问题的数量呈正相关，身体健康问题与病假呈正相关。另一条是抑制路径，即年轻员工的工作投入显著高于年长员工；工作投入越高，病假则越少。

（3）知识传承挑战。随着年长员工的逐步退休，企业将面临知识流失和接班人培养的重大挑战。年长员工通常拥有关键的经验和专业知识，一旦离开，会对企业的核心竞争力造成影响。德勤的调查显示，全球超过 60% 的企业担忧在未来五年内失去关键人才[2]。这些关键人才的缺失可能导致项目延误、产品质量下降以及客户满意度降低。因此，企业内部的知识传承显得异常关键。然而，知识传承的难点在于，年长员工掌握的许多经验属于隐性知识，难以通过简单的书面或数字化方式进行传递。这些知识往往是通过多年实践积累，例如：对于企业的特定流程、客户关系以及业务策略的独特理解。如果企业没有有效的知识管理系统，一旦这些员工退休，重要信息将流失，

---

[1] Bureau of Labor Statistics, U. S. Department of Labor, Employee Earnings Summary, Retrieved from https://www.bls.gov, 2020.

[2] Deloitte, Global Human Capital Trends, https://www2.deloitte.com, 2019.

对企业的长期可持续发展构成了严重威胁。知识传承中另外一个障碍是跨代际差异。年长员工和年轻员工在工作方式、价值观以及沟通方式上往往存在显著差异（Wang et al.，2015）。年长员工更倾向于遵循传统的工作流程，而年轻员工则更愿意采用创新和数字化的方式。这种差异可能导致双方在知识传递中产生不理解甚至抵触的情绪，进而影响知识传承的效果。

2. 企业战略机遇

劳动力老龄化虽然为企业带来了一些挑战，但同时也提供了独特的机遇，尤其在企业的人力资本方面。年长员工凭借其丰富的行业经验和专业知识，已成为企业中不可或缺的智力资源。企业可以通过充分利用这些年长员工的经验来提升企业的竞争力。例如：年长员工在解决复杂问题、应对市场变动及风险管理方面具有独到的见解，他们的经验有助于避免重复以往的错误，提升决策的精确性。波士顿咨询集团（BCG）的研究表明，经验丰富的团队在项目执行中的效率，比缺乏经验的团队高出 20% 以上[1]。

此外，年长员工在知识传承方面扮演着关键角色（Burmeister et al.，2020）。通过内部培训、指导和传帮带等方式，他们将宝贵的知识和技能传授给年轻一代，不仅提升了团队的整体能力，还加强了企业文化的连续性。根据美国人才发展协会（ATD）2019 年的报告，实施师徒制的企业员工留存率提高了 25%[2]。通过师徒制，年长员工传授实践经验和行业诀窍，降低了新员工的学习曲线。这不仅降低了培训成本，也提升了新员工的工作满意度和忠诚度。

对于年长员工智力资源应用的一个有效方式是组建跨代际团队。在快速变化的市场环境中，不同年龄层的员工可以提出多角度的解决方案，增强企业的应变能力。Li 等人的研究（2021）分析了跨代际团队优势的来源，他们从知识、技能和能力三个维度出发，解释了年龄的多样性如何形成竞争优势。在知识方面，年长员工通常拥有丰富的职业特定知识和社会经验，而年轻员

---

[1]　Boston Consulting Group, Experience Matters: Leveraging Senior Talent, 2019.

[2]　Association for Talent Development, Mentorship and Employee Retention, 2019.

工可能掌握最新的科技知识（Burmeister & Deller，2016）。在技能方面，年长员工在政治敏锐性和社交技巧上通常更加娴熟，这体现在他们理解非正式规则和处理复杂人际关系的能力上；而年轻员工则在使用先进的学习工具识别和获取新信息方面表现得更出色（Gerpott et al.，2017）。在能力方面，年轻员工展示了更高的流动智力和灵活的知识结构，使他们能够有效应对动态、不确定和复杂的环境（Mannucci & Yong，2018）；相反，年长员工则能凭借其累积的经验更好地解决新问题（Rietzschel et al.，2016）。因此，不同年龄层的员工能够相互补充，共同构成一个全面和多样化的知识、技能和能力的集合，形成企业持续拥有竞争优势的关键资本（Li et al.，2021）。

值得注意的是，虽然年长员工的人力资源本身可能具有较高的潜在价值，但如果企业缺乏有效的人力资源管理，这些价值不会自动显现。人力资源的价值潜能需要通过有效的管理活动来实现其真正的价值。特别是年长员工的价值经常被组织所忽视。如果企业能够认识到年长员工的重要性，并通过有目的的辨识、吸纳和培养，就能够利用这些被忽视的人力资源为自身带来竞争优势。

有助于年长人力资源利用、开发的管理实践包括年龄包容型管理、同级导师制、参与式决策等（Wang & Fang，2020）。年龄包容型管理旨在构建一种，使每位员工都与组织紧密相连的组织文化；它鼓励协作、灵活性和公平性，并强调充分利用年龄多样性，确保每个人都能发挥自己的潜力。该管理实践的核心在于确保组织内的年长员工和年轻员工都感受到欢迎、接纳和公平对待，避免因年龄而产生刻板印象、偏见或歧视。例如，苹果公司在其包容性与多样性页面上强调："在苹果，我们彼此不同，这正是我们的强项。我们从个体差异、经历及思维方式中汲取力量。我们坚信，要创造适合所有人的产品，就必须实现全员包容。"

同级导师制是指组织中两位地位相近的同事之间建立的一对一指导关系，旨在提供全面的发展支持和知识传递。在这种关系中，知识传递不仅是从年长员工到年轻员工，还是从年轻员工到年长员工，实现了跨代际间的知识共享。这种跨年龄的知识流动可以充分发挥工作场所年龄多样性的优势，从而为组织提供增益（Froidevaux et al.，2020）。与此同时，年轻员工和年长员工不仅能相互传授知识，还能共同学习，从而促进彼此的成长和发展。

参与式决策指的是组织及其管理者鼓励员工向组织建言献策。参与式决策可以让员工在其工作任务上拥有更大的控制权，并提供参与组织决策的机会（Probst，2005）。为了充分发挥年龄多样化员工队伍的潜力，组织可以积极邀请员工参与工作再设计过程，从而适应不同年龄员工的需求和偏好（Froidevaux et al.，2020；Parker & Andrei，2020）。德国宝马公司的工作重设计就是一个参与式决策的经典例子（Loch et al.，2010）。宝马公司根据年长员工的意见，通过实施 70 多项简单的改变来重新设计工厂，以减轻体力负担（例如，在某些工作站设置特殊椅子、放大镜、工作轮换），从而使生产线的效率提高了 7%。

三、劳动力市场：结构变化与适应措施

老龄人口在劳动力市场中的比例日益增加，对劳动力市场的供需平衡、就业结构、社会保障体系以及经济增长带来了广泛而深远的影响。这种变化不仅为社会和经济发展带来了新的机遇与挑战，也对政策制定者提出了更高的要求，需要他们制定更加灵活和全面的政策，以应对老龄化社会所带来的复杂问题。

1. 老龄化对劳动力市场供需的影响

随着健康水平的提高和延迟退休政策的推行，许多老龄劳动者选择继续留在劳动力市场，从而有效延长了他们的职业生涯。这一趋势在发达国家尤为明显。如日本政府通过修改《高年龄者雇用安定法》，鼓励企业将退休年龄延长至 70 岁[①]。德国也采取了类似的措施，提高了法定退休年龄，以应对劳

---

① Ministry of Health, Labour and Welfare, Japan, Amendments to the Act on Stabilization of Employment of Elderly Persons. Tokyo：MHLW, 2021.

动力短缺问题①。政策环境的激励和工作条件的改善延长了老年劳动者的工作年限。在我国，2024 年 9 月，全国人民代表大会常务委员会通过了《关于实施渐进式延迟法定退休年龄的决定》。延迟退休不仅维持了劳动参与率，还为保持经济活力提供了重要支持。

与此同时，人口老龄化也促进了新兴老龄产业的扩展与就业机会的创造。随着老龄化社会的到来，针对老年人口的产品和服务需求显著增加，催生了老龄产业。这一产业包括健康护理、养老服务、老年人专用技术产品开发等多个领域，成为经济增长的新引擎。《2024—2025 年中国银发经济投资前景分析报告》数据显示，2023 年中国养老产业市场规模为 12 万亿元，同比增长 16.5%，预计 2024 年中国养老产业市场规模为 13.9 万亿元，2027 年市场规模有望达 20 万亿元以上②。对此，我国政府积极推动银发经济的发展，2021 年发布了《中共中央、国务院关于加强新时代老龄工作的意见》，鼓励全社会积极向老年人提供产品或服务，助力人们为老龄阶段做准备。

老龄产业的发展为劳动力市场带来了多样化的就业机会，尤其是在服务业和科技领域，为不同技能水平的劳动力提供了新的职业选择。通过开发针对老年人口的产品和服务，劳动力市场能够更好地适应老龄化社会的需求，推动经济的结构性转型和就业方式的多样化。例如，健康科技行业的快速发展带动了智能健康设备和远程医疗服务的普及，这不仅为老年人提供了个性化的健康管理方案，还创造了大量的就业机会。此外，养老服务业的发展，如老年护理、康复中心和养老社区的建设，也催生了相关职业，如护理员、康复治疗师和老年心理辅导员等。

当然，人口老龄化给劳动力市场带来的挑战也是显而易见的。人口老龄化带来的最直接的挑战是适龄劳动力供给的减少，尤其是在年轻劳动力比例下降的背景下，许多行业面临着劳动力短缺的严峻问题。根据国际劳工组织（ILO）的报告，全球劳动年龄人口的增长速度正在放缓，预计在 2020—2030

---

① OECD, Working Better with Age：Japan. Paris：OECD Publishing, 2020.

② iiMedia Research（艾媒咨询），2024—2025 年中国银发经济投资前景分析报告，2024 年。

年，劳动年龄人口的年均增长率将下降到 0.8%①。随着年龄的增长，老年人口的劳动参与率下降，也会导致整体劳动参与率降低。老年人的劳动供给时间减少，导致劳动力总供给时间缩短。此外，由于生理和心理机能发生变化，难以适应多数岗位的劳动强度，老年人的劳动供给质量开始下降。劳动力量和质的下降不仅导致生产成本上升，还可能使经济增长放缓，特别是在需要大量体力劳动或低技能劳动力的行业中，如农业、制造业和建筑业。

为了应对劳动力老龄化带来的挑战，多国正在采取多样化策略，如引入移民劳动力。德国和加拿大等国家通过放宽移民政策，吸引年轻的外国劳动力填补国内劳动力市场的缺口。此外，提升自动化水平也是一种重要的应对策略。根据麦肯锡全球研究院的报告，自动化和人工智能技术有望在 2030 年之前促进全球 GDP 增长 1.2 个百分点②。这些技术通过自动化和智能化操作，不仅能提升生产效率，减少对人力的依赖，还能降低生产成本。例如，在制造业中，机器人和自动化生产线的应用已经大幅提高了生产效率，降低了对体力劳动的需求③。人工智能通过优化工作流程和强化数据分析，提升了决策的效率和精确性。远程工作技术的发展则打破了地理位置的限制，拓宽了劳动力市场的边界，使人力资源配置更为灵活和高效。

2. 老龄化对社会保障体系的影响

随着退休人口比例的增加，对养老金和医疗服务的需求不断上升，大幅增加了社会保障系统的财政负担。根据世界银行数据，预计到 2050 年，全球养老金支出占 GDP 的比例将从现在的 8% 增加到 12%④。我国老龄化对医疗费用的影响也不容忽视。2015 年由我国老龄工作委员会办公室起草的《国家应对人口老龄化战略研究总报告》称人均医疗费用和年龄密切相关。一般情况下，60 岁及以上年龄组的医疗费用是 60 岁以下年龄组的 3~5 倍，平均每位

① International Labour Organization（ILO），World Employment and Social Outlook. Geneva：ILO, 2021.

② McKinsey Global Institute, The Future of Work after COVID-19. McKinsey & Company, 2021.

③ World Economic Forum, The Future of Jobs Report 2020. Geneva：WEF, 2021.

④ World Bank, Global Economic Prospects. Washington, D. C.：World Bank, 2021.

80 岁及以上高龄老年人的照护与医疗成本开支约为 65~74 岁老年人的 14.4 倍。不难看出，在人口老龄化进程中，年龄结构因素推动医疗费用增长的现象难以避免。

随着人口老龄化的不断加剧，老龄群体对长期护理服务的需求也在持续增加，这对社会保障体系提出了更高的要求，迫切需要提供更多的长期护理资源和服务。这种需求还可能引发家庭结构的变化，例如，许多中青年劳动力的家庭将承担更多照顾老年人的责任，从而影响家庭成员的劳动力参与和整体社会结构。劳动力供给的减少直接削弱了社会保障基金的主要收入来源，如工资税和社会保险费。如果这种收支失衡的状况得不到有效的政策调整和系统性改革，社会保障体系的长期可持续性将面临严峻考验，进而对整个经济的稳定性造成不利影响。

因此，面对人口老龄化带来的多重挑战，各国需要采取切实有效的措施，既要保障当前的福利支付，又要确保未来社会保障体系的稳健运行，以应对不断变化的人口结构和经济环境。例如，优化养老金制度、促进老龄友好型产业发展以及加强健康管理和预防医疗的体系建设等，都是应对老龄化社会的重要策略。在优化养老金制度方面，可以考虑推行多支柱的养老金体系，将公共养老金、企业年金和个人储蓄相结合，以分散风险，增强体系的可持续性。促进老龄友好型产业的发展，不仅能满足老年人口的需求，还能创造新的经济增长点。同时，加强健康管理和预防医疗的体系建设，有助于降低老年人口的医疗费用，从而减轻社会保障体系的负担。

第三节 劳动力老龄化对中国社会经济的影响

和先期进入老龄化的国家相比，中国劳动力老龄化的挑战既有普遍性也有特殊性。从文化视角看，中国传统孝道文化塑造了"老有所养"的积极老龄观，但现代社会中年龄歧视等消极观念仍构成现实挑战。从对社会经济发展的影响而言，由于中国老龄化和数字化几乎同步发展，劳动力老龄化在推高劳动力成本的同时，也迫使我国产业结构改造升级，推动企业的自动化和技术更新步伐。

一、中国传统文化视角下的老龄化

尽管中国在 2000 年才正式步入老龄化社会，但尊老、孝老、养老的观念早已在其悠久的历史发展中深深扎根（肖光文，2024）。这些观念深植于中国古代哲学、文化和社会结构之中，体现了中华文化对老年人的充分尊重与关怀，不仅影响了社会伦理道德体系，也为现代组织管理，特别是年长员工的管理策略，提供了宝贵的启示。

1. 积极老龄观

尊老、孝老和养老文化共同构成了中国传统社会和文化中积极老龄观的核心（董小玉，金圣尧，2020）。中国传统的尊老文化强调"老有所终"，即对老年人的尊敬和关爱，确保他们的晚年生活具有尊严和满足感。历史上，尊老敬老一直是中华文化的重要组成部分，反映了古代社会对老龄化的理性接受和积极应对。例如，西周时期的统治者高度重视尊老敬老，视其为社会稳定的重要因素。《礼记·王制》中记录了天子亲自举办的养老仪式，体现了国家层面对老年人的重视。春秋战国时期，尊老敬老的观念已形成完整的思想体系，成为社会行为的规范。孔子在《论语》中多次强调尊老敬老，如"老有所乐，老有所养，老有所依，老有所为"，并在《礼记·礼运》中阐述了"大同社会"中的理想状态，即"老有所终"。汉朝时期，在儒家文化的影响下，尊老敬老被纳入道德教育的核心，并通过孝廉选举等方式在社会上广泛推广。明清时期，康熙、乾隆等皇帝大力推崇孝道，通过如"旌表百岁"等政策弘扬尊老敬老的传统美德。进入近现代，随着《中华人民共和国老年人权益保障法》等惠老政策的实施，尊老敬老已上升至法律层面，进一步巩固了这一社会价值观。

中华传统文化中对老年人的另一种积极态度体现在孝老文化上，既包括对家庭长辈的尊敬和孝顺，也提倡对社会所有老年人的关怀。这一文化观念起源于古代早期，当时社会成员普遍承担赡养老人的责任。因此，《礼记·礼运》中提到："故人不独亲其亲，不独子其子，使老有所终，壮有所用，幼有所长。"强调了从家庭扩展到社会的对老年人的普遍关爱。随后，孔子对孝文化进行了深化和扩展，提出"以孝治天下"的理念，将孝的道德内涵提升至国家治理层面。汉朝时期采用孝道与政治相结合的方式，使孝文化适应当时的社会需求，成为社会治理的重要工具。

最后，养老文化遵循"老有所为"的原则，鼓励老年人根据自身能力和兴趣积极参与社会活动，以实现自我价值。这一文化观念可以追溯到先秦时期的"以学养老"，这不仅提供了一种养老方式，而且促进了教育和文化的发展。因此，孔子在晚年的言行中展现了他对生活的热情，以及对年龄所带来的限制的不畏惧，强调了老年人应保持积极的心态和进取的精神，以实现自我价值的持续追求。这一积极观念也在一些文学作品中得到了体现。例如，东汉的曹操在《龟虽寿》中表达了对"老当益壮"的追求，宋代苏轼在《浣溪沙·游蕲水清泉寺》中的诗句则展现了即使面对困境也不放弃追求的坚定信念。

2. 消极老龄观

尽管积极老龄观在传统文化和社会中得到了广泛认可，但不可否认，老年群体仍然经常面临各种消极标签的困扰（贺庆利等，2013）。老年人通常被视为身体衰弱、行动迟缓、需要他人照顾的群体。在传统艺术形式中，例如剪纸、绘画和雕塑，老年人往往被描绘为弯腰驼背、手持拐杖的形象，这些视觉符号加深了社会对老年人身体机能退化的刻板印象，进一步强化了对他们的偏见。例如，在中国传统绘画中，老年人常与"寿星"联系在一起，象征长寿，但也多被描绘为白发苍苍、手持拐杖的模样。在民间故事和戏曲中，老年角色通常被设定为体弱多病、需要年轻人照顾。这些文化表现形式潜移默化地影响了人们的观点，使老年人被普遍认为身体虚弱。此外，成语和俗语如"老态龙钟""老眼昏花""风烛残年"等，将身体衰退与衰老紧密联系在一起，这些语言表达不仅反映了社会对老年人身体状况的偏见，也在日常交流中塑造了对老年人的刻板印象。

老年人的能力和社会价值也频繁受到质疑。尽管"家有一老，如有一宝"的谚语强调了老年人的经验和智慧是家庭与社会的重要财富，但是，也存在另一种观点，认为老年人思想保守、固执己见，难以接受新事物。这种观念使得老年人在社会变革和新思想传播的过程中往往被边缘化，被视为阻碍社会进步的群体。在家庭和社会决策中，老年人的意见常常被年轻人忽视或淡化，因为他们的观念被认为已经过时，不符合时代发展的需求。例如，在子女的职业选择、教育方式以及生活方式等方面，老年人的建议可能被视为陈旧而不被采纳。这不仅削弱了老年人在家庭中的地位，也加深了他们被排斥和孤立的感受。

3. 中国传统家族文化与家庭养老

"家"在中华文化中不仅是物理空间的存在，更是情感和文化的象征。它连接着个人与社会、家庭与国家，承载着亲情、责任和伦理道德等多重意义（费孝通，1998）。对于中国人而言，家是社会的基本单元，家文化则是维系这一单元的重要纽带，是中华传统文化的核心部分（陶宇、朱晓玛，2018）。这一文化强调家庭成员之间的责任和义务，是社会伦理和道德规范的重要组成部分，具有深厚的历史积淀与现实价值。

家文化是一个具有丰富内涵的综合体系，涵盖物质、制度和精神等多个层面（张红，2015）。家文化包括了家庭成员的生活方式、价值观念、伦理规范和行为准则等，它在物质、制度和精神层面构建了家庭的文化内涵。家文化的物质基础体现在家庭的居住环境和生活方式上，制度文化则体现在家庭的组织结构、角色分工和权力关系上，而精神文化则通过家训、家礼等形式深入人心，影响家庭成员的行为和价值判断。家文化具有传承性、融合性和规范性，通过代际传递保持了家庭价值观和行为方式的连续性，同时融合了不同历史时期和地域的文化元素，具有开放性和包容性。

鉴于家和家文化在中国文化和社会结构中具有重要的地位，家庭养老作为我国养老体系的核心模式，因其符合老年人的心理需求和传统文化的价值取向，在国家积极应对人口老龄化战略中发挥着重要作用（陈社英，2017）。在儒家思想的影响下，孝道观念深深扎根于中国人的心中，"身体发肤，受之父母"，子女应当以孝养父母作为回报，这使得赡养老人被视为天经地义的责任。家庭养老的实施依赖于家庭成员之间所提供的情感支撑。家文化强调家庭成员之间的情感交流与支持，为家庭养老提供了重要的情感动力。老年人在家庭中获得的关爱和尊重，不仅满足了其心理和情感需求，也显著提高了他们的生活满意度和幸福感。此外，家庭成员之间的相互依存与支持，不仅增强了家庭的凝聚力，也为家庭养老提供了持久的动力和保障。受传统儒家思想影响，孝道观念为家庭养老奠定了坚实的文化和伦理基础，将子女赡养老人视为道德义务和社会责任，这一价值观进一步强化了家庭养老的内在动力（杨善华，2015）。然而，随着现代化和城市化的推进，家庭结构发生了显著变化，核心家庭和空巢家庭增多，传统的大家庭模式逐渐减少（杨舸，2017），这对家庭养老提出了新的挑战。此外，社会养老服务体系尚不完善，尤其在农村和偏远地区，社区养老和社会养老服务体系无法为家庭养老提供足够的支持，进一步增加了家庭养老的难度和压力。

面对这些挑战，亟须弘扬优秀的传统家文化，构建与现代社会相适应的新型孝文化，重视家庭、家教和家风的建设，以营造尊老敬老的社会氛围，从而充分发挥家庭养老的独特优势。

二、老龄化对中国劳动力市场的影响

1. 老年人口抚养比上升带来的经济与社会压力

老年人口抚养比的上升意味着越来越多的劳动年龄人口需要负担老年人的生活，这不仅增加了家庭的经济负担，也对国家的社会保障体系和公共财政带来了巨大压力。此外，随着老年人口的增加，医疗需求、长期护理需求等也逐渐扩大，公共卫生服务和养老服务体系的需求显著增长。这种变化对社会资源的分配提出了新的要求，迫使政府和社会各界在财政预算、医疗资源配置以及公共服务供给等方面做出相应调整。

数字化时代下的职场成功老龄化：理论与实践

老龄化的加剧给社会保障体系带来了巨大的压力。根据第七次全国人口普查数据，2020 年中国的老年抚养比为 19.7%，即每 100 名劳动年龄人口需赡养约 20 名老年人[①]。而《中国老龄事业发展报告（2021）》预测，到 2035 年这一比例将超过 36.3%，到 2050 年可能接近 53.5%，这意味着每 2 名劳动年龄人口就需要赡养 1 名老年人[②]。老年抚养比的持续上升对社会保障体系，尤其是养老金支付，构成了严峻挑战。按照代际契约理论（Samuelson，1958），现行的养老金制度基于现收现付制，这种模式依赖代际之间的收入再分配。然而，随着老年人口迅速增加，劳动人口相对减少，代际负担不断加重，这可能导致现有的社会契约失衡。根据财政部的数据，2023 年全国基本养老保险基金支出达到 6.8 万亿元[③]。随着退休人口的增加，养老金支付需求将持续攀升，一些地区甚至有可能或已经出现了收不抵支的情况，不得不依赖中央财政的转移支付。因此，现行养老金制度在老年抚养比不断上升的背景下面临着平衡挑战，可能导致养老金账户赤字扩大，影响养老金的按时足额发放。

老龄化同样给我国医疗保障体系带来了巨大的压力。随着老年人口的迅速增加，医疗支出显著上升，特别是在长期护理和慢性病管理方面，使得医保基金的负担不断加重。根据国家医疗保障局的数据，2023 年全国基本医疗保险基金总支出达到 2.8 万亿元，比上年增长 14.68%[④]。这种增长趋势导致医保基金的可持续性面临严峻挑战，亟待通过政策调整和筹资方式的改革来确保基金的稳定运行。另一方面，医疗资源的短缺和分布不均也进一步加剧了这一问题。由于老年人患慢性病和多病共存的比例较高，他们需要长期的医疗和护理服务。然而，目前城乡之间、地区之间的医疗资源分布极不平衡，尤其是农村和偏远地区的老年人难以获得高质量的医疗服务。

在家庭层面，独生子女政策下形成的"4-2-1"家庭结构，使得一对夫

---

① 中国国家统计局，《第七次全国人口普查主要数据公报》，2021 年。
② 中国老龄协会，《中国老龄产业发展报告（2021—2022）》，2021 年。
③ 中华人民共和国人力资源和社会保障部，《2023 年度人力资源和社会保障事业发展统计公报》，2024 年。
④ 国家医疗保障局，《2023 年全国医疗保障事业发展统计公报》，2024 年。

妻需要赡养四位老人并抚养一个孩子，这给年轻一代带来了沉重的经济和时间负担。这种赡养压力不仅影响了年轻人的消费行为和生育决策，还对经济和社会发展产生了深远影响。例如，由于经济负担加重，许多年轻人不得不缩减个人消费，一定程度上抑制了国内消费市场的活力。经济负担的沉重也影响了生育决策，许多年轻人选择推迟甚至放弃生育计划。2023年中国的出生人口仅为902万人[1]，创下近年来的新低，生育率持续下降。高昂的生育成本令许多家庭望而却步，成为限制生育意愿的重要因素，并进一步加剧了人口结构失衡，影响未来劳动力供给和经济社会的可持续发展。

2. 劳动力成本上升与产业升级压力

人口老龄化导致适龄劳动力供给减少和劳动力结构变化，直接引发了劳动力成本的持续上升，已成为中国经济发展中亟待解决的问题。人口老龄化致使适龄劳动力供给减少、劳动力结构改变，同时增加了对高技能劳动力的需求，最终导致劳动力成本上升。劳动力成本的增加给我国企业，特别是依赖大量劳动力的劳动密集型中小企业，带来了巨大的成本压力，削弱了其盈利能力和市场竞争力。

首先，劳动力成本的上升直接导致企业运营成本增加，利润空间被压缩。根据中国企业联合会发布的《2023年中国企业500强分析报告》，中国企业的平均利润总额、净利润分别比上年减少了7.28%、3.80%，中国企业500强的利润与净利润回落，净利润增速由正转负[2]。这种利润率的下降不仅削弱了企业的盈利能力，还影响了其再投资能力和长期发展规划，进而限制了技术创新和产品升级的可能性。同时，企业为了应对成本上升，可能被迫提高产品价格，这使其在价格敏感的市场中处于劣势，可能导致市场份额被竞争对手抢占。尤其是那些缺乏品牌优势或技术壁垒的企业，面对劳动力成本上升和利润空间缩小的双重压力，往往难以保持竞争力。此外，劳动力老龄化导致的成本上升对企业的人力资源管理也提出了更高的要求，企业需

① 国家统计局，《2023年国民经济和社会发展统计公报》，2024年。
② 中国企业联合会，《2023年中国企业500强分析报告》，2024年。

要在员工培训和福利提升方面投入更多资源，以吸引并留住有限的年轻劳动力。

其次，劳动力成本的上升对于我国中小企业的影响尤其显著。中小企业由于规模和资金实力有限，受到劳动力成本上升和劳动力老龄化的冲击更大。一方面，老龄化的劳动力在技能更新和技术适应性方面存在不足，难以满足企业对新技能和高生产率的要求，导致生产效率下降。这种效率降低不仅对企业的生产力构成了挑战，导致某市场竞争力急剧下降。另一方面，中小企业普遍面临融资难、融资贵的问题，这使它们难以获得足够的资金进行技术升级和业务转型，从而在市场竞争中处于被动局面。同时，缺乏规模效应和品牌优势的中小企业在面对市场竞争时，难以通过降低成本或提高产品溢价来增强竞争力。因此，这些企业在劳动力成本不断上升的情况下，不得不采取成本削减策略，包括减少员工福利和培训投入，这有可能进一步加剧人力资源方面的问题，形成恶性循环。

3. 产业和就业结构调整中的挑战

根据民政部数据显示，截至 2023 年底，全国养老服务机构和设施达到 40.4 万个，床位数量达到 823.0 万张，虽然相比 2012 年分别增长了 7 倍和 1 倍多①，但总体规模依然低于发达国家水平。供需缺口不仅反映在养老服务供给的不足，也反映在服务质量和专业化水平的差距。许多养老机构面临设施老旧、护理人员不足以及护理水平参差不齐等问题。为了有效缩短这一差距，养老服务体系不仅需要增加床位数量，还需要从根本上改善服务内容和质量。这包括制定统一的护理标准和完善的监督机制，以确保服务的规范化和高效化。在提升服务水平方面，需要加强专业护理人员的培养并改善其待遇，以吸引更多有能力的人员加入这一行业。特别是，面对老年人多样化和复杂化的需求，个性化的照护方案至关重要，而这需要护理人员具备更高的专业素质和人文关怀能力。养老服务体系还需要大量具备专业护理技能和老年病管

---

① 民政部.《国务院关于推进养老服务体系建设、加强和改进失能老年人照护工作情况的报告》，2024 年 9 月 10 日在第十四届全国人民代表大会常务委员会第十一次会议上。

理经验的医护人员，但目前这些方面的人才供给严重不足。因此，亟须通过政策支持和职业培训来解决这一问题。

与此同时，医疗保健和康复护理的需求也在迅速增加。老年人慢性病和多病共存的比例较高，对医疗保健和康复护理的需求非常旺盛。在医疗资源紧张的情况下，如何有效配置资源并提升医疗服务质量成为亟须解决的问题。此外，老年人多病共存的特性要求医疗服务从单一的疾病治疗向综合性的健康管理转变，包括疾病预防、慢性病管理和康复护理等全方位的服务。这一变化促进了医疗技术的创新和医疗服务的升级，尤其是远程医疗、智能健康设备和居家护理等新型医疗服务形式的推广。

面对老龄化社会的诸多挑战，产业和就业结构的调整变得尤为重要。养老和医疗服务行业的发展需要大量的专业人才和资金投入，但目前这些领域的人才供给和资金支持仍然不足。为了应对这些挑战，需要政府、企业和社会各界的共同努力，通过政策支持、资金投入和人才培养，推动养老服务和医疗保健行业的发展，满足老龄化社会的需求。

4. 老龄化带来的机遇与积极影响

尽管人口老龄化带来了上述经济和社会压力，但同时也为中国的劳动力市场和经济发展带来了一些积极影响。第一，老龄人口的增加催生了巨大的"银发经济"市场，进而带动了相关产业的发展。老年人对医疗保健、养老服务、文化娱乐、旅游等方面的需求不断增加，为服务业的发展创造了新的经济增长点。根据中国老龄科学研究中心的研究，预计到 2030 年，中国老年人口的消费规模将达到 18.33 万亿元，占 GDP 的比例将超过 20%[①]。此外，老年人的消费需求多样化，为医疗、健康管理、文化娱乐等服务业的发展提供了广阔空间，并进一步推动了与老年人生活密切相关的产业链的创新与升级。

第二，老龄产业的发展还创造了大量的就业机会，尤其是在养老服务、医疗护理和社区支持等领域。这些行业对从业人员的需求迅速增加，预计到

---

① 中国老龄科学研究中心，《中国老龄产业发展报告（2020）》，2020 年。

2025 年，养老服务业的从业人员将超过 1000 万人。这种需求的增加为社会提供了更多的就业机会，尤其是为女性和低技能劳动力提供了重要的工作机会，促进了他们的社会参与和经济独立。因此，就业机会的增加在缓解劳动力市场压力的同时，也为社会稳定作出了积极贡献。此外，通过增加就业，特别是在传统就业机会较少的农村地区和偏远地区，老龄产业的发展在一定程度上有助于缩小城乡就业差距，改善就业结构。进一步，老龄产业的发展促进了相关职业的专业化和标准化。随着养老服务、医疗护理等需求的提升，越来越多的从业人员需要接受专业培训，以提高服务质量。这不仅提升了行业整体的服务水平，也推动了职业技能的提升和职业发展的良性循环。例如，许多地方政府和机构开始提供针对养老护理人员的职业培训，鼓励他们考取相关的职业资格证书，从而提升自身的职业竞争力。这种职业培训的普及不仅提升了养老产业的服务质量，也在整体上提升了劳动力的素质。

第三，老龄化也推动了新技术应用和产业升级。由于老龄化带来的劳动力短缺和成本上升，许多中国企业不得不寻求技术创新以提高生产效率和竞争力。为应对老龄化对劳动力供给带来的影响，许多企业加速推进自动化、人工智能和机器人技术的应用。例如，在制造业领域，智能生产线和自动化设备的普及不仅减少了对体力劳动的依赖，还显著提高了生产效率。尤其是在"中国制造 2025"和"数字中国"等国家战略的推动下，智能化生产和数字化转型已成为应对老龄化的重要举措，为各行业提升生产效率和全球竞争力提供了强大支撑。

第四，人口老龄化还推动了社会服务体系的完善，促进了社会治理和公共服务的提升。老龄化社会需要更完善的公共服务体系，包括医疗、养老、文化、教育等方面。为响应"健康中国 2030"战略目标，政府和社会各界加大了对这些公共服务领域的投入和改革力度，从而显著提高了社会治理水平。例如，社区养老服务的不断发展，使老年人在熟悉的社区环境中获得医疗和生活照护，这不仅有效提升了老年人的生活质量，也缓解了集中式养老机构的压力。"十四五"规划中明确提出要加强老龄产业和养老服务体系建设，构建居家、社区和机构相协调的养老服务体系，从而更好地满足老龄人口的多样化需求。这些政策的实施进一步优化了公共服务体系，提升了社会整体的福祉和治理能力。

第五，人口老龄化还为人力资源的再利用与经验的传承提供了新的可能性。老年人群体积累了丰富的经验和专业技能，通过延迟退休或再就业，他们仍然能够为社会和经济发展作出重要贡献。近年来，随着国家对延迟退休政策的逐步推进，越来越多的老年人选择在退休后继续工作，为社会提供宝贵的经验支持。例如，在教育领域，许多学校选择返聘经验丰富的教师，指导新进教师开展教学工作，从而提高教育质量。在科研领域，一些退休专家以顾问或兼职研究员的身份继续参与科研项目，为年轻科研人员提供重要的技术指导和知识传承。

综上所述，尽管人口老龄化带来了种种挑战，但其对"银发经济"的推动、就业机会的增加、技术创新的促进以及老年人力资源的再利用，为中国经济和社会的发展注入了新的活力。未来，如何更好地发挥老龄化带来的积极效应，将是政府和社会各界需要深入探索的重要议题。

三、老龄化对中国企业实践的影响

1. 银发市场崛起带来新商业机会

人口老龄化的加速不仅带来了劳动力供给的挑战，还创造了庞大的银发市场，为企业提供了新的商业机会，并推动了新商业模式的发展和技术创新的需求。在健康医疗、养老服务、文化娱乐等多个领域，银发市场迅速成为企业关注的焦点，而这不仅是产品和服务的简单迭代，更是对消费者需求深层次理解的再定义。

健康医疗和养老服务领域具有巨大的发展潜力，尤其是在长期护理、康复医疗和预防保健方面。企业需要更加注重老年人群的特殊需求，例如慢性病管理和康复护理等。"银发经济"不仅需要产品创新，还需要改进服务流程和提供个性化定制服务。通过智能化的健康管理平台和远程医疗服务，企业能够为老年人提供全天候的健康监测和个性化健康管理方案，从而帮助老年人提高生活质量。

养老服务的多样化趋势也成为企业重点关注的方向。传统的养老院模式已经难以满足老年人的多样化需求，智能化和社区化的养老模式正在逐步取代传统模式。企业需要通过整合医疗、护理、娱乐和社交等功能，提供一站式的综合养老服务。例如，智能家居系统与物联网技术的结合，可以为老年人提供更加安全、舒适的居家环境。同时，虚拟现实技术的应用，不仅丰富了老年人的精神文化生活，还有效缓解了他们的孤独感，提升了心理健康水平。

此外，老年人对文化娱乐的需求日益增加，为文化旅游、教育和娱乐行业提供了新的发展机遇。与年轻人相比，老年人更注重文化内涵和体验深度，这要求企业在设计相关产品和服务时，充分考虑他们的偏好和兴趣。当前，老年大学课程和文化旅行项目正在成为新的消费热点，这不仅满足了老年人追求精神生活的需求，也为企业带来了新的盈利增长点。通过整合文化、教育和旅游资源，企业能够为老年人提供更加多元和个性化的文化娱乐体验。

银发经济的崛起还伴随着技术的快速发展和应用，促使企业具备较强的技术创新能力。不少企业已经付诸实践，例如，中国银行于 2020 年推出了手机银行银发专区，帮助老年人跨越数字鸿沟，享受数字时代的便利。后续还推出了"中银 99 银发节"活动，打造银发用户的专属节日；上线了"岁悦长情版"，带来了适老化的便捷操作体验；成立了中银老年大学，帮助银发用户充实闲暇时光；发布了银发地图，方便用户一键查询全国养老机构。这些实践表明，针对老年人的产品和服务需要在可用性和易用性方面下更大功夫，以确保这一群体能够无障碍地参与数字经济。

健康医疗领域也是银发经济的核心部分，特别是在长期护理、健康监测以及康复服务等方面。企业将人工智能、物联网等新技术应用于老年人的健康管理和医疗服务中，可以实现从被动治疗到主动健康管理的转变，提高老年人的生活质量和独立性。例如，泰康保险集团通过其"泰康之家"养老社区项目，在全国范围内布局高端养老服务，这些养老社区提供了从生活护理到医疗服务的全方位支持，满足了老年人对高品质养老生活的需求。该项目的成功不仅帮助泰康保险拓展了业务，还推动了盈利增长，截至2023年底，泰康养老社区已实现全国34城布局，其中19城20家社区实现开业运营，在住居民超过11000人。

总体而言，银发经济的迅速扩张为企业带来了更大的机遇，但也对企业的技术创新能力、市场敏锐度以及对老年人需求的深刻理解提出了更高要求。中国企业需要从多角度、多维度出发，整合资源，创新服务，充分利用这一市场机遇。通过抓住银发经济带来的商业机会，企业不仅可以实现经济效益，还可以为应对人口老龄化、推动社会整体经济增长作出重要贡献。

2. 企业加速自动化和技术升级

面对中国劳动力老龄化导致的劳动力短缺问题，不少企业开始选择加速自动化和技术升级的路径进行应对。通过引入机器人、物联网等先进技术，企业不仅降低了对人力的依赖，还提升了生产效率和降低了运营成本。这在中国的制造业中表现得尤为明显，特别是在需要大量重复劳动的生产环节。自动化设备的引入显著提高了生产的连续性和一致性，帮助企业应对劳动力老龄化带来的挑战。以物流行业为例，根据京东物流最新公布的无人仓相关数据，其"智慧大脑"能够在0.2秒内计算出300多个机器人运行的680亿条可行路径；智能控制系统反应速度是人的6倍；分拣"小红人"速度达每秒3米，为全世界最快分拣速度；运营效率是传统仓库的10倍。这不仅缓解了因劳动力老龄化导致的用工荒问题，也满足了中国消费者对快速物流的需求。

然而，自动化虽然在一定程度上缓解了劳动力不足的问题，但也带来了新的技能需求和人才短缺的挑战。企业在推行自动化的同时，需要高素质的技术工人来维护和管理这些复杂的设备。这些岗位要求员工具备机械、电子和编程等多方面的知识，而传统的劳动力市场难以立即提供足够的人才。因此，企业必须在引进新技术的同时，进行大规模的员工技能升级培训，以确保技术能得到有效应用。

对于中小型企业而言，自动化设备的高昂成本和技术人才的短缺是其面临的主要障碍。面对劳动力老龄化的压力，中小企业必须权衡自动化带来的长期效益与短期投入的成本，选择适合自身发展阶段的技术升级路径。通过采用模块化的自动化解决方案和设备租赁等方式，中小企业也能逐步实现生产过程的自动化。此外，政府和行业协会可以在资金支持和技能培训方面为中小企业提供帮助，降低它们在自动化过程中的经济和人力资源压力。

在技术升级过程中，企业还需考虑社会责任问题。自动化的推进可能导致部分工人失业或岗位调整，尤其是在老龄劳动者中更为突出。企业在追求效率的同时，需要平衡社会影响，采取合理的员工安置和再培训措施。一些企业已通过与职业培训机构合作，为受影响的员工提供再培训机会，帮助他们适应新的岗位要求，从而减轻自动化对社会就业的负面影响。这不仅有助于企业履行社会责任，也能提升员工对企业的忠诚度和工作满意度。此外，自动化的推广还引发了对"人机协作"模式的探索。在一些需要灵活应变的生产环节中，完全自动化并不现实，企业更多地采用协作型机器人与人力共同完成任务。这种模式既能充分利用机器的高精度和稳定性，又能发挥人类在复杂判断和灵活操作中的优势，为老龄劳动者提供了继续参与生产的机会，使他们能够从事技术含量更高、创造性更强的工作。

参考文献

［1］肖光文. 积极老龄观的中华优秀传统文化溯源［J］. 人民论坛，2024
（8）：101-103.

［2］董小玉，金圣尧. 论新时代中华"家文化"的内涵价值与传播样态［J］.

现代传播（中国传媒大学学报），2020（9）：22-26.

［3］贺庆利，余林，马建苓. 老化刻板印象研究现状及展望［J］. 心理科学进展，2013（3）：495-505.

［4］费孝通. 乡土中国·生育制度［M］. 北京：北京大学出版社，1998.

［5］陶宇，朱晓玙. 中西方"家文化"差异下的家庭社会工作实践路径探究［J］. 新视野，2018（6）：96-102.

［6］张红. 社会主义核心价值观培育和践行的试验场：家风家教［J］. 道德与文明，2015（2）：10-13.

［7］陈社英. 人口老化与社会政策：中国人的"家"与养老研究［J］. 人口与社会，2017，33（1）：63-72.

［8］杨善华. 以"责任伦理"为核心的中国养老文化——基于文化与功能视角的一种解读［J］. 晋阳学刊，2015（5）：89-96.

［9］杨舸. 社会转型视角下的家庭结构和代际居住模式——以上海、浙江、福建的调查为例［J］. 人口学刊，2017，39（2）：5-17.

［10］Armstrong-Stassen M. Organizational Practices and the Post-Retirement Employment Experience of Older Workers［J］. Human Resource Management Journal，2008，18（1）：36-53.

［11］Whitbourne S. K.，S. A. Tesch. A Comparison of Identity and Intimacy Statuses in College Students and Alumni［J］. Developmental Psychology，1985，21（6）：1039-1044.

［12］Medina，J. J. The Clock of Ages：Why We Age, How We Age, Winding Back the Clock［M］. Cambridge：Cambridge University Press，1997.

［13］Rowe，J. W.，R. L. Kahn. Human Aging：Usual and Successful［J］. Science，1987，237（4811）：143-149.

［14］Bortz，W. M. Disuse and Aging［J］. Jama the Journal of the American Medical Association，1982，248（10）：1203-1208.

［15］Cooper，B. Epidemiology of the Dementias of Late Life.（Ed.），Psychiatry in the Elderly, 1997: 439-453.

[16] Lang, F. R., L. L. Carstensen. Close Emotional Relationships in Late Life: Further Support for Proactive Aging in the Social Domain [J]. Psychology and Aging, 1994, 9 (2): 315-324.

[17] Zarit, S. H., D. J. Eggebeen. Parent-Child Relationships in Adulthood and Old Age. In M. H. Bornstein (Ed.), Handbook of Parenting, Children and Parenting, 1995: 119-140.

[18] Diehl, M. Everyday Competence in Later Life: Current Status and Future Directions [J]. The Gerontologist, 1998, 38 (4): 422-433.

[19] Willis, S. L. Everyday Cognitive Competence in Elderly Persons: Conceptual Issues and Empirical Findings [J]. The Gerontologist, 1996, 36 (5): 595-601.

[20] Super, D. E. A Theory of Vocational Development [J]. Theory & Practice of Vocational Guidance, 1953, 8 (5): 185-190.

[21] Baltes, P. B., H. W. Reese, L. P. Lipsitt. Life-Span Developmental Psychology [J]. Annual Review of Psychology, 1980, 31 (1): 65-110.

[22] Carstensen, L. L., D. M. Isaacowitz, and S. T. Charles. Taking Time Seriously: A Theory of Socioemotional Selectivity [J]. American Psychologist, 1999, 54 (3): 165-181.

[23] Kanfer, R., P. L. Ackerman. Aging, Adult Development, and Work Motivation [J]. Academy of Management Review, 2004, 29 (3): 440-458.

[24] Salthouse, T. A. Selective Review of Cognitive Aging [J]. Journal of the International Neuro-Psychological Society, 2010, 16 (5): 754-760.

[25] Ackerman, P. L. Domain-Specific Knowledge as the "Dark Matter" of Adult Intelligence: Personality and Interest Correlates [J]. The Journals of Gerontology Series B: Psychological Sciences and Social Sciences, 2000, 55 (2): 69-84.

［26］ Ng, T. W. H., D. C. Feldman. The Relationship of Age to Ten Dimensions of Job Performance ［J］. Journal of Applied Psychology, 2008, 93 (2): 392-423.

［27］ Roberts, B. W., K. E. Walton, W. Viechtbauer. Patterns of Mean-Level Change in Personality Traits Across the Life Course: A Meta-Analysis of Longitudinal Studies ［J］. Psychological Bulletin, 2006, 132 (1): 1-25.

［28］ Ebner, N. C., A. M. Freund, P. B. Baltes. Developmental Changes in Personal Goal Orientation from Young to Late Adulthood: From Striving for Gains to Maintenance and Prevention of Losses ［J］. Psychology and aging, 2006, 21 (4): 664-678.

［29］ Kang, Y. J., Lee, J. Y., H. W. Kim. A Psychological Empowerment Approach to Online Knowledge Sharing ［J］. Computers in Human Behavior, 2017, 74: 175-187.

［30］ Carstensen, L. L., M. Pasupathi, U. Mayr. Emotional Experience in Everyday Life across the Adult Life Span ［J］. Journal of Personality and Social Psychology, 2000, 79 (4): 644-655.

［31］ Charles, S. T., C. A. Reynolds, and M. Gatz. Age-Related Differences and Change in Positive and Negative Affect over 23 Years ［J］. Journal of Personality and Social Psychology, 2001, 80 (1): 136-151.

［32］ Scheibe, S. EmployeeAge Moderates within-Person Associations of Daily Negative Work Eevents with Emotion Regulation, Attention, and Well-being ［J］. European Journal of Work and Organizational Psychology, 2021, 30 (6): 872-886.

［33］ Carstensen, L. L. Social andEmotional Patterns in Adulthood: Support for Socioemotional Selectivity Theory ［J］. Psychology and Aging, 1992, 7 (3): 331-338.

［34］ Burmeister, A., J. Deller. Knowledge Retention from Older and Retiring

Workers: What Do We Know, and Where Do We Go from Here? [J]. Work, Aging and Retirement, 2016, 2 (2): 87-104.

[35] Gerpott, F. H., N. Lehmann-Willenbrock, and S. C. Voelpel. A Phase Model of Intergenerational Learning in Organizations [J]. Academy of Management Learning & Education, 2017, 16 (2): 193-216.

[36] Wang, M., G. Burlacu, D. Truxillo. Age Differences in Feedback Reactions: The Roles of Employee Feedback Orientation on Social Awareness and Utility [J]. Journal of Applied Psychology, 2015, 100 (4): 1296-1308.

[37] Mannucci, P. V., and K. Yong. The Differential Impact of Knowledge Depth and Knowledge Breadth on Creativity over Individual Careers [J]. Academy of Management Journal, 2018, 61 (5): 1741-1763.

[38] Rietzschel, E. F., H. Zacher, W. Stroebe. A Lifespan Perspective on Creativity and Innovation at Work [J]. Work, Aging and Retirement, 2016, 2 (2): 105-129.

[39] OECD. Promoting an Age-Inclusive Workforce: Living, Learning and Earning Longer [M]. Paris: OECD Publishing, 2020.

[40] VonBonsdorff, M. E., L. Zhou, M. Wang, et al. Employee Age and Company Performance: An Integrated Model of Aging and Human Resource Management Practices [J]. Journal of Management, 2018, 44: 3124-3150.

[41] Wang, M., Y. Fang. Age Diversity in the Workplace: Facilitating Opportunities with Organizational Practices [J]. Public Policy & Aging Report, 2020, 30 (3): 119-123.

[42] Wang, M., C. R. Wanberg. 100 Years of Applied Psychology Research on Individual Careers: From Career Management to Retirement [J]. Journal of Applied Psychology, 2017, 102 (3): 546-563.

[43] Shao, Y., B. Goštautaitė, M. Wang, et al. Age and Sickness Absence: Testing Physical Health Issues and Work Engagement as Countervailing Mecha-

nisms in a cross－national Context［J］. Personnel Psychology，2022，75
（4）：895-927.

［44］ Samuelson，P. A. Aspects of Public Expenditure Theories［J］. The Review of
Economics and Statistics，1958，40（4）：332-338.

第二章　成功老龄化：内涵与理论

　　成功老龄化的研究经历了三个关键的阶段，每个阶段都展示了不同学科理论的整合和进展。第一阶段，研究以老年学的视角为主，注重提高老年人的生活满意度和福祉，为后续的理论发展奠定了重要基础。第二阶段，研究者引入发展心理学理论，如选择、优化、补偿理论、毕生发展的动机理论和社会情绪选择理论等，这些理论揭示了老年人通过自我调节和目标调整实现成功老龄化的内在机制。随着对老龄化现象的深入理解，研究将成功老龄化概念与组织行为学理论相结合，开始关注职场中的成功老龄化，即进入了第三阶段。这一阶段探讨了组织因素、人力资源实践及工作设计对年长员工的职业发展和适应性的影响，提出通过灵活工作安排、职业再培训和强化组织支持等方式，提升年长员工持续的工作动机和工作能力。

第一节　成功老龄化的内涵与历史进程

　　成功老龄化这一概念在历史文化和老年学理论中均有深刻体现，并随着社会文化的演进不断发展。从历史文化的角度看，古希腊、古罗马以及中国的儒释道思想都对老年人持积极态度，将老年阶段视为智慧与精神成长的高峰时期，这为现代成功老龄化的研究提供了重要启示。在学术领域，成功老龄化的概念最早出现在老年学中，相关学者提出了多种理论，包括活动理论、脱离理论、连续性理论，以及 Rowe 和 Kahn 的成功老龄化模型。

一、历史文化中的成功老龄化启示

成功老龄化一词在老年学文献中得到了广泛应用，它描述的是覆盖整个生命周期的老龄化过程（Wykle et al.，2005），代表了一种相对积极的衰老方式。事实上，这种对老龄化的积极态度在多个古代文化中都有所体现，并以多种形式展现出来。古希腊哲学家柏拉图从精神世界的角度表达了对成功老龄化的期望。他曾写道："当视力衰退时，精神的视力会得到改善。"这句话不仅表达了对老年智慧的尊重，还反映了古希腊人对心灵成长和内在充实的重视。在柏拉图的《理想国》中，年长者被视为哲学家、国王的最佳候选人，因为他们的智慧和沉着的品质能够引领社会走向正义与和谐。在古罗马文化中，老年人受到极大的尊重，甚至被理想化为社会的权威和道德榜样。西塞罗在他的著作《论老年》中强调，老年不仅是人生的重要阶段，更是智慧、经验和道德的象征。他认为，老年人凭借自己丰富的生活经验，可以更好地指导年轻一代，帮助他们在生活中做出正确的决策。他写道："老年，尤其是受尊敬的老年，具有如此大的权威性，这比年轻时的所有快乐更有价值。"这种观点深刻影响了古罗马社会对老年人的看法，使他们成为社区的核心和道德的守护者。

在中国古代文化中，积极老龄化的概念同样广泛存在，体现在儒家、道家和佛家的哲学思想中。在儒家思想中，孝道与尊老的原则占据核心位置，老年人被视为智慧和经验的象征。孔子提出的"七十而从心所欲，不逾矩"描绘了一种理想的老年生活状态，即老年人在遵循道德规范的同时，能自由地追随内心的愿望。这反映出社会对老年阶段的尊重和肯定，认为老年是个人修养与智慧积累的高峰。在道家思想中，老子在《道德经》中提到"致虚极，守静笃"，暗示通过内心的平和和自我修养，老年人可以达到心灵的自由和超越，从而体现出道家对老龄化的积极态度。在佛家思想中，老龄化观念则更注重心灵的解脱和智慧的提升，认为通过深入的修行和禅定可以超越对衰老与死亡的恐惧，达到内心的平静与自由。老年人常被视为智慧的化身，他们的存在被认为是社会的精神支柱和道德楷模。

这些古代哲学不仅彰显了对老年生活的积极态度，还强调了社会结构中老年人的独特地位和作用。通过这些传统观念，我们可以看到老龄化不仅是一个生理过程，更是一个涉及心理、社会和精神的多维度的转变。这些思想为现代社会和学者应对和研究老龄化问题提供了深刻的洞察角度和启示。

二、成功老龄化的早期理论

老年学领域的学者们最早系统地提出并讨论了成功老龄化的概念。这一讨论涵盖了 4 种关键理论，它们分别为活动理论、脱离理论、连续性理论，以及 Rowe 和 Kahn 提出的成功老龄化模型。这些理论代表了学术界早期对于老年人如何成功老龄化的理解和观点。

1. 活动理论、脱离理论和连续性理论

Carl Gustav Jung 因在 20 世纪 30 年代对老龄化的研究被视为现代老年学思想的重要先驱之一。他认为老龄化是一种心理上的内在转变过程，这一观点随后被许多老年学学者如 Havighurst（1961）和 Neugarten（1996）采纳并发展。特别是 Havighurst 在此基础上明确提出了成功老龄化的概念，强调老年学研究应致力于提升老年人群的满意度和福祉。

基于这一理念，学者们进一步发展，提出了两种对立的成功老龄化理论：活动理论和脱离理论（Havighurst, 1961；Cumming & Henry, 1961）。活动理论主张，成功老龄化的关键在于老年人保持活跃度，尤其是在社会互动方面，积极参与社会活动。理论认为，通过维持个人关系并保持社会活跃度，老年人可以减少甚至避免与年龄相关的损失，提高其生活满意度和主观幸福感。此外，活动理论还提出，老年人应用新的生活角色和活动（例如，志愿服务、照顾孙辈）来替代他们在中年时期的角色和活动（如职业工作、照顾自己的孩子），以保持其主观幸福感。

与之相反，脱离理论则认为，在老龄化过程中老年人不可避免地会减少与社会的互动和脱离社会环境。该理论认为，这种脱离是自然发生且个体自愿的，并在社会中是可以被接受的。它的核心观点包括老年人对死亡和生命终结的意识增强，以及对自我反思和生命意义的思考增加。Cumming 和 Henry（1961）还指出，随着年龄的增长，个体的知识、技能和能力可能会下降，老年人受社会规范的影响减少，且男女因在生活中扮演不同角色而有不同的脱离过程。此外，脱离的形式也会受到文化因素的影响。虽然脱离理论与大部分人的常识认知相一致，但一些学者的观点过于以个体为中心、发展趋势单向、个体衰老过程同质化。特别是，越来越多的研究显示，与年龄相关的损失和衰退并非普遍或不可避免。相反，与年龄相关的变化具有多维度、多样性的特点，且在任何年龄阶段都表现出巨大的可塑性（Lachman et al.,2015）。

连续性理论被视为活动理论的一种延伸，它强调老年人即使在身体健康和社会地位发生变化的情况下仍旧维持与早期生活阶段相似的活动水平、行为模式和社会关系（Atchley，1971，1989）。这一理论区分了内部连续性（如记忆中的想法、经验、情感、技能）与外部连续性（如角色表现、活动、关系），并提出个体的性格、价值观、偏好和信念在整个生命历程中基本保持一致。面对外部环境的变化，老年人通常寻求保持这种连续性，因此他们会设定目标并采用各种策略来适应这些变化。尽管连续性理论对理解老年人如何处理和适应生活的变化提供了见解，但它被批评仅关注"正常"老龄化过程，而忽略了患有慢性疾病和残疾的老年人群体。

综合来看，活动理论、脱离理论和连续性理论对理解成功老龄化——在老年时期维持幸福感——提供了重要的视角。活动理论主张积极参与社会活动是成功老龄化的关键；脱离理论认为老年人应从社会活动中逐渐退出以实现成功的老龄化；而连续性理论则强调老年人应在不同生命阶段保持其活动水平和生活方式的一致性。然而，这些理论都未能得到充分的实证支持。因此，与 Rowe 和 Kahn 的成功老龄化模型以及基于毕生发展观的现代理论相比，这些传统理论在当前的应用较为有限。

2. Rowe 和 Kahn 的成功老龄化模型

有别于早期理论通常将老年群体简单划分为健康与不健康，Rowe 和 Kahn（1987，1997）更加关注健康的老年群体，并将其细分为两类：常规老龄化（normal aging）和成功老龄化（successful aging）。常规老龄化的个体遵循了平均或规范性的年龄相关趋势，在客观生活与结果上呈现出一般的老龄化过程；而成功老龄化的个体则展现出超越常规的积极趋势。特别是，Rowe 和 Kahn（1987）观察到老年人的客观生活与结果之间具有显著的异质性，并指出那些与年龄相关的生活与结果不仅受到个体基因和生活方式的影响，还受到诸如社会支持、医疗环境、政府保障等环境因素的显著影响，强调了在对老龄化进行分析和评价的过程中，需要关注个体差异和外部环境的双重作用。

Rowe 和 Kahn（1997）将成功老龄化模型概括为三个核心要素：低发病率和疾病相关残疾、高水平的认知和身体功能，以及积极的社会参与。这三个要素之间存在层级关系，即成功的老龄化不仅要求避免疾病和保持身体及认知功能，还必须通过这些功能的整合来积极参与社会活动，以全面体现成功老龄化的概念。此外，成功老龄化模型的每个核心要素又包含若干个子部分。"低发病率"不仅是没有疾病，还包括疾病的风险因素的缺失及其影响程度的最小化。"高水平的认知和身体功能"覆盖了身体和认知两个方面，反映了个体潜在活动能力水平，揭示了个人能够做什么，而非他们实际正在做什么。"积极的社会参与"主要涉及两类活动：人际关系和生产性活动。人际关系活动包括与他人的接触和互动、信息交流、情感支持以及直接的帮助。生产性活动则定义为那些为社会创造价值的行为，无论是否获得报酬。例如，无薪照顾残疾家庭成员或在当地社区、医院担任志愿者都被视为生产性活动。这种定义强调了无薪劳动同样具有重要的社会价值，是成功老龄化的一个重要方面。Rowe 和 Kahn（1987）指出，只有当老年人同时具备上述三个要素时，才能被视为达到成功老龄化。同时，鉴于不同老年人在三个维度上可能会表现出巨大差异，他们提出，这些差异可以通过遗传、生活方式和习惯来解释，并强调了人的主体性在成功老龄化中的重要性。对此，一些批评者认为，这种关于成功老龄化的认知过于偏向新自由主义思想，忽略了结构因素的重要性（例如，社会经济地位；Martinson & Berridge，2015；Rubinstein & De Medeiros，2015）。

近年来，随着其他学科理论的发展（如发展心理学）和社会技术的快速变化，Rowe 和 Kahn（2015）也在不断吸收相关成果，持续改进和完善上述模型，提出了面向 21 世纪的成功老龄化概念。在最新的研究中，他们强调了两个重点，一是从毕生发展的视角思考老龄化；二是开始关注人力资本。在人们普遍的认知中，青年时期主要是接受教育，中年阶段则通常完全投入工作，而晚年生活往往被定义为"休闲"，这种休闲常常是一种无角色的状态，缺乏有意义的社会参与和活动。毕生发展观的视角则有助于改变这种活动模式，例如在晚年，许多老年人可以从事适合其年龄的有偿工作或参与志愿服务。因此，面对老龄化社会，毕生发展观能够帮助人们更合理地安排人生中的主要活动（如教育、工作、育儿、休闲和退休），使积极的社会活动行为贯穿整个生命过程。此外，Rowe 和 Kahn（1997）强调，社会和政府应当创造更多机会，为老年人赋予新的角色和责任。这不仅能为世世代代带来福祉，也有助于缓解代际间的竞争。围绕这些问题进行全社会的讨论，还可能促使人们更深入地思考自己在生命历程中的位置，并通过制定全面的生命策略，更合理地安排自己在不同人生阶段的行动。尽管晚年生活可能持续二三十年，但多数人都将大量时间投入中年的职业生涯上，却很少为晚年的退休生活进行充分的规划。

在人力资本方面，Rowe 和 Kahn（1997）认为，越来越多的老年人完全有能力通过有偿工作或其他形式的社会参与继续为社会作出贡献。老年人具备丰富的知识积累、稳重的性格、出色的综合问题解决能力、良好的冲突处理能力，以及更强的跨代际沟通能力和理解能力。社会应当鼓励并充分利用不同年龄层的人力资本资源，推动以能力而非以年龄为基础的评价标准发展与应用。这将有助于整个社会实现老龄化观念的转变，即认识到将人力资本投资在每段生命历程中都能得到回报，而不仅仅是人们早年的培训和教育。

第二节　成功老龄化的毕生发展观

早期的成功老龄化理论主要集中在老年学领域进行探讨。相关研究和模型主要回答了"什么是成功老龄化"，但未能很好地回答"如何实现成功老龄化"。而后一问在成功老龄化的毕生发展观理论中得到了较好回答。

与老年学的理论不同，来源于发展心理学的毕生发展观认为人的发展贯穿整个生命历程，从出生到死亡（Baltes，1987）。持此观点的学者普遍认为，成功老龄化的核心在于如何在年龄增长带来的损失（如身体机能下降、信息处理速度减缓、记忆力衰退）和收益（如经验积累、知识增长、情感能力增强）之间达到有效的平衡。基于这一观点，研究人员提出了几种毕生发展理论，从动机的角度，解释个体如何在面对与年龄相关的挑战和机遇时调整自身发展。因此，与专注于老年学的成功老龄化理论相比，毕生发展理论提供了一种更广泛的视角，强调实现最佳平衡的心理机制（如应对策略、行为调整和心态改变），并阐释这些机制如何帮助个体补偿损失、利用收益，从而成功地适应老龄化。下面就其中最重要的几个理论进行具体介绍。

一、选择、补偿、最优化理论

Baltes（1990）提出的选择、补偿最优化模型（Selection Optimization Compensation model，SOC）强调了年龄相关的资源收益与损失间的动态平衡。在整个生命周期中，人们通过选择、补偿和最优化三种行为策略来调整与适应，以实现收益最大化（Baltes & Heydens-Gahir，2003）。关于选择，由于人类存在的内在资源（如时间和精力）限制，必须选择性地确定追求的功能领域或目标，而不可能追求所有机会（Carstensen et al., 1995）。选择过程可以分为两个子过程：选择性选择（elective selection）和基于损失的选择（loss-based selection）。选择性选择是一个调节过程，涉及在多种发展路径中做出选择；而基于损失的选择则是对资源减少或之前可行的目标手段丧失的一种响应，包括重新构建个人目标体系或寻找新目标等策略。补偿是指在资源丧失或目标实现受阻时，采用替代性手段来保持功能水平，例如老年人可能需要依赖外部社会支持来补偿认知能力的衰退。最优化则是指精细调整内外部资源的分配，以实现收益最大化，如投入更多时间和精力于工作中。这三种策略共同指向三类个体目标：成长目标（达到更高功能水平）、维持目标（保持现有功能水平或恢复到以前的较高水平）、损失调节目标（在功能受限的条件下尽可能发挥作用）。随着年龄的增长，资源分配的重点也会相应调整，从成长更多地转向维持和损失调节。

关于 SOC 模型在成年期的发展轨迹，已有研究给予了支持。例如，较为年轻的成年人处于探索生活各领域不同选择的阶段，如职业选择等。然而，随着年龄的增长，成年人逐渐意识到他们不能追求所有生活路径，必须选择明确的目标并投入相应的努力才能实现预期结果（Erikson, 1968; Marcia, 1980）。因此，在成年期，选择策略成为核心策略。随着经验的积累，成年人在优化和补偿方面的知识与技能也逐步提升。在这一生命阶段，成年人努力在社会中确立成熟的地位，因此他们会在发展和调整实现高水平功能所需的手段方面投入大量时间和精力，并可能采取特殊措施，如补偿性努力，以保证他们所达到的水平。

关于 SOC 模型从成年后期进入老年期的发展轨迹，存在两种不同的假设。一方面，随着生活经验的不断积累，成年人可能会更熟练地运用 SOC。另一方面，随着老龄化，生理和物理的限制可能会起到相反的作用。由于老龄化带来的资源和可塑性的减少，老年人可能缺乏足够的生理、社会和认知资源来实施 SOC。因此，在老年期，SOC 相关行为的频率可能会降低。例如，柏林老龄化研究中的数据显示，从 72 岁到 102 岁，随着年龄的增长，自我报告的 SOC 使用频率呈现下降趋势（Freund & Baltes，1998）。尽管如此，Freund 和 Baltes（2002）指出，即使 SOC 使用频率有所下降，老年人仍会继续运用 SOC，通过这种方式展示更好的功能状态。

二、毕生发展观的动机理论

毕生发展动机理论（Life-Span theory of motivation，LSTM）探讨了个体在整个生命周期中如何设定目标、保持控制感以及实施自我调节机制。根据动机控制理论，个体倾向于努力维持对自己的行为与遇到事件时的应对策略之间的控制（Heckhausen & Schulz，1995）。作为一种适用于整个生命周期的动机控制理论，LSTM 特别关注个体在面对可能引发发展性损失的情境（如挑战、威胁或过渡期）时，如何保持控制力。该理论还研究了这种控制力如何随着个体从生命周期的一个阶段过渡到下一个阶段的演变而适应。

LSTM 将与控制相关的行为划分为初级控制策略（primary control）和次级控制策略（secondary control）两大类。Heckhausen 和 Schulz（1995）将初级控制策略描述为通过调整环境来满足个人目标的手段，而次级控制策略则通过调整个体自身来适应环境的变化。初级控制策略通常比次级控制策略具有更高的功能性，因为它通过主动与环境互动来满足需求。然而，当初级控制策略不足以解决问题时，次级控制策略则承担支持角色，帮助缓冲控制感的丧失，并为未来初级控制策略的实施奠定基础。

LSTM 进一步提出了关于初级和次级控制策略的使用随时间变化的假设。通常，初级控制策略的使用呈现倒 U 型趋势，即随着时间的推移，个体对初级控制策略的依赖先增后减。这一减少可能标志着个体在处理控制感丧失的关键转折点。随着时间的推移，初级控制策略减少，个体将投入更多资源使用次级控制策略来应对控制感的损失，使得次级控制策略的使用随着时间的增长而增加，并通过各种补偿机制来加强（Heckhausen et al.，2010）。在实证研究方面，近年来研究人员已经将 LSTM 应用于职业发展、应对策略以及职业生涯规划等领域的职业健康相关研究中，探索其在这些领域的应用效果（Heckhausen & Shane，2015）。这些研究进一步证实了 LSTM 在解释个体如何应对生命中的挑战和机遇中的指导意义和有效性。

另一个与毕生发展动机理论相关的理论是同化与调适应对模型（Model of Assimilative and Accommodative Coping，AAC），由 Brandtstädter 和 Renner（1990）提出。AAC 通过两种主要的应对方式来解释个体如何应对发展性挑战。同化应对方式强调个体努力使其目标与外部环境相协调，其核心是对特定目标的坚持不懈。相比之下，调适应对方式则描述了个体在面对环境限制时如何调整个人目标以适应这些限制，其特点是目标的灵活调整。不同的应对方式通常与不同的认知思维模式相关。采用同化应对方式的个体会集中注意力于特定目标，抑制外部干扰，强化自上而下的认知处理；而采用调适应对方式的个体则倾向于采用整体性的认知方式，能够从受阻的目标中抽离注意力，对外部环境显示出更高的敏感性（Brandtstädter & Rothermund，2002）。尽管在不同的人生阶段，人们都会采用这两种应对方式，但总体而言，随着年龄的增长，个体使用调适应对方式的频率通常会增加。

三、社会情绪选择理论

社会情绪选择理论（Socioemotional Selectivity Theory，SST，Carstensen et al.，1999）是一种聚焦于个体动机的毕生发展理论。该理论基于一个核心观念：人们对时间及其意义的感知具有内在敏感性，特别是对时间有限性的感知。随着年龄的增长，个体对时间的感知会发生变化，进而影响他们对时间的体验是感到时间充裕还是感到时间有限。SST 认为，这种随年龄增长而变化的时间感知对个体的动机和心理过程，如目标设定、情绪调节和社会互动产生深远影响（Carstensen，2006）。

最初，SST 旨在解释毕生发展理论中社会互动过程的变化（Carstensen，1987，1991）。社会互动在心理功能中扮演着关键角色，尤其是在身份维持、情绪调节和自我调节方面。通常情况下，随着年龄的增长，个体建立新社会关系的动机逐渐减弱，而越来越重视在已有的熟悉的社会关系中增进情感上的亲密性。此外，社会互动在毕生发展过程中涉及的成本与收益也在不断变化。在晚年，由于社会和心理资源的有限性，投资于社会关系可能带来较高的成本与收益比。

为了更全面地解释这些现象，SST 指出，时间感知的变化会引发两大类目标的转变：知识获取目标和情绪调节目标。SST 强调，未来时间观是理解这一过程的关键机制。在时间视野上，未来时间观可以分为开放型和受限型。当时间视野被认为是开放的时，个体的主要目标往往集中在长期的知识获取上，如追求新体验和学习新技能。然而，当时间视野被认为是受限时，个体的主要目标则更倾向于短期的情绪调节，例如保持积极情绪。此外，SST 还表明，年龄作为发展变化的一个重要指标，可以预测不同目标的优先级，从而解释社会互动关系随时间推移而发生的变化。

与 SST 相似，强度与脆弱性整合模型（Strength and Vulnerability Integration Model，SAVI）也探讨了情绪调节能力随年龄变化的过程（Charles，2010）。SAVI 认为，情绪调节结果的年龄差异与调节过程的时机密切相关。例如，SAVI 与 SST 一致指出，随着年龄的增长，个体的情绪调节能力有所提升，体现在注意力策略、评价方式和行为调节等方面的技巧运用。这一观点具有广泛的研究基础，不少研究发现，随着年龄的增长，个体的情感、幸福感水平整体呈上升趋势。这些情绪调节策略有助于减轻负面情绪，增强积极情绪的体验。尽管 SAVI 与 SST 都认为，随着年龄的增长，情绪调节策略的使用更多地受到时间观念变化的驱动（如感知到的剩余时间），但 SAVI 进一步引入了"已度过时间"这一概念。具体而言，SAVI 强调，知识和经验的积累是情绪调节的重要资源。这使得 SAVI 在"认识时间有限性方面"与 SST 互为补充，独特地整合了经验积累在成功情绪调节中的关键作用。

上述几种毕生发展理论，包括 SOC、LSTM、AAC、SST 以及 SAVI，尽管在具体观点和侧重点上有所不同，但它们之间存在着显著的共性。首先，这些理论都强调个体在发展过程中的主动性和能动性。个体并非被动地接受外界环境的影响，而是积极地参与并塑造自身的发展。例如，SOC 模型强调个体通过选择（确定重要的目标）、优化（投入资源实现目标）和补偿（应对能力下降或资源缺乏）来平衡资源的增加与损耗。LSTM 关注个体如何通过设定和调整目标来维持对环境的控制，强调主动的目标追求和策略调整。AAC 描述了个体通过同化（改变环境以符合自身目标）和调适（调整目标以适应环境）来应对挑战，体现了主动的应对策略。SST 指出，个体会主动调整社交网络，选择对自己情绪有积极影响的关系，体现了主动的社会选择。SAVI 则强调个体如何利用自身的优势（强度）并管理弱点（脆弱性）来应对生活中的压力和挑战。

其次，这些理论共同关注年龄相关的积极方面和潜在收益，而非仅仅关注回避和损失。它们摒弃了将老年期视为纯粹衰退的观点，转而强调老年人如何利用自身的资源和能力，实现持续的发展和满足感。例如，SOC 关注如何通过优化和补偿来最大化个体的功能和满意度；LSTM 强调通过主动的目标管理来实现心理健康和满足感；SST 则指出，随着年龄的增长，个体更倾向于追求情绪满足，优化生活质量。这些观点都表明，老年期并非只是功能的衰退，而是充满发展潜力和积极可能性的阶段。

最后，这些理论都强调个体在面对发展性挑战时需要具备适应性和灵活性，以调整自身的目标和策略。同化与调适应对模型强调，个体在面对困难时需要灵活地选择是改变环境还是调整自我；强度与脆弱性整合模型关注个体如何适应压力，通过整合自身的强项和弱项来维持心理健康。这些理论都从毕生发展的视角，认为发展是一个贯穿生命全过程的持续变化，不同生命阶段都有其发展的任务和潜力。

综上所述，这些毕生发展理论共同强调了个体在发展过程中的主动角色，并关注如何通过积极的策略和适应性行为来应对发展性挑战。这为理解老年人的成功老龄化提供了重要的理论基础，也为制定支持老年人发展的实践策略提供了指导。

第三节 职场成功老龄化理论与研究

近年来，"职场成功老龄化"的概念已被组织学者广泛接受，并成为一个新的研究热点。该领域从早期的基本定义演变至 Kooij 等学者提出的整合模型，标志着理论上的重大进步。在此基础上，众多学者进行了一系列实证研究，深入探讨了个体特征、人际关系、工作特征和组织因素如何影响职场成功老龄化。这些理论与实证研究成果不仅加深了我们对职场老龄化现象的理解，也为应对老龄化社会中的人力资源管理挑战提供了新视角及具体的操作指南。

一、职场成功老龄化的定义与测量

Abraham 和 Hanssen（1995）首次将成功老龄化的概念引入组织管理领域，提出了职场成功老龄化（Successful Aging at Work）的定义，即与同龄人相比，年长员工能够保持或提升自己的工作能力或绩效。随后，Robson 及其团队（Robson et al., 2006）进一步明确了职场成功老龄化的定义和标准。他们对 201 名员工进行调查，让被调查者评估 101 个条目在 18 个内容领域的重要性，这些内容包括健康、财务安全、适应年龄变化的需求、接受培训的机会以及职业发展潜力等方面。通过因子分析，Robson 等人确定了五个明确的职场成功老龄化标准：①适应性与健康；②积极的人际关系；③职业成长；④个人安全感；⑤持续的专注和实现个人目标。他们的研究还显示，在重要性排序方面，被调查者认为"持续的专注和实现个人目标"和"适应性与健康"最为重要，其次是"个人安全感"、"职业成长"和"积极的人际关系"。进一步分析表明，这五个维度中，只有职业成长与年龄呈负相关，而这五个维度都与员工对自己在职场上成功老龄化的自我感知（即他们对自己相较于同龄人的老龄化情况的评价）呈正相关。

近年来，在整合老年学和毕生发展心理学研究的基础上，其他学者纷纷投入职场成功老龄化的讨论和研究中，对"什么是职场成功老龄化"做出了更为深入的探讨。例如，Zacher（2015）认为，职场成功老龄化的定义应当将员工独特的与年龄相关的工作成果轨迹与其他所有员工在同一工作成果上的平均轨迹（即"常规老龄化"；Rowe & Kahn，1987）进行比较。如果员工在其工作生涯中越来越偏离平均发展轨迹并朝积极的方向发展，那么他们的老龄化就可视为成功。相反，如果他们的轨迹逐渐偏离有利的工作成果的平均轨迹并朝消极的方向发展，那么他们的老龄化则被视为不成功。

Kooij 等学者（2020）则认为，职场成功老龄化需要从个体、组织等多个视角进行界定。他们将职场成功老龄化的操作化定义为，年长员工能够维持或恢复到较高水平的工作能力和持续工作的动机。相比之前的职场成功老龄化定义，该定义涵括了个体和组织的视角，具有主观和客观可操作性。在 Kooij 等学者（2020）的定义基础上，Taneva 和 Yankov（2020）又补充提出了"提高"的情形，即年长员工的工作能力和动机也可能随着年龄的增长而提高。此外，他们还提出职场成功老龄化可能适用于各个年龄和职业阶段的人，而不仅仅是年长员工。

近年来，国内学者对职场成功老龄化的定义与评估方法也进行了较为深入的讨论。彭息强等学者（2022）提出，目前关于职场成功老龄化的评估指标范围过广，缺少统一的评估标准，并且某些指标（如工作态度、工作绩效）的涵盖范围较广，这使相关的实证研究显得零散且复杂。王忠军等学者（2019）建议构建一个结合主观与客观标准的多元化评估体系，该体系不仅应包括工作能力、工作绩效、人际关系等客观指标，还应涵盖工作满意度、主观职业成功感、职业心理健康等主观指标。他们进一步强调，评估体系需要考虑到年长员工的特点及其对组织的贡献。此外，唐于红（2021）利用扎根理论，开发了适用于中国环境的职场成功老龄化量表，该量表包括身心健康、工作适应、职业稳定、人际关系与传承、内在与外在报酬等五个维度。

二、职场成功老龄化的整合模型

早期学者基于不同的理论和领域背景，提出了不同的职场成功老龄化的概念和标准。在那之后，他们逐渐整合彼此的观点，提出了一些更为综合、更具实践指导意义的理论模型。这些模型能够有效地整合现有研究成果，指明影响职场成功老龄化的主要因素，以及阐述这些因素如何对职场成功老龄化产生作用。其中影响较大的两个模型分别是 Zacher（2015）提出的模型和 Kooij 等人（2020）提出的过程模型。

1. Zacher 模型

如前所述，其他学者将职场成功老龄化定义为，与人群平均发展轨迹相比，员工在整个工作生涯中朝着更为积极的方向发展。在此定义基础上，Zacher（2015）提出了一个较为完整的理论模型，用以描述在整个职业生涯中，年龄与其他个体因素、环境因素是如何相互作用，从而影响各类主观和客观的成功老龄化指标（见图 2.1）。对此，该模型提出了五个主要的理论观点。第一，职场成功老龄化的研究需建立在一个基本假设的前提下，那就是在整个职业发展周期里，各项成功老龄化的标准都会随着年龄的变化而发生变化。

第二，在 Zacher 的理论框架中，详细探讨了工作中成功老龄化的评价标准及其与年龄的关系。该框架涵盖五个与员工和组织密切相关且重要的工作成果类别：工作动机、工作表现、离职与求职行为、工作态度以及职业健康与幸福感。这些成果的评价不仅包括员工的主观自评，如对自己的动机、表现、态度和幸福感的评估，也包括通过人事数据或通过同事及上司进行的客观评价，如表现、离职率和职业健康。此种评价方法与老年学和毕生发展观的研究相符，推荐采用主观与客观标准评估成功的老龄化（Pruchno et al.，2010）。

第三，年龄与工作成果间的关系可能受到众多个人和情境因素的中介或调节作用影响。例如，相关的元分析显示，年龄与任务表现间的关系基本为零（Ng & Feldman，2008）；这一关系可能是个体内随时间变化的多个与年龄相关的因素（如认知能力、个性和目标取向）所引起的（Kanfer & Ackerman，2004；Ng & Feldman，2013）。这意味着年龄与工作结果之间的总体关系可能呈现零、正、负相关或非线性（如 U 形）变化趋势，具体情况取决于正向与负向影响的相互作用和抵消。

第四，Zacher 的理论框架还详细阐述了中介机制和调节机制。中介机制可以分为个体和情境两部分。在个体方面，模型指出随着年龄的增长，个体因素将经历质和量的变化。例如，在认知能力方面，流体智力可能会随着年龄的增长而下降，而晶体智力则可能保持稳定或有所增加（Kanfer & Ackerman，2004）。在个性特征方面，研究指出责任心、情绪稳定性和宜人性随着年龄的增长而增加（Ng & Feldman，2013）。此外，相较于年轻员工，年长员工在社交情感体验方面更倾向于关注积极和有意义的事件（Carstensen，1999）。这些个体因素的变化直接影响职场成功老龄化的结果。同样，情境因素也随着年龄的变化而经历不同的质变和量变。例如，随着员工年龄的增长，社会环境中的年龄相关期望、刻板印象和奖励体系可能会发生变化（Posthuma & Campion，2009），与人力资源实践相关的年龄变化，如培训机会和绩效评估标准，以及组织文化和氛围，也可能随着年龄的增长而发生调整（Farr & Ringseis，2002）。这些情境因素与个体因素共同作用，影响工作成果。

第五，Zacher 还在模型中引入了个体因素和情境因素作为调节变量。这些个体和情境调节变量不仅可能影响年龄与工作成果之间的整体关系，也可能影响年龄对个体和情境中介机制的直接作用以及通过中介机制对工作成果的间接影响。具体来说，个体因素，如积极的人格特质、认知和体力能力，以及知识、技能和行动调节策略等，能够增强员工年龄与工作成果之间的积极关联。然而，知识、技能和能力的不足，以及健康问题等其他个体因素，可能会削弱这种关联。在情境方面，起促进作用的因素包括工作资源，如工作自主性、社会支持和积极的组织氛围；而起抑制作用的因素则包括不良的社会关系、自主性的缺乏和工作压力。这些调节变量共同影响着年龄与工作成果之间的关系。此外，年龄与个人及情境因素还可能存在三重交互作用，从而对工作成果产生联合效用。例如，Zacher 和 Frese（2011）的研究发现将工作复杂性、行动调节策略的使用（Baltes & Baltes，1990）与年龄结合，能使员工预测对未来工作机会的看法。特别是，在低复杂性的工作中，年长员工使用行动调节策略的益处超过了同样处于低复杂性工作中的年轻员工以及高复杂性工作中的所有员工。

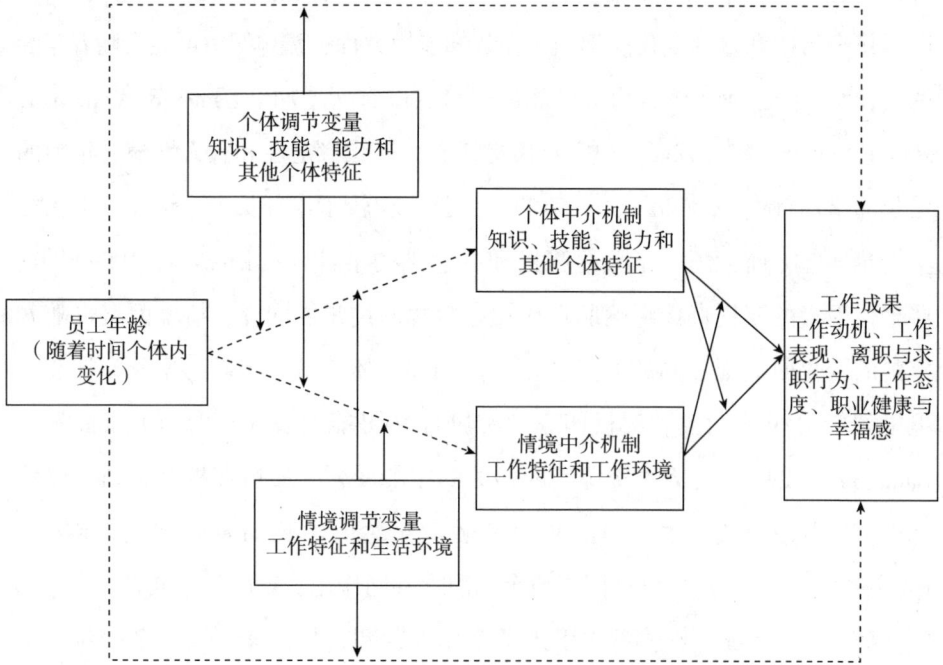

图 2.1　Zacher（2015）的职场成功老龄化模型

2. 职场成功老龄化的过程模型

Kooij 等学者（2020）在综合人—环境匹配理论（P-E Fit Theory）和自我调节理论（Self-Regulation Theory）的基础上，构建了一个职场成功老龄化的过程模型（见图 2.2）。这一模型已成为当前职场成功老龄化研究中应用最为广泛的理论框架。

（1）职场成功老龄化定义。Kooij 等学者将职场成功老龄化定义为年长员工能够维持或恢复到较高水平的工作能力和持续工作的动机。该模型强调，无论是能力还是动机，都受到个体与环境间匹配程度的直接影响。一方面，维持或恢复到较高水平的工作能力通常是由工作环境要求（demand）与员工能力（abilities）之间的匹配所决定，即要求与能力匹配。例如，工作环境对

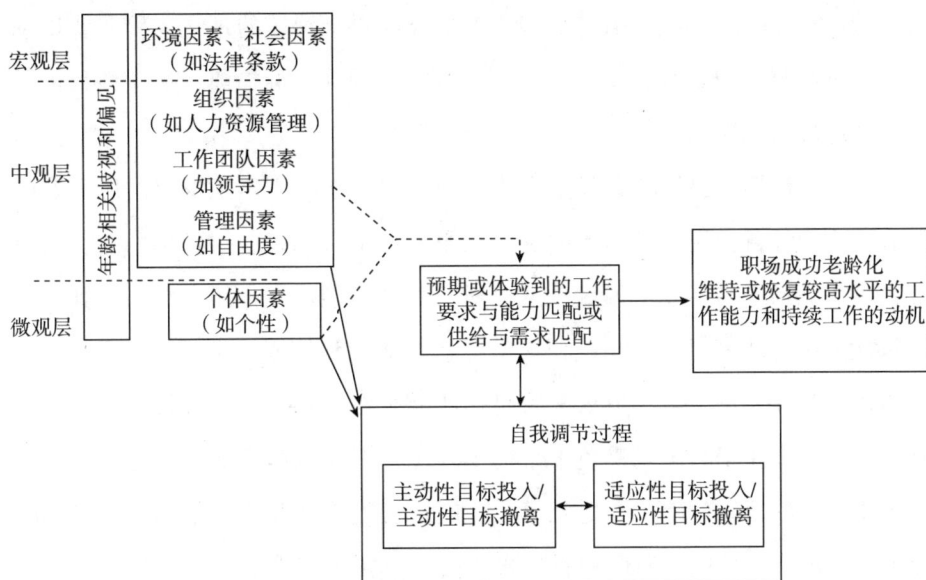

图 2.2　职场成功老龄化过程模型（Kooij et al.，2020）

年长员工的体力要求过高，可能会对他们的身体健康造成影响，从而影响他们继续工作的能力。同样，如果工作环境不再需要年长员工的特定知识、技能或能力，同时他们的认知能力（如工作记忆）出现下降，也可能导致他们难以继续胜任工作（Hertzog et al.，2008）。另一方面，年长员工持续工作的动机往往取决于工作环境所提供（supplies）的能否满足他们的需求（needs），即供给与需求匹配。当工作环境能够满足年长员工的需求时，他们更有可能愿意继续工作，并表现出更高的工作投入和满意度（Demerouti et al.，2001）。

（2）自我调节过程。过程模型强调了个体在职场成功老龄化的主动性与能动性，详细阐述了自我调节过程与人—环境匹配机制的相互作用，以实现理想的匹配状态（即图 2.2 的中间机制）。根据毕生发展观的动机理论，年长员工的自我调节行为策略分为目标投入（goal engagement）和目标撤离（goal disengagement）两类（Heckhausen et al.，2010）。组织心理学领域中的研究也将工作行为分为主动性（proactive）和适应性（adaptive）两种（Bindl & Parker，2011；Jundt et al.，2015）。因此，结合这两个领域的理论，研究者识别出了四种自我调节行为：主动性目标投入、主动性目标撤离、适应性目标投入、适应性目标撤离。

其中主动性行为策略着眼于个体在预见到潜在的不匹配情况时所采取的措施。主动性目标投入行为指的是员工主动追求目标以应对预期的变化，目的是维持或增强与环境的匹配，从而避免将来可能出现的不匹配。例如，员工可能会参与健康促进活动或积极学习新的知识和技能。相对地，主动性目标撤离行为涉及员工停止追求某些目标或减少在这些目标上的投入，以此来保护自己，专注于减少或避免未来的不匹配，例如他们可能会考虑转移到体力要求较低的新岗位上。与之相反，适应性行为策略关注于个体在已出现的不匹配情况下的反应。适应性目标投入行为是指员工在遇到个人资源和工作环境的变化后，通过追求特定的目标来应对这些变化。这种行为旨在探索如何在经历不匹配之后重新与环境达成匹配，例如通过寻求同事的建议或支持，或是将精力集中在几个关键任务上以优化工作效率。适应性目标撤离行为则涉及员工在面对资源和环境变化时放弃一些目标或撤回努力，以更好地适应当前情况，例如可能会降低对难以实现的目标的期望或从当前任务中撤出，寻找更适合的替代方案。这些行为策略均是个体在职场中应对变化和挑战的方式，对维持或恢复人—环境匹配起着关键作用。

总而言之，自我调节过程是基于个体与其工作环境之间的预期或实际匹配度。如果员工能够预见到自身需求或能力的变化，或者工作环境的供需发生变化，他们便能在自我调节行为中表现出主动性。面对预期中的个体与环境匹配度的差异，可能出现两种情况：一是个体和环境的差异可能导致个体感知到可以管理（可控）或超出其能力范围的匹配度缺失（即不可管理）。在预期到是可控的变化情形下，员工可以采取主动性目标投入策略；反之，如果预期到人—环境匹配度的变化是不可控的，员工则应采取主动性目标撤离策略，并运用补偿性的次级控制策略。二是员工未能预见到人—环境匹配度的变化。在这种情况下，员工将体验到人—环境匹配度恶化的负面影响，并试图适应这种状况。同样，存在两种可能：一种是人—环境差异可控时，员工会采用适应性目标投入策略；另一种是人—环境差异不可控时，员工则会采用适应性目标撤离策略。

（3）影响因素。在综合毕生发展理论文献与组织心理学文献的相关理论框架（e.g., Kozlowski & Klein, 2000; Zacher et al., 2014）的基础上，过程模型从多层次视角（宏观、中观、微观）出发，识别出促进工作中自我调节行为的因素。这些因素不仅直接影响年长员工与环境的匹配程度，也通过影响个体的自我调节行为来实现与环境的匹配。

具体来说，宏观层面的因素主要基于社会学理论（Mayer, 2009），涉及社会层面的因素，包括国家制度、文化价值观、立法以及影响特定国家组织和员工的态度及行为的相关法规和政策。例如，如果养老金政策鼓励提前退休，这可能会加速职业生涯的结束，从而减少员工为保持个人与环境的匹配而实施积极目标投入的策略，反而促使员工采取积极的目标脱离策略，降低对工作目标的追求。另外，平等就业机会法在许多西方国家广泛实施，我国也有相应的《劳动法》和《就业促进法》，这些法规禁止企业在招聘、选拔、培训和职业发展过程中对年长员工进行歧视，从而有利于促进某些自我调节行为的发生，如技能发展和职业转变。此外，文化价值观也对不同国家员工对目标投入策略的关注程度产生影响（Kreiser et al., 2010）。例如，在不确定性规避程度高或集体主义评分高的国家，员工进行自我调节行为的可能性，如技能提升和社交网络建设，会相对较低（Claes & Ruiz-Quintanilla, 1998）。

中观层面的因素主要基于组织管理理论（Kozlowski & Klein, 2000; Peccei et al., 2013）。在这一层面上，组织氛围和人力资源实践是关键因素。例如，在一个充满支持与信任的工作氛围中，员工往往会受到激励，采取自我调节策略（Parker et al., 2006）。因此，在拥有年龄多样性氛围的组织中（即"在所有相关的组织实践、政策、程序和奖励中对各年龄段员工公平且无歧视"；Boehm et al., 2014），员工会感受到信任和支持，从而更可能实施自我调节策略（Bindl & Parker, 2011）。这表明组织的氛围和人力资源管理实践直接影响员工的行为和态度，尤其是在促进年龄多样性和包容性方面具有显著作用。

其中高包容型管理（Inclusive Management，Parker et al.，2001）对促进工作中的自我调节行为至关重要。高包容型管理是指那些鼓励员工表现出更多积极主动、灵活和协作性行为的人力资源实践（Wood et al.，2012）。这些实践包括广泛的培训、团队合作、决策权下放、信息共享、灵活的工作描述、职业发展、反馈和岗位轮换等（Vandenberg et al.，1999；Wood et al.，2012）。研究表明，这类管理实践能够提高员工（包括年长员工）的心理授权感知，如自我效能感和自我决定感（Messersmith et al.，2011；Kooij & De Lange，2017）。相似地，先前研究显示，某些人力资源实践（如岗位重新分配、晋升、提供工作时间和地点的灵活性、职业定制以及高度的管理者支持）对年长员工持续工作的动机和能力产生积极影响（Bal & De Lange，2015；Bal et al.，2015；Nekola et al.，2018）。

此外，年龄多样性团队氛围强调了年长员工的价值和贡献，这在团队内部建立了一种信任氛围，从而激励年长员工在工作中展现自我调节行为。同时，领导者与员工之间的高质量交换关系也有助于建立信任，促使自我调节行为的实施（Bindl & Parker，2011）。另外，领导力也是团队层面需要重视的关键因素。研究显示，参与式领导（即让下属参与到决策中的领导方式）和变革型领导（即激励下属超越常规预期的领导方式）能有效促进员工的自我调节行为（Bindl & Parker，2011；Den Hartog & Belschak，2012）。Hansen（2013）提出，领导力和管理实践，如促进自主性、鼓励参与式决策和政策制定以及对员工表现出的信任，都将提高员工的心理授权感知。这些因素不仅增强了团队的凝聚力，还提升了整体的工作效率和员工满意度。

微观层面的因素主要基于个体的特征和因素。这些因素不仅通过与工作环境的相互作用影响适配性，还能够促进自我调节行为。模型重点关注能够促进自我调节行为的个人资源，包括个性特征（如责任心、乐观和积极主动的个性）、知识、技能和能力、动机（如工作的中心性和职业依恋）以及生活方式（如营养、运动和健康习惯）。例如，认知能力和与工作相关的专业知识可以增强自我效能和控制信念，进而促进工作中的自我调节行为（Dutton et al.，2001；Kanfer et al.，2001；Lachman & Weaver，1998）。此外，个人掌控感，感知健康、认知的功能，以及开放的未来时间观念（或人们相信自己未来生活中还有很多时间；Carstensen，1995）均有助于增强个体持续工作的能力（Kooij & Van de Voorde，2011；Müller et al.，2015；Stynen et al.，2017）。这些个人资源对于需要应对与年龄相关损失的老年工作者尤为重要。同时，研究显示，具有高责任心和积极主动个性的员工更可能从事社会网络构建、积极求职和参与职业规划活动（Kanfer et al.，2001；Seibert et al.，2001）。

三、职场成功老龄化的实证研究

在组织管理领域，针对职场成功老龄化的理论和实证研究还处于初级阶段。有限的实证研究通常基于既定的定义和理论框架，探讨不同类别的影响因素及其作用机制对职场成功老龄化的影响。在测量职业成功老龄化方面，早期研究采用了 Robson 等人（2006）的操作定义，从适应性与健康、积极的人际关系、职业成长、个人安全感、持续的专注和实现个人目标等五个方面进行评估（e.g.，Cheung & Wu，2013；Cheung et al.，2017）。随着 Kooij 等人（2020）提出过程模型，近年的研究主要采用此模型进行操作定义，测量指标包括持续工作的能力和动机（e.g.，Pfrombeck et al.，2023；Sheng et al.，2022）。除了这两种主流方法，其他的测量方式还包括工作满意度、工作投入和工作绩效等传统的积极工作结果（Zacher & Yang，2016）。

在研究焦点方面，现有研究主要关注了不同层次因素对职场成功老龄化的影响及影响机制。在个体层面，研究包括了职业未来时间视野（Cheung et al.，2017）、主动性人格（Cheung et al.，2017）以及 SOC 策略（Taneva et al.，2018）等因素。例如，Cheung 等人（2017）的研究表明，当年长员工感知到更广阔的职业未来时间视野时，他们倾向于为自己设定更多的职业目标，展现出更强的动机去获取更新的工作相关知识。通过持续更新工作相关知识和技能并采用以问题为导向的应对策略来解决工作中的问题，这些年长员工能够获得更多有用的资源以完成工作任务，从而表现出更好的适应性。此外，Taneva 等人（2018）直接检验了 SOC 策略的使用与年长员工职场成功老龄化间的关系，发现 SOC 策略的使用能够确保年长员工对个人资源的积极自我调节，有助于维持（甚至增加）他们的精力水平，并保持（或提高）学习能力，从而对职场成功老龄化起到积极的促进作用。崔国东等人（2023）关注工作内、外控人格对职场成功老龄化的影响。他们的研究发现，工作内控人格通过提高年长员工的工作投入进而对职场成功老龄化产生积极影响；相反，工作外控人格会降低年长员工的工作投入进而对职场成功老龄化产生消极影响。

在工作层面，现有研究主要涵盖了人际关系（Pfrombeck et al.，2023）、工作特征（Sanders & McCready，2010）等变量。Pfrombeck 等人（2023）检验了年长员工从年轻同事那里获取知识对职场成功老龄化的影响。由于认知、情感和行为的差异，年轻同事对于年长员工而言，是一种具有特殊意义和价值的信息源，能够补充他们已有的知识技能结构（Li et al.，2021）。年轻同事可以为年长员工提供关于新科学技术发展的知识，例如如何使用先进的学习工具来识别和获取新信息（Gerpott et al.，2017）。这种新的互补知识的获取能够帮助年长员工提高学习认知，进而对成功老龄化起到积极效用。此外，Sanders 和 McCready（2010）提出并检验了决策机会、技能多样性、同事支持以及领导支持等工作特征对年长员工职场成功老龄化的影响。其研究结果显示这些工作特征因素能够解释 23% 的年长员工代际传承动机以及 15.5% 的自我控制感；技能多样性和同事支持对职场成功老龄化的影响最大。

最后，组织层因素主要聚焦于组织氛围（Cheung & Wu，2013；Zacher & Yang，2016）和人力资源管理实践（Taneva et al.，2018）。Cheung 和 Wu（2013）的研究检验了组织支持氛围与职业成功老龄化间的积极关系，而 Zacher 和 Yang（2016）提出了职场成功老龄化氛围的概念，检验和支持了该变量对年龄与机会关注（即未来工作目标和机会的信念）间关系的调节作用。此外，Taneva 等人（2018）检验了针对年长员工的 8 种人力资源管理实践，包括新技能培训、现有技能更新培训、挑战性和有意义的任务、对年长员工价值的认可、积极绩效反馈、财务激励、无薪假期以及工作机会对职场成功老龄化的影响。研究结果表明，这些人力资源管理实践能够通过激发员工使用 SOC 策略进而提升职场成功老龄化。

四、不足与展望

随着全球人口老龄化的加剧，职场中的老龄化议题越来越受到组织学者和实践管理者的关注，相关的理论和实证研究也迅速发展起来。然而，审视现有研究，会发现其存在一些明显的不足，特别是在整合现实背景和检验理论机制方面。当前，数字化技术的广泛普及和快速进步是影响工作环境和职业要求的重大现实背景，具有革命性的影响。数字化技术不仅改变了工作方式，还重新定义了工作场所的概念，使远程工作、虚拟团队和数字协作成为新常态。这种变革不只重塑了组织的结构和流程，也深刻地影响了员工的工作体验和职业发展路径。

对于年长员工而言，这些变化既带来了前所未有的挑战，也提供了独特的机遇。虽然数字化技术提高了工作的灵活性，有助于年长员工更好地平衡工作与生活，但同时也要求他们必须掌握新技术，适应快速变化的工作要求（Shultz & Wang，2011）。例如，数字化工作环境提高了对认知能力和技术熟练度的要求，这对年长员工来说是一大挑战。研究显示，随着年龄的增长，个体在处理新信息和学习新技能方面可能需要更多的时间和支持（Czaja et al.，2006）。然而，这并不意味着年长员工无法适应数字化变革；相反，他们可以利用丰富的经验和专业知识，在数字化环境中发挥新的作用和传承价值。

现有的理论模型和实证研究在探讨数字化背景下的颠覆性变化时存在明显局限。成功老龄化理论虽然涉及工作能力和动机的变化，但对于数字化技术具体适应机制研究不足。以 Baltes 和 Baltes（1990）提出的选择、优化和补偿模型为例，该模型个体通过选择性地专注于特定任务、优化资源使用和通过补偿策略来应对能力的下降，但缺乏在数字化背景下的实证验证。此外，信息系统领域的技术接受模型（Technology Acceptance Model，TAM）和统一技术接受与使用理论（Unified Theory of Acceptance and Use of Technology，UTAUT）等理论同样存在局限。这些模型主要关注一般人口对技术的接受度，但对年长员工的特殊需求和适应障碍考虑不足，未能将年龄相关的因素纳入，探讨其对技术焦虑、自我效能感和学习动机等的影响（Morris & Venkatesh，2000）。

因此，数字化技术对职场成功老龄化的影响具有双重性。这不仅体现在技术本身对工作的颠覆性影响，也反映在年长员工对这些变化的适应过程的复杂性和多维性。年长员工可能需要在技术技能、工作方式和组织文化等多个方面进行调整。在此过程中，社会支持、培训机会和组织支持在帮助年长员工适应数字化变革方面起着关键作用（Ng & Feldman，2012）。未来的研究应深入探讨如何建立年长员工在数字化工作环境中的适应机制，包括他们如何学习和应用新技术，如何调整工作策略，以及如何利用自身的经验优势，实现职场成功老龄化。

中国独特的社会文化背景为职场成功老龄化的研究提供了另一个重要的研究场景，将其纳入未来研究将填补当前理论的不足，并为政策制定者与企业管理者提供具体、可行的对策建议。从理论角度来看，中国的经济快速发展、人口老龄化趋势及其特殊家庭结构，为现有老龄化理论带来了新挑战。研究探讨西方成功老龄化模型是否适用于中国年长员工的职场经历和需求，对于理论发展意义重大。这种本土化研究有助于学者理解中国特有的社会结构、文化和制度如何塑造年长员工的职场动机、态度和行为，进而丰富和扩展现有理论，推动理论的本土化与创新。此外，将中国的职场成功老龄化研究与西方的研究相比较，不仅增强了理论的普遍性，还揭示了不同文化背景下老龄化过程的共性与差异。例如，西方的个人主义和自我实现与中国的集体主义和社会主核心价值观形成鲜明对比（Hofstede，1980），为理论构建提供了新的视角。

如第一章中所提，家是中国社会最基本的单元。因此，在中国的社会文化背景下，职场成功老龄化的探讨需更加重视家庭因素。中西家庭结构和文化价值观的差异对年长员工的职业决策产生深远影响。西方常见的核心家庭结构强调独立和个人发展，一些研究并未发现家庭因素（如婚姻状态、婚姻质量）对年长员工职业决策（如退休决策）的影响（Wang & Shultz，2010）。然而，在中国，家庭不仅是社会的基本单位，还是文化的核心，这种多代同堂的家庭模式深植于中国文化，体现在对年长员工的照顾和支持上。相比与西方，代际互助在中国更为常见，这种从子女到父母的支持方式，包括了物质和情感上的帮助，显著影响老年人的工作动机、满意度及职业持续性。例如，许多年长员工之所以选择继续工作，是为了减轻家庭经济负担或为子女提供更好的生活条件。同时，家庭成员间的紧密联系和对长辈的尊重使得年长员工在决定继续工作或退休时，往往会考虑家庭的需要和期望。值得注意的是，在家庭影响方面，不同性别也可能存在差异（Shultz & Wang，2011）。许多年长员工，尤其是女性，常常需要同时应对子女抚养和老年照护的双重需求。一些研究表明，当老年照护需求变得难以承受时，女性更倾向于寻找新的工作或选择退休，而男性则倾向于调整工作时间安排，在维持工作的同时履行老年照护责任。由此可见，家庭结构能够直接影响人们的退休决策，性别是这一影响的重要限定条件。因此，在中国特有社会文化情境下，探讨年长员工如何权衡家庭因素（例如，与家人相处更长时间、由于工作导致老年和儿童照护的灵活性降低）对其退休决策的影响，将具有重要理论和现实意义。

相应地，政策制定者应当鼓励和利用家庭在支持年长员工实现职场成功老龄化中的重要作用。例如，通过提供税收优惠、家庭护理补贴、提升退休灵活性等措施，增强家庭支持的积极性。此外，政府可以通过推动社区和社会组织的发展，为年长员工提供社会参与和继续学习的机会，从而提升他们的社会价值感和自我效能感。对于用人单位而言，需要根据本土的文化和社会特点调整人力资源管理策略。可以通过建立更为人性化的工作环境，提供灵活的工作安排，如弹性工作时间、兼职和远程办公等，以帮助年长员工更好地履行家庭责任和满足个人需求（Wang & Shultz，2010）。此外，创建针对年长员工的健康和福利计划，如定期健康检查、心理咨询和职业培训，为其提供更全面的支持，使他们能在职业生涯晚期保持积极和生产性的工作状态。

除了与现实情境的整合，未来的研究还需要进一步探讨年长员工的主体性和相应的自我调节过程。自我调节过程在职场成功老龄化研究中扮演核心角色，特别是在理解年长员工如何主动适应和塑造工作环境以维持工作能力和持续的工作动机方面。自我调节理论强调个体通过设定目标、监控进展和调整策略来实现期望结果（Carver & Scheier，1998）。年长员工可能面临认知功能和身体机能的变化，需要通过自我调节调整工作方式来适应。尽管在理论上对年长员工的自我调节进行了广泛讨论，但实证研究相对较少。有限的研究通常只关注静态的影响因素，缺乏对年长员工如何通过动态的自我调节应对职场挑战的深入探讨，例如他们如何调整工作目标、学习新技能以及寻求资源支持等。

此外，数字化技术的融入还为年长员工的自我调节提供了新的维度和工具。数字化技术可以帮助他们更有效地管理日常任务，提高工作效率，并通过在线学习平台支持其继续教育和技能发展。例如，任务管理软件和应用程序可以帮助他们跟踪工作进度、设置提醒和优化工作流程，从而更好地控制工作负荷和时间管理（Czaja & Sharit，2013）。通过这些工具，年长员工可以更灵活地调整自己的工作模式，以适应身体和认知能力的变化。因此，探讨自我调节机制不仅对理论的完善和检验至关重要，还能通过集成数字化技术，增强年长员工应对职场挑战的能力。这种综合研究将推动理论和实践的发展，帮助年长员工在现代职场中实现更成功和满意的职业生涯。因此，未来的研究方向可以关注数字化技术对自我调节的影响机制，深入探讨具体技术工具如何影响年长员工的自我调节过程，包括目标设定、反馈机制和策略调整等。同时，研究应考察不同年长员工在自我调节能力和技术适应性方面的差异，例如性别、教育水平和职业背景如何影响他们的自我调节策略，并探讨组织如何通过培训和支持提升年长员工的自我调节能力和技术使用水平，从而促进其职场成功老龄化。

参考文献

［1］彭息强，田喜洲，彭小平. 莫道桑榆晚：老龄员工职场成功的前因、后果及实现策略 ［J］. 外国经济与管理，2022，44（8）：90-105.

［2］王忠军，张丽瑶，杨茵茵. 职业生涯晚期工作重塑与工作中成功老龄化 ［J］. 心理科学进展，2019，27（9）：1643-1655.

［3］唐于红. 工作中成功老龄化：结构维度、影响因素及作用机制 ［D］. 中南财经政法大学，2021.

［4］崔国东，程延园，李柱. 年长员工何以"老当益壮"？工作内、外控人格对职场成功老龄化的影响研究 ［J］. 中国人力资源开发，2023，40（3）：51-64.

［5］Wykle, M. L., P. J. Whitehouse, D. L. Morris. Successful Aging through the Life Span：Intergenerational Issues in Health ［M］. Berlin：Springer, 2005.

［6］Havighurst, R. J. SuccessfulAging ［J］. The Gerontologist, 1961, 1：8-13.

［7］Elaine, C., W. E. Henry. Growing Old ［M］. New York：Basic Books, 1961.

［8］Lachman, M. E., S. Teshale, S. Agrigoroaei. Midlife as a Pivotal Period in the Life Course：Balancing Growth and Decline at the Crossroads of Youth and Old Age ［J］. International Journal of Behavioral Development, 2015, 39（1）：20-31.

［9］Atchley, R. C. Retirement and Leisure Participation：Continuity or Crisis? ［J］. The Gerontologist, 1971, 11（1）：13-17.

［10］Atchley, R. C. AContinuity Theory of Normal Aging ［J］. The Gerontologist,

1989, 29（2）：183-190.

[11] Rowe, J. W., R. L. Kahn. Human Aging：Usual and Successful [J]. Science, 1987, 237：143-149.

[12] Rowe, J. W., R. L. Kahn. Successful Aging [J]. The Gerontologist, 1997, 37：433-440.

[13] Martinson, M., C. Berridge. Successful Aging and Its Discontents：A Systematic Review of the Social Gerontology Literature [J]. The Gerontologist, 2015, 55（1）：58-69.

[14] Rubinstein, R. L., K. D. Medeiros. "Successful Aging," Gerontological Theory and Neoliberalism：A Qualitative Critique [J]. The Gerontologist, 2015, 55（1）：34-42.

[15] Rowe, J. W., R. L. Kahn. Successful Aging 2.0：Conceptual Expansions for the 21st Century [J]. The Journals of Gerontology：Series B, 2015, 70（4）：593-596.

[16] Baltes, P. B. Theoretical Propositions of Life-Span Developmental Psychology：On the Dynamics between Growth and Decline [J]. Developmental Psychology, 1987, 23（5）：611-626.

[17] Baltes, P. B., M. M. Baltes. Successful Aging：Perspectives from the Behavioral Sciences [M]. New York：Cambridge University Press, 1990.

[18] Carstensen, L., K. Hanson, A. Freund. Compensating for Psychological Deficits and Declines [M]. New York：Psychology Press, 1995.

[19] Erikson, E. H. Identity Youth and Crisis [M]. New York：Norton, 1968.

[20] Rowe, I., J. Marcia. Ego Identity Status, Formal Operations, and Moral Development [J]. Journal of Youth and Adolescence, 1980, 9：87-99.

[21] Freund, A. M., P. B. Baltes. Selection, Optimization, and Compensation as Strategies of Life Management：Correlations with Subjective Indicators of Successful Aging [J]. Psychology and Aging, 1998, 13：531-543.

［22］ Freund, A. M., P. B. Baltes. Life-Management Strategies of Selection, Optimization, and Compensation: Measurement by Self-Report and Construct Validity ［J］. Journal of Personality and Social Psychology, 2002, 82: 642-662.

［23］ Heckhausen, J., R. Schulz. A Life-Span Theory of Control ［J］. Psychological Review, 1995, 102: 284-304.

［24］ Heckhausen, J., C. Wrosch, R. Schulz. A Motivational Theory of Life-Span Development ［J］. Psychological Review, 2010, 117: 32-60.

［25］ Heckhausen, J., J. Shane. Facing the Challenges of a Multi-Age Workforce ［M］. London: Routledge, 2015.

［26］ Brandtstädter, J., G. Renner. Tenacious Goal Pusuit and Flexible Goal Adjustment: Explication and Age-Related Analysis of Assimilative and Accommodative Strategies of Coping ［J］. Psychology and Aging, 1990, 5: 58-67.

［27］ Brandtstädter, J., K. Rothermund. The Life-Course Dynamics of Goal Pursuit and Goal Adjustment: A Two-Process Framework ［J］. Developmental Review, 2002, 22 (1): 117-150.

［28］ Carstensen, L. L., D. M. Isaacowitz, S. T. Charles. Taking Time Seriously: A Theory of Socioemotional Selectivity ［J］. American Psychologist, 1999, 54 (3): 165-181.

［29］ Carstensen, L. L. The Influence of a Sense of Time on Human Development ［J］. Science, 2006, 312 (5782): 1913-1915.

［30］ Levenson, R. W., L. L. Carstensen, W. V. Friesen, P. Ekman. Emotion, Physiology, and Expression in Old Age ［J］. Psychology Aging, 1991, 6 (1): 28-35.

［31］ Carstensen, L. L. Social and Emotional Patterns in Adulthood: Support for Socioemotional Selectivity Theory ［J］. Psychology and Aging, 1992, 7 (3): 331-338.

［32］ Charles, S. T., L. L. Carstensen. Social and Emotional Aging ［J］. Annual Review of Psychology, 2010, 61：383-409.

［33］ Abraham, J. D., R. O. Hansson. Successful Aging at Work：An Applied Study of Selection, Optimization, and Compensation through Impression Management ［J］. Journals of Gerontology Series B, 1995, 50：94-103.

［34］ Robson, S. M., R. O. Hansson, A. Abalos, M. Booth. Successful Aging：Criteria for Aging Well in the Workplace ［J］. Journal of Career Development, 2006, 33：156-177.

［35］ Zacher, H. The Importance of a Precise Definition, Comprehensive Model, and Critical Discussion of Successful Aging at Work ［J］. Work, Aging and Retirement, 2015, 1 (4)：320-333.

［36］ Kooij, D. T. A. M., H. Zacher, M. Wang, J. Heckhausen. Successful Aging at Work：A Process Model to Guide Future Research and Practice ［J］. Industrial and Organizational Psychology, 2020, 13 (3)：345-365.

［37］ Taneva, S. K., G. P. Yankov. A Step Forward：From Conceptualizing to Measuring Successful Aging at Work ［J］. Industrial and Organizational Psychology, 2020, 13 (3)：417-421.

［38］ Pruchno, R. A., M. Wilson-Genderson, F. Cartwright. A Two-Factor Model of Successful Aging ［J］. The Journals of Gerontology, Series B：Psychological Sciences and Social Sciences, 2010, 65：671-679.

［39］ Ng, T. W. H., D. C. Feldman. The Relationship of Age to Ten Dimensions of Job Performance ［J］. Journal of Applied Psychology, 2008, 93：392-423.

［40］ Kanfer, R., P. L. Ackerman. Aging, Adult Development, and Work Motivation ［J］. Academy of Management Review, 2004, 29：440-458.

［41］ Ng, T. W. H., D. C. Feldman. A Meta-analysis of the Relationships of Age and Tenure with Innovation-related Behaviour ［J］. Journal of Occupational and Organizational Psychology, 2013, 86：585-616.

［42］ Posthuma, R. A., M. A. Campion. Age Stereotypes in the Workplace: Common Stereotypes, Moderators, and Future Research Directions ［J］. Journal of Management, 2009, 35: 158-188.

［43］ Zacher, H., M. Frese. Maintaining a Focus on Opportunities at Work: The Interplay between Age, Job Complexity, and the Use of Selection, Optimization, and Compensation Strategies ［J］. Journal of Organizational Behavior, 2011, 32: 291-318.

［44］ Hertzog, C., A. F. Kramer, R. S. Wilson, U. Lindenberger. Enrichment Effects on Adult Cognitive Development: Can the Functional Capacity of Older Adults Be Preserved and Enhanced? ［J］. Psychological Science in the Public Interest, 2008, 9: 1-65.

［45］ Demerouti, E., A. B. Bakker, F. Nachreiner, W. B. Schaufeli. The Job Demands-Resources Model of Burnout ［J］. Journal of Applied Psychology, 2001, 86 (3): 499-512.

［46］ Bindl, U., S. Parker. Proactive Work Behavior: Forward-Thinking and Change-Oriented Action in Organizations. In S. Zedeck (Ed.), APA Handbook of Industrial and Organizational Psychology, 2011, 567-598.

［47］ Jundt, D. K., M. K. Shoss, J. L. Huang. Individual Adaptive Performance in Organizations: A Review ［J］. Journal of Organizational Behavior, 2015, 36: 53-71.

［48］ Mayer, K. U. New Directions in Life Course Research ［J］. Annual Review of Sociology, 2009, 35: 413-433.

［49］ Kreiser, P. M., L. D. Marino, P. Dickson, K. M. Weaver. Cultural Influences on Entrepreneurial Orientation: The Impact of National Culture on Risk Taking and Proactiveness in SME ［J］. Entrepreneurship Theory and Practice, 2010, 34: 959-983.

［50］ Claes, R., S. A. Ruiz-Quintanilla. Influences of Early Career Experiences,

Occupational Group, and National Culture on Proactive Career Behavior [J]. Journal of Vocational Behavior, 1998, 52: 357-378.

[51] Parker, S. K., H. M. Williams, N. Turner. Modeling the Antecedents of Proactive Behavior at Work [J]. Journal of Applied Psychology, 2006, 91 (3): 636-652.

[52] Boehm, S. A., F. Kunze, H. Bruch. Spotlight on Age-Diversity Climate: The Impact of Age-Inclusive HR Practices on Firm-Level Outcomes [J]. Personnel Psychology, 2014, 67 (3): 667-704.

[53] Parker, S. K., T. D. Wall, J. L. Cordery. Future Work Design Research and Practice: Towards an Elaborated Model of Work Design [J]. Journal of Occupational and Organizational Psychology, 2001, 74: 413-440.

[54] Wood, S., M. VanVeldhoven, M. Croon, L. M. de Menezes. Enriched Job Design, High Involvement Management and Organizational Performance: The Mediating Roles of Job Satisfaction and Well-Being [J]. Human Relations, 2012, 65: 419-445.

[55] Vandenberg, R. J., H. A. Richardson, L. J. Eastman. The Impact of High Involvement Work Processes on Organizational Effectiveness: A Second-Order Latent Variable Approach [J]. Group and Organization Management, 1999, 24: 300-309.

[56] Messersmith, J. G., P. C. Patel, D. P. Lepak, J. S. Gould-Williams. Unlocking the Black Box: Exploring the Link between High-Performance Work Systems and Performance [J]. Journal of Applied Psychology, 2011, 96: 1105-1118.

[57] Bal, P. M., A. H. De Lange. From Flexibility Human Resource Management to Employee Engagement and Perceived Job Performance across the Lifespan: A Multi-Sample Study [J]. Journal of Occupational and Organizational Psychology, 2015, 88: 126-154.

［58］ Bal, P. M., M. Van Kleef, P. G. Jansen. The Impact of Career Customization on Work Outcomes: Boundary Conditions of Manager Support and Employee Age ［J］. Journal of Organizational Behavior, 2015, 36: 421-440.

［59］ Nekola, M., A. Principi, M. Švarc, M. Nekolová, D. Smeaton. Job Change in Later Life: A Process of Marginalization? ［J］. Educational Gerontology, 2018, 44: 403-415.

［60］ Den Hartog, D. N., F. D. Belschak. When Does Transformational Leadership Enhance Employee Proactive Behavior? The Role of Autonomy and Role Breadth Self-Efficacy ［J］. Journal of Applied Psychology, 2012, 97: 194-202.

［61］ Dutton, J. E., S. J. Ashford, R. M. O'Neill, K. A. Lawrence. Moves That Matter: Issue Selling and Organizational Change ［J］. Academy of Management Journal, 2001, 44: 716-736.

［62］ Kanfer, R., C. R. Wanberg, T. M. Kantrowitz. Job Search and Employment: A Personality-Motivational Analysis and Meta-Analytic Review ［J］. Journal of Applied Psychology, 2001, 86: 837-855.

［63］ Lachman, M. E., S. L. Weaver. The Sense of Control as a Moderator of Social Class Differences in Health and Wellbeing ［J］. Journal of Personality and Social Psychology, 1998, 74: 763-773.

［64］ Kooij, D., K. Van de Voorde. How Changes in Subjective General Health Predict Future Time Perspective, and Development and Generativity Motives over the Lifespan ［J］. Journal of Occupational and Organizational Psychology, 2011, 84: 228-247.

［65］ Müller, A., A. De Lange, M. Weigl, B. Van der Heijden, J. Ackermans, J. Wilkenloh. Task Performance among Employees above Age 65: The Role of Cognitive Functioning and Job Demand-Control ［J］. Work, Aging and Retirement, 2015, 1: 296-308.

［66］Stynen, D., N. W. Jansen, I. Kant. The Impact of Work‐Related and Personal Resources on Older Workers' Fatigue, Work Enjoyment and Retirement Intentions over Time ［J］. Ergonomics, 2017, 60: 1692‐1707.

［67］Seibert, S. E., M. L. Kraimer, J. M. Crant. What Do Proactive People Do? A Longitudinal Model Linking Proactive Personality and Career Success ［J］. Personnel Psychology, 2001, 54: 845‐874.

［68］Cheung, F., A. M. S. Wu. Emotional Labor and Successful Ageing in the Workplace among Older Chinese Employees ［J］. Ageing and Society, 2013, 33: 1036‐1051.

［69］Cheung, F., D. Y. Yeung, A. M. S. Wu. Occupational Future Time Perspective and Successful Aging at Work ［J］. Journal of Career Development, 2017, 46 (1): 3‐16.

［70］Pfrombeck, J., A. Burmeister, G. Grote. Older Workers' Knowledge Seeking from Younger Coworkers: Disentangling Countervailing Pathways to Successful Aging at Work ［J］. Journal of Organizational Behavior, 2023, 45 (1): 1‐20.

［71］Sheng, N., Y. Fang, Y. Shao, V. Alterman, M. Wang, S. Liu. The Impacts of Digital Technologies on Successful Aging in Non‐Work and Work Domains: An Organizing Taxonomy ［J］. Work, Aging Retirement, 2022, 8: 198‐207.

［72］Zacher, H., J. Yang. Organizational Climate for Successful Aging ［J］. Frontiers in Psychology, 2016, 7: 1007‐1018.

［73］Taneva, S. K., J. Arnold. Thriving, Surviving and Performing in Late Career: A Mixed‐Method Study of Pathways to Successful Aging in Organizations ［J］. Work, Aging and Retirement, 2018, 4 (2): 189‐212.

［74］Sanders, M. J., J. W. McCready. Does Work Contribute to Successful Aging Outcomes in Older Workers? ［J］. The International Journal of Aging and Human Development, 2010, 71 (3): 209‐229.

[75] Li, Y., Y. Gong, A. Burmeister, M. Wang, V. Alterman, A. Alonso, S. Robinson. Leveraging Age Diversity for Organizational Performance: An Intellectual Capital Perspective [J]. Journal of Applied Psychology, 2021, 106 (1): 71-91.

[76] Gerpott, F. H., N. Lehmann-Willenbrock, S. Voelpel. A Phase Model of Intergenerational Learning in Organizations [J]. Academy of Management Learning and Education, 2017, 16: 193-216.

[77] Czaja, S. J., N. Charness, A. D. Fisk, Hertzog, Christopher, S. N. Nair, Rogers, A. Wendy, Sharit, Joseph. Factors Predicting the Use of Technology: Findings from the Center for Research and Education on Aging and Technology Enhancement (Create) [J]. Psychology and Aging, 2006, 21 (2): 333-352.

[78] Morris, M. G., V. Venkatesh. Age Differences in Technology Adoption Decisions: Implications for a Changing Work Force [J]. Personnel Psychology, 2000, 53 (2): 375-403.

[79] Ng, T. W. H., D. C. Feldman. Age and Innovation-Related Behavior: The Joint Moderating Effects of Supervisor Undermining and Proactive Personality [J]. Journal of Organizational Behavior, 2012, 34: 583-606.

[80] Hofstede, G. Culture and Organizations [J]. International Studies of Managementand Organization, 1980, 10 (4): 15-41.

[81] Carver, C. S., M. F. Scheier. On the Self-Regulation of Behavior [M]. New York: Cambridge University Press, 1998.

[82] Czaja, S. J., S. Joseph, L. C. Chin, S. N. Nair, M. A. Hernández, N. Arana, S. H. Fu. Factors Influencing Useof an E-Health Website in a Community Sample of Older Adults [J]. Journal of the American Medical Informatics Association, 2013, 20 (2): 277-284.

[83] Wang, M., K. S. Shultz. Employee Retirement: A Review and Recommenda-

tions for Future Investigation ［J］. Journal of Management，2010，36：
172–206.

［84］ Shultz, K. S., M. Wang. Psychological Perspectives on the Changing Nature
of Retirement ［J］. American Psychologist, 2011, 66 （3）: 170–179.

第三章　数字化时代下的职场成功老龄化

当前社会正同步经历老龄化与数字化的双重转型，这为延长人们的健康寿命，持续创造社会经济价值并实现个人发展提供了独特机遇。为实现这一目标，我们需要双管齐下：一方面应积极开发适老化数字技术，通过提升老年群体的数字素养促进其全面融入数字社会；另一方面需深入洞察老年人在数字化职场中的特殊需求，充分释放这一群体的独特潜能。这些举措既是政府与企业履行社会责任的必然要求，更是激发全社会发展活力的战略选择。

第一节　数字化时代下的工作模式与要求

历史上的三次工业革命表明，尽管新技术引发了行业变革和工作更替，但未非导致劳动者大规模失业或完全消灭某些职业。相反，这些技术变革在新兴行业中不仅创造了更多的岗位和就业机会，也显著增加了对劳动者新技能的需求。然而，那些未能适应这种变化、未接受重新培训和学习的劳动者将难以胜任新兴的工作岗位，从而失去工作机会。当前正在进行的第四次工业革命将预示着类似的趋势，数字化技术引发的新工作模式和特征对员工的知识、技能和能力提出了新的要求。

一、数字化技术与职场变革

从人类社会发展的历史来看，技术始终是推动社会转型的关键力量。然而，工业革命研究揭示了一个重要现象，关键技术的引入对经济增长和生产力的影响存在明显的时间滞后现象（Brynjolfsson & Hitt, 1996；Brynjolfsson et al., 2017）。部分原因在于企业需要经历对组织结构业务流程等系统性变革，才能充分释放技术潜能。例如，20 世纪 80 年代，大规模的自动化技术创新（如灵活制造系统和计算机集成制造的引入）彻底改变了制造业的操作方式和技能需求。经济学研究表明，这类技术变革对就业产生了双重影响：一方面，自动化技术取代了一些传统的低技能工作；另一方面，随着经济模式向服务业或信息经济转型，新的职能和就业机会也不断涌现（Nedelkoska & Quintini, 2018）。

虽然宏观数据显示，失去的工作机会在新兴行业或部门得到了岗位补偿（Nedelkoska & Quintini, 2018），但这些新岗位的收入通常低于原有工作。更值得关注的是，计算机技术的广泛应用不仅减少了中等收入的程序化工作，还导致了就业的两极分化，高收入和低收入的岗位同步增长，中等收入岗位因此受到冲击（Jaimovich & Siu, 2020）。这一现象被学者描述为"发达国家中等收入、中等技能工作的空洞化"现象（Nedelkoska & Quintini, 2018）。为应对这一挑战，政府和企业通常会在新行业和新岗位出现后实施政策干预，如提供劳动力培训计划，帮助被自动化取代的员工寻找新的工作机会。然而，历史数据显示，劳动力培训存在明显的群体化差异，许多接受再培训的员工可能仍无法获得与之前水平相当的工作。从事低技能、常规性手工劳动的人员由于认知能力限制，其转型成功率较低（Jaimovich & Siu, 2020）。

当前，我们所经历的"第四次工业革命"，被认为将比过去 40 年的任何其他变革更深刻地影响我们的生活。"第四次工业革命"由世界经济论坛创始人兼执行主席 Klaus Schwab 提出，描述了全球范围内正在发生的新技术，特别是数字化技术的突破，包括人工智能、机器人、物联网、3D 打印、量子计算、区块链等领域。数字化（digitalization）指的是将信息、过程或物理对象通过技术手段转化为数字形式，使其能够在数字设备（如计算机、智能设备等）上进行存储、处理、传输和展示的过程。数字化的推动力源于硬件性能的提升，例如计算机内存容量的增加或微处理器集成度的提高。与此同时，数据化（datafication）这一术语逐渐出现，是指对所有可用数据的收集，并将其转化为可量化的格式，通过数据分析生成新的有价值的信息。其他相关概念还包括算法技术和人工智能。算法技术是指一组被定义好的、计算机可执行的有限步骤或指令，用于计算、数据处理和自动推理。算法可以通过条件语句实现代码执行的转移（称为自动决策），并推导出有效的结论（称为自动推理），最终实现自动化，但不涉及智能化或自我学习。人工智能（Artificial Intelligence，AI）是一种通过模拟人类智能来完成复杂任务的技术，通常涉及自我学习、推理、感知和决策。人工智能依赖算法来处理数据，实现自动化和预测等功能，例如，自动驾驶汽车、语音识别和图像识别，都是人工智能的应用。因此，无论是算法技术还是人工智能，都以数字化的方式进行操作，其运行基于数字设备和系统。

从组织演进的视角来看，学者们将组织的数字化转型划分为两个主要阶段。第一阶段始于 20 世纪 50 年代标志着数字化流程的兴起，产品的生产、通信和消费开始依赖数字化技术。通过数据和信息的处理，组织能够高效地管理和优化这些流程，实现信息的无缝传递与处理。第二阶段从 2000 年前后开始，数字化的重点转向了物理事物之间的相互连接，即物理元素（如机器、存储设备或材料）在整个价值链中实现互联。这些互联的系统被称为网络物理系统（Cyber-Physical Systems，CPS）。理想情况下，CPS 通过传感器系统从全球范围内的其他物理系统和执行者处收集数据，并对这些数据做出即时响应，以实现系统的整体优化。技术的核心目标是构建高度智能化和灵活的工厂，借助物联网的智能化功能来实现生产规划与执行。物联网指的是"日常物品的网络化互联，这些物品通常配备了广泛的智能化功能"（Mattern & Floerkemeier，2010）。Lasi 等学者（2020）进一步总结了未来几年生产环境中可能发生的主要变革，包括全面的网络化、使用互联网标准进行通信、提升生产系统的适应性与灵活性、物品的智能化，以及员工角色的重新定义和转变。

然而，随着数字化技术，特别是人工智能的兴起，社会公众开始担忧自己的工作和技能被技术取代。对此，主要形成了两种观点：一是替代观点；二是增强观点。早期的研究多支持替代观点，认为数字化技术在许多领域能够显著减少就业机会。例如，Frey 和 Osborne（2017）分析了人工智能在不同职业分类中的潜在影响，发现美国有 47% 的就业岗位可能因人工智能的应用而面临被替代风险。然而，近年来，越来越多的学者倾向于增强观点，认为通过提升个人技能，员工可以适应新兴的工作环境（Daugherty & Wilson，2018；Davenport & Dreyer，2018）。尽管两种论点都基于技术的潜力，但它们具有不同的解读：增强观点关注技术对核心工作效能的提升作用，而替代观点则认为核心岗位可能被自动化取代。事实上，当前学术共识为技术对人类技能的补充和替代效应并存，最终效果取决于组织的战略选择。Raisch 和 Krakowski（2020）强调组织需要在技术替代与增强效应之间寻求平衡。既需要充分利用数字化技术带来的效率提升，又需要掌控其对就业的潜在冲击。

实现替代和增强平衡的关键在于人与数字化技术之间的协调，核心是重新定义员工角色。Dworschak 和 Zaiser（2014）提出了两种极端的人与技术交互场景：自动化场景和工具化场景。在自动化场景中，技术主导工作流程，高技能员工仅在技术安装、变更或维护时介入。例如，在自动化生产线上，机器人完成大部分组装工作后，员工负责机器的编程、故障排除和优化生产流程。在这种情况下，技术基本独立运行，员工的决策权相对较小，主要关注系统的维护和升级。相反，在工具化场景中，员工掌控技术，享有较高的决策自由。一个典型的场景是在高级数据分析领域，员工使用复杂的软件工具来解读数据、制定策略并进行优化决策。此时，技术作为增强员工能力的工具，而非替代者。Kolmel 等人（2014）进一步将复杂性分为技术复杂性和情境复杂性。技术复杂性涉及员工在数字化环境下需要应对的复杂技术特性，如系统稳定性和交互界面的复杂度。例如，新的 ERP（企业资源计划）系统可能要求员工掌握复杂的软件操作技能。情境复杂性则涉及任务类型的变化。随着简单任务被自动化取代，剩余的任务通常更具自主性和非结构化特征。例如，项目管理软件可以自动跟踪项目进度和资源使用情况，而项目经理需要在多变的项目环境中快速做出决策。通过这些实例可以看出，虽然数字化技术极大地改变了工作场景，但在推动自动化和增强工具化的同时，保持人的主导地位和决策自由仍然至关重要。

与数字技术变革密切相关的另一个议题是劳动者的技能革新。新技术的到来改变了工作方式，同时也改变了完成任务所需的技能。早期的共识认为，信息和通信技术通过使常规任务"通用化"，让技能更高的人能够"更具创造性和更高效地利用这些技术"（Nedelkoska & Quintini，2018）。这意味着，剩余的高技能工作具有认知挑战性，甚至是不可替代的。然而，工作两极分化的研究表明，虽然部分未被自动化的剩余工作属于高技能类别，但其他剩余工作更多属于手工（非例行）性质。20 世纪 80 年代的一个主流观点认为，技术转型中的制造业岗位实际上是去技能化。该论点认为，原本隐性的机械操作技能已被人类通过数字界面操作计算机及其相关机器所取代（Form，1987；Zuboff，1988）。该观点随着人工智能技术的发展和广泛应用而再次受到关注。事实上，当前人工智能所取代的许多认知领域的任务曾经是人类独有的。虽然仍有大量有高度认知要求的工作需要人类完成，如战略科学家，但人工智能已经在先前被认为难以攻克的领域取得了显著进展，包括艺术、设计和音乐等。这意味着，随着人工智能进入越来越多的领域，其对就业的影响可能会变得更加复杂，人工智能既能够取代中等技能岗位的常规工作，也能够增强高技能岗位的复杂任务处理能力。

二、数字化时代下的工作新模式

数字化技术的迅猛发展对工作模式产生了深远且全面的影响，正在从根本上改变人们的工作方式和组织形态。传统的"朝九晚五"办公室工作模式正逐渐被远程办公、虚拟团队以及灵活的零工经济模式所取代。这些新兴模式依托高速互联网、云计算和协作软件，实现了全球化协作和资源的高效配置，使地理位置不再成为限制因素。此外，数字化技术推动了自动化和人工智能的广泛应用，进一步重塑了工作任务和流程。重复性、规则性的任务逐渐被机器取代，而人类则更多地参与需要创造力、战略思维和情感智能的工作。人机协作的情境变得越来越普遍。

1. 远程工作

在数字化时代背景下，远程工作已逐渐成为许多行业的主流工作模式。这种工作方式突破了传统办公的地理和时间限制，改变了团队的沟通和管理方式，使得组织可以跨越国界，吸引全球范围内的顶尖人才，优化资源配置和提升工作效率。特别是在全球疫情的催化下，远程工作由一种灵活的选择迅速演变成必要的工作方式。据《2022 中国远程工作市场发展研究报告》，2021 年全球约有 34% 的员工实现了永久性在家办公。从国家来看，英国、瑞典、法国、美国和日本的远程工作人数居于世界前列；行业分布上，互联网信息技术的远程工作渗透率最高，占 24%。尽管中国的远程工作普及率相对较低，仅为 1%，但随着 5G 和云计算等前沿技术的发展，加之行业领先企业如携程的推动，预计中国的远程工作市场将迎来快速发展。

远程工作的核心特征是工作地点的高度灵活性。传统工作模式通常要求员工在固定的办公地点工作，这限定了员工的地理位置以及直接影响他们的工作时间和方式。相比之下，远程工作打破了这些地理限制，使员工可以在任何具备互联网连接的地点工作，无论是在家中、咖啡馆，还是跨国界。这种地点上的灵活性不仅允许员工根据个人节奏安排工作时间，增强了工作与生活的平衡，而且提高了工作满意度及效率（Wang et al.，2020）。然而，这种灵活性也可能导致工作与生活之间的界限模糊，员工可能会感到压力增加，甚至面临工作倦怠、离职倾向增加等（Kossek et al.，2009）。

此外，远程工作极大地依赖于信息与通信技术（Information and Communi-cation Technology，ICT），与传统工作模式依赖面对面交流形成鲜明对比。在传统的办公环境中，员工通常通过会议、办公室走廊的即兴讨论及其他面对面的互动方式来完成工作任务和解决问题。而在远程工作模式中，电子邮件、即时消息、视频会议和项目管理工具成为主要的沟通工具。这些数字工具使跨地域的团队协作成为可能，但同时也带来了沟通效率和团队凝聚力的挑战（Wang et al.，2020）。例如，在远程工作中，电子邮件和即时消息可能导致信息过载，使员工需要处理来自多个沟通渠道的大量信息，这容易分散注意力并降低工作效率。此外，由于缺乏面对面的交流，远程工作中的团队成员之间的社交联系的强度和频率往往较低，缺少了传统职场环境中的非正式互动（如午餐时的闲聊或讨论），这可能导致员工感到孤立，缺乏团队归属感，进而影响团队的凝聚力和长期绩效（Wang et al.，2020）。

考虑到远程工作的多种特征，学者们认为远程工作政策只适用于特定类型的工作。这种观点强调，为了应对远程工作带来的复杂影响，应根据员工的工作特征来确定远程工作的适用范围（Pinsonneault & Boisvert，2001）。Golden 及其同事通过一系列研究支持了这一论点。例如，在 Golden 和 Gajendran（2019）的研究中，他们以 273 名远程工作者及其主管为样本，发现远程工作时间的比例（即员工每周在远程工作上花费的时间百分比）与主管评价的工作表现之间的正向关系受到工作复杂性、任务依赖性、社会支持的影响。其他研究也表明，远程工作对员工福祉的影响依赖于工作特征，如任务依赖性和工作自主性（e.g.，Golden & Veiga，2005；Golden et al.，2006）。这些研究成果揭示了远程工作政策成功实施的关键在于仔细考虑工作任务特征，以确保该远程工作模式能够有效地提升员工工作绩效和增进员工福祉。

2. 零工工作

零工经济是数字经济与灵活就业相融合的一种新业态，近年呈现出爆发式增长态势，市场规模超过万亿元。预测显示，借助至少 25% 的年复合增长率，到 2025 年这一市场规模将接近 2 万亿元[1]。根据国家统计局的数据，截

---

[1] 云道，《2022 中国零工经济行业研究报告》，2022 年。

至 2021 年底，中国的灵活就业人数已超过 2 亿，成为推动零工经济发展的核心动力。不仅在中国，零工经济已成为全球性趋势，正在改变工作性质，并影响着各种技能水平的各种职业群体（Manyika et al.，2016；Spreitzer et al.，2017）。

零工经济主要基于短期合同或自由职业，工作者不再依赖单一雇主，而可以通过多个在线平台为不同客户提供服务（Watson et al.，2021）。这种工作模式虽非近年才出现，但数字化技术的迅猛发展极大地推动了零工经济的扩展，并彻底改变了零工工作的方式和特征。例如，数字平台如 Upwork、Freelancer 以及国内的猪八戒网利用先进技术为零工工作者提供丰富的工作机会。这些平台运用复杂的算法精准匹配工作者的技能与组织的需求，实现快速而精确的工作对接。在零工经济平台的运作中，平台使用数据分析和机器学习算法，根据工作者的历史表现、技能认证和客户评价来优化工作推荐，从而提高工作匹配的质量和效率。这些算法驱动的推荐系统不仅提供了个性化的服务，还帮助工作者探索他们可能未曾考虑过的新机会。此外，一些平台（如滴滴和 Uber），采用动态定价算法，根据实时供需关系调整价格，以应对节假日、特殊事件或天气变化等引起的市场变动，最大化平台和工作者的收益。

在管理模式方面，算法管理已成为管理零工工作者的基本手段，深刻影响着他们的日常工作（Parent-Rocheleau et al.，2023）。平台利用先进的算法实时监控和分析工作者的行为和表现，包括任务完成的时间、客户反馈以及其他绩效相关的指标。这种数据驱动的管理方式不仅用于监控，还能预测工作者未来的工作表现，为平台和企业提供精准的决策支持。通过这一模式，平台能够优化任务分配和资源规划，确保企业的需求与工作者的能力及表现相匹配（Van Doorn & Chen，2021）。此外，算法在绩效评价和薪酬激励方面的应用同样关键。平台通过算法评估工作者的绩效，涵盖项目完成的质量、客户满意度和工作者的合作态度等方面。基于这些评估，算法自动调整工作者的任务推荐频率和类型，优先为表现出色的工作者提供更高级别或更高收益的任务机会。这种激励机制不仅激发了工作者的积极性，还通过动态薪酬激励促使他们不断提升自己的表现，从而实现平台与工作者的双赢（Açıkgöz & Latham，2022）。算法管理的综合运用不仅提高了工作分配的效率，也提升了服务质量和工作透明度，为零工经济中的劳动力管理带来了显著的优化和改进。

然而，随着零工经济的快速发展，其潜在的弊端也日益显现。零工工作通常基于短期合同或自由职业，虽然提供了一定的灵活性和自由度，但也带来了一些负面影响：零工工作者往往面临较低的职业稳定性和缺乏长期职业发展的机会（Ashford et al.，2018）。由于大部分零工任务的短期性，这种工作模式难以提供持续的收入保障，使工作者承受经济不稳定的风险（Rodgers et al.，2014）。此外，零工工作通常不包括像健康保险、退休金计划和带薪休假等传统全职雇佣的福利，这进一步加剧了工作者的不安全感。由于缺乏稳定的工作和社会保障，零工工作者可能不得不在经济压力下连续接受多个任务，导致工作与生活之间的界限变得模糊，产生心理和身体的压力。

虽然算法管理在提高运营效率方面起到了积极作用，但它也可能对零工工作者产生不利影响。算法的决策过程通常缺乏透明度，工作者可能无法充分理解评价体系或决策逻辑，感到工作环境缺乏公正性和可预测性。例如，算法基于偏见或不完整的数据做出决策，会对某些工作者的任务机会或收入产生不公平影响。此外，过度依赖算法进行性能监控和评价可能引发"管理者监视"，导致工作者产生控制感的缺失和工作压力的增加（Cameron & Rahman，2022），从而降低他们的工作满意度和心理健康。由于员工可能会更多地关注满足算法的标准，而非探索职业道路和实现个人成长，因此算法管理也可能削弱员工的主动性与创造力。

近年来，我国政府已经开始实施一系列政策，旨在为零工工作者提供更全面的社会保障和法律保护。例如，2021 年，人力资源社会保障部等八部门联合发布了《关于维护新就业形态劳动者劳动保障权益的指导意见》，明确了支持灵活就业，加强对新就业形态（包括零工经济）劳动者的社会保障和权益保护。此外，部分地区还探索为零工工作者设立伤害补偿和失业救助等保障措施，以改善他们的工作安全和生活稳定性。企业方面，越来越多的中国企业开始认识到算法管理可能带来的问题，比如工作安排的不透明和不公平现象。一些行业领头企业开始尝试改进算法决策过程的透明度，例如阿里巴巴和腾讯等大型技术公司已经在内部推行算法透明化措施，允许员工对算法决策有更多的了解和申诉权。政府和企业层面的这些举措，旨在为零工工作者创造一个更加公平和有政策支持的工作环境，从而提高他们的职业稳定性和生活质量，从容应对由数字化带来的挑战。

3. 人—人工智能协作

人工智能这个术语涵盖了许多不同类型的技术，每种技术都针对特定的应用场景。目前，无论是学术界还是业界，大量的关注仍然集中在深度学习上。深度学习在处理如金融、医疗等领域广泛的数据和问题上展现出卓越的性能。同时，其他类型的人工智能技术也被开发用来解决各种不同的问题。例如，自然语言处理（NLP）技术专攻人类语言识别与理解。在服务机器人或仓库管理等领域时，主要利用"人工智能规划"技术解决路径优化。许多人工智能产品，如 IBM 和谷歌的旗舰人工智能系统，实际上则是多种人工智能技术的综合体。深度学习起源于人工神经网络（ANN），这是人工智能领域最古老的技术流派之一。人工神经网络和深度学习非常适合处理大量数据，并且它们处理更为复杂的数据和问题的能力正在不断提高。更重要的是，这些技术可以通过持续的数据输入来自我进化，以适应不断变化的环境。它们能够在数据中发现新特征，并因此调整嵌入其结构中的规则（即人工智能对输入的响应规则）。目前大多数人工智能系统都涉及对变化的环境和输入数据的学习性反应，但这通常通过深度学习或机器学习技术来实现，与人类的学习方式存在本质差异。

人工智能与人类的协作能显著提升个体员工的生产力，并在组织层面引发一系列连锁反应（Tschang & Almirall，2021）。以医疗领域为例，人工智能已被广泛应用于协助医生进行诊断，尤其在医学影像方面表现出巨大潜力。

由于医学影像对数据的质量与结构均有着较高的要求，人工智能在该领域的应用尤为理想。例如，在放射学中，人工智能有望取代放射科医生浏览大量影像的任务，从而减轻他们的视觉和心理负担。深度学习可以模拟经验丰富的放射科医生的工作方式，不仅能够识别图像参数，还可以根据其他因素评估这些参数的重要性，以做出临床决策。在医学影像的工作流程中，人工智能能够向放射科医生提供预筛选的图像和已识别的特征，提高效率，减少错误，并最小化手动输入的需求。最新的研究表明，人工智能在诊断准确性上已可与医生和放射科医生相媲美，甚至在模式识别和判断力方面超越人类专家（Hosny et al.，2018）。

然而，人工智能并非可以完全取代人类工作。人工智能需要大量数据进行训练，且无法进行伦理及其他复杂层面的人类判断。此外，人工智能也无法整合医生通过患者访谈等方式获取的定性信息来进行诊断和推荐治疗方案。因此，至少在可预见的未来，人工智能将主要扮演辅助或支持的角色。关于人工智能是否会取代放射学和其他医疗岗位的争论一直存在。实际上，放射学专业的报名人数已呈下降趋势。一种更合理的观点是，那些使用人工智能的医生将取代那些不使用人工智能的医生。在这种增强视角中，人工智能实际上提升了高技能工作的生产力，并将简单重复的低技能任务转移给了人工智能。尽管这可能导致人类工作量的总体减少，但其对就业的实际影响还将取决于组织的工作负载。例如，在资源紧张的环境下工作的医生，人工智能的使用不太可能影响到他们的就业，反而可能成为一种重要的辅助工具。

三、数字化时代下的工作新要求

随着数字化技术的深入渗透，工作模式和特征正在经历前所未有的变革。这些变革不仅彻底重塑了职场生态，还对员工的知识、技能和能力提出了更加全面和多样化的要求。在数字化转型的大背景下，传统的工作方式和结构正在迅速解构和重组，员工不仅需要具备应对技术环境的高度复杂性的能力，还必须能够迅速适应新的雇佣模式、组织结构、人机协作，不然将很难胜任新产生的工作。因此，深入理解数字化时代工作特征的变化及其对员工知识、技能和能力要求的影响，对个人职业发展具有至关重要的意义。同时，这些洞察也为组织在设计培训和发展计划、优化人力资源的配置和利用提供了重要的实践指导。

1. 知识维度

随着数字化技术的飞速发展和行业的不断变革，员工对技术底层逻辑的理解变得越发重要。在这个背景下，员工不仅需要熟悉各类数字化工具的操作，更应深入了解这些工具的底层原理和运作机制，以便更好地适应复杂的工作需求和有效协同人工智能系统。正如 Nambisan 等人（2017）所指出的，数字化技术的复杂性和多样性要求员工具备对技术原理的深刻理解，以便在动态的工作环境中保持竞争力。在数据驱动的工作环境中，员工需要理解数据分析的基本算法和原理，这样才能与人工智能系统共同从海量数据中提炼出有价值的信息，为业务决策提供支持。例如，市场分析师除了需要熟练使用数据分析工具，更需掌握背后的统计模型和预测方法，这样才能准确预测市场趋势和消费者行为，为产品开发和市场战略的调整提供科学依据（Chen et al.，2012）。这种人机协同的工作模式不仅提升了工作效率，也增强了决策的准确性和创新性，为企业在竞争激烈的市场中保持领先地位提供了关键优势。

同时，数据安全与隐私保护的知识也已成为员工必备的技能。随着数据在商业决策中的作用日益重要，数据泄露和隐私侵犯的风险也在增加。员工需要了解数据存储和传输的安全机制，掌握如何安全地使用云服务、分享文件，并具备识别和防止网络安全威胁的知识（Von Solms & Van Niekerk，2013）。在数字化工作场景中，保护敏感数据的安全、遵守隐私法规已成为不可或缺的要求，这不仅是个人知识能力的体现，也是组织运营的关键保障（Ashenden & Lawrence，2016）。

数字化和全球化推动了行业间的融合与交叉，这一趋势要求员工在面对新的工作挑战时，具备广泛的跨学科知识。这些知识不仅增强了员工处理复杂问题的能力，也提升了他们从多角度思考和决策的能力（Lyons et al.，2015）。跨学科知识使员工能够有效整合不同领域的信息和技能，显著提升日常工作的效率与质量。通过这种方式，员工的综合能力得到了实质性的提高，从而更好地适应快速变化的工作环境。例如，一名既精通项目管理又了解用户体验设计的软件开发人员，能够在项目初期准确预见用户需求和潜在风险。这不仅提高了开发效率，还大幅减少了后期可能出现的重大修改。此外，对市场趋势的敏锐洞察使开发人员能够在设计产品时紧密跟随技术进展和用户偏好的变化，从而开发出更符合市场需求的产品，确保项目的成功及企业的竞争力（Yoo et al.，2012）。

跨学科知识还为员工解决问题提供了新的视角和方法，这是推动创新的关键。具有数据分析和人工智能知识的营销专家可以利用这些技术深入洞察市场动态，挖掘消费者未被满足的需求，甚至预测新的消费趋势（Wedel & Kannan，2016）。这种将技术见解与行业知识结合的能力，不仅提高了营销活动的精准性和转化效果，也促使企业开发出新产品或服务，带来创新的商业模式和更多的增长机会（Nambisan et al.，2019）。通过知识结构的深化和扩展，员工不仅能更有效地完成任务，还能在面对行业挑战时展现出更多的创造力和新的解决问题方法。这不仅满足了个人职业发展的需求，也是企业持续进步和保持行业领先地位的关键（Cascio & Montealegre，2016）。在数字化时代，企业应当鼓励和支持员工持续学习与发展，提供机会让他们获取和整合跨学科知识，从而在组织内部培养出一支具有高度适应性和创新能力的团队。

2. 技术维度

在全球化和分散化的工作趋势下，数字沟通技能已成为数字化时代员工的核心能力之一，包括熟练使用电子邮件、即时通信软件和视频会议工具等技术，以及能够在这些平台上进行有效沟通。员工需要清晰表达思想，撰写专业水平高且观点明确的电子邮件，准确传达即时通信中的重要信息，并在视频会议中自信地表达观点。提升数字沟通技能有助于减少误解，提高团队合作效率，增强团队成员之间的信任与凝聚力，从而更好地协调分散的团队，推动项目顺利发展。

与此同时，在远程工作和分散化团队中，良好的自我管理和时间管理技能也至关重要。员工需要自主设定工作目标，制订合理的工作计划，并严格遵守时间安排，包括优先处理重要任务、避免拖延，并在缺乏直接监督的情况下保持高效生产力。这样的自我管理能力不仅能够提升个人的工作效率，还可确保团队项目按计划推进，满足企业的业务需求。有效利用时间资源，有助于克服远程工作中可能出现的注意力分散和效率低下的问题。此外，解决问题的能力是自我管理的另一重要方面。在数字化工作环境中，员工面对技术难题或项目挑战时，需具备独立寻求解决方案的能力，涉及批判性思维、资源利用和持续学习。具备这种能力的员工可以减少对他人的依赖，提高工作效率，同时为团队带来创新的解决方案，推动业务发展（Anderson et al.，2014）。

在掌握上述技能的基础上，熟练使用各种数字化工具已成为现代职场的基本要求。员工需要高效使用远程会议软件、项目管理平台和协作工具等，不仅要掌握基本操作技能，还需善于利用这些工具的高级功能来优化工作流程。例如，利用项目管理工具监控任务进度，或通过协作平台实现文件共享和实时编辑。提升数字化工具的使用技能，能显著提高团队协作效率，减少沟通成本，加速项目交付（Kane et al.，2015）。

3. 能力维度

在当今数字化快速发展的时代，员工的职业成功越来越依赖于他们在不断变化的工作条件下所展现的关键能力，这些能力不仅帮助他们适应变化，还使他们能够在面对未知和复杂情况时，有效地解决问题并创造性地运用技术。

首先，数字化技术的迅猛发展不断引领工作方式和工具的革新，从云计算到人工智能，每一项新技术的推广都深刻影响着企业的运营和管理

（Verhoef et al.，2021）。员工需要迅速适应这些变化，以保持个人和组织的竞争力。这种适应能力体现在对新情况的快速反应和对新工具的学习上。例如，当企业在数字化转型中引入机器学习技术来优化供应链管理时，员工需要从传统的库存管理方法迅速转向依赖算法预测的自动化库存系统。这一转变要求员工技术上的快速学习，同时还需要调整与供应链团队成员和合作伙伴的沟通与协作方式（Ivanov & Dolgui，2020）。数字化技术的应用使供应链各环节联系得更加紧密，信息流动更加及时透明，员工必须适应这种高效的信息交流模式。

其次，持续学习和自我提升的能力是员工在数字化时代保持职业竞争力的核心。技术的不断进步使工作环境和岗位要求日益复杂多变，员工必须具备持续学习的能力，才能确保自身技能与行业需求同步（Noe et al.，2014）。这要求员工具备敏锐的自我评估意识，能够通过日常工作反馈、行业趋势分析或自我反思，识别自身知识和技能的不足，并采取主动行动予以弥补。持续学习的方式多种多样，包括参加线下培训课程、研讨会，以及利用在线平台学习新技能。数字化时代也为员工提供了丰富的学习资源，如网络课程、专业社区和视频教程，使他们能够随时随地进行自我提升（Ritter & Pedersen，2020）。

此外，尽管数字化技术在自动化和效率提升方面取得了显著成就，但无法完全替代人类的创新能力。技术作为工具，其实际价值取决于人们如何将其应用于新情境或以创新的方式使用。人类的创造性思维、直觉和想象力是当前算法或机器学习模型难以完全复制的，因为这些能力使我们能够在看似无关的信息之间建立联系，从而产生创新的思路和解决方案（Amabile & Pratt，2016）。真正的创新需要对社会、文化和人类行为有深入理解，这些领域是当前数字化技术尚未完全掌握的。因此，虽然技术可以在创新过程中提供支持，但真正的创意和灵感仍然依赖于人类的独特能力。

创新思维使员工不仅能够使用现有技术，还能思考如何改进和扩展这些技术，以解决新问题或优化现有流程（Anderson et al.，2014）。例如，具备创新思维的员工可以利用人工智能和机器学习开发新的数据分析方法，更准确地预测消费者行为或优化供应链管理。他们还可能提出并实施新的商业策略，如通过数字化平台为传统服务创造新的收入来源，或提供个性化的客户服务方案（Nambisan et al.，2019）。在面对挑战时，创新能力强的员工能够构思并应用多种可能的解决方案，这在数字化快速发展且问题复杂多变的今天尤为重要（Rosenbusch et al.，2011）。

综上所述，数字化时代工作特征的变化要求员工具备更全面的知识、技能和能力。随着科技的迅猛发展和全球化的全面深入，员工面对的不仅是工具和技术的更替，更是工作方式和思维模式的转变。因此，政府、社会和企业应共同努力，提供多样化的培训和学习机会，帮助员工适应这些变化。政府可以通过制定政策、增加教育投入，支持人才培养和科技创新；社会组织可以搭建平台，促进知识共享和技能交流；企业则应营造良好的学习环境，提供培训资源和职业发展通道。同时，员工自身也应主动学习，积极应对变化。员工应树立终身学习的理念，通过持续的学习和实践不断提升职业能力和适应性，只有这样员工才能在快速变化的环境中保持竞争力，抓住新机遇，实现个人与职业的双重成长。

第二节　数字化技术与老龄劳动力

数字化技术的迅猛发展正在深刻地重塑全球劳动力市场，特别是在应对劳动力老龄化的挑战中，其影响尤为明显。随着企业和行业不断加速数字化转型，数字化技术带来的机遇与挑战在老龄劳动力的背景下相互交织，形成了一个复杂且充满挑战的职场环境。这一变革不仅为企业和员工提供了提升生产力和工作效率的可能性，同时也带来了多种潜在的职场风险，主要体现在数字鸿沟、数字排斥以及自动化替代劳动等问题上。这些挑战可能导致年长员工的工作动机降低、工作表现不佳，甚至出现心理健康问题。因此，社会、政府和企业需要采取积极措施，帮助这部分员工应对上述挑战。此外，通过对各类数字化技术的功能进行详细的分类和分析，本节还将探讨这些技术如何成为支持年长员工成功老龄化的有力工具，从而提高他们的工作效率，增强职业竞争力，并有效延长职业生涯。。

一、数字化技术对老龄劳动力的挑战

1999 年，美国国家远程通信和信息管理局（NTIA）在《在网络中落伍：定义数字鸿沟》报告中提出了"数字鸿沟"（Digital Divide）的概念，指的是在信息时代，拥有技术工具的人与未曾拥有者之间的巨大差距。数字鸿沟不仅体现了信息技术开发和应用领域中的不平等，还体现在网络技术的普及与使用上。这种现象不仅存在于国家、地区、产业之间，也渗透到社会阶层内部，影响着人们的经济、政治和社会生活，成为信息时代突出的社会问题之一。

尽管数字鸿沟影响着各个国家、社会群体和年龄层，但年长群体无疑是受其影响最为深刻的特殊群体。在数字化建设快速推进的背景下，年长群体由于技术能力的不足、制度设计的缺陷、文化背景的限制以及自身生理与心理因素的影响，与其他群体在信息技术的获取和应用上存在显著差距（Van Deursen & Van Dijk，2015）。这种差距导致年长群体与信息化时代脱节，形成"信息孤岛"，甚至被称为"数字弃民"或"数字难民"。尽管近年来我国政府积极出台相关政策法规，如工业和信息化部发布的《促进数字技术适老化高质量发展工作方案》，旨在帮助年长群体跨越数字鸿沟，但面对日益数字化的工作和生活环境，年长群体仍常感到无所适从，难以应对新技术带来的挑战。

数字鸿沟在职场领域尤为突出。数字鸿沟可能导致年长员工难以胜任当前的工作任务，对其工作动机和工作绩效产生负面影响（Ackerman & Kanfer，2020）。年长员工由于缺乏新技术的使用经验和技能，在适应数字化工具和平台方面面临挑战，使得他们在与年轻员工的竞争中处于不利地位。例如，在数字化办公环境中，年轻员工通常通过电子邮件、即时通信软件、视频会议平台和项目管理系统等工具进行高效的沟通和协作。如果年长员工无法熟练掌握这些工具，他们可能难以融入团队，错失重要的沟通机会，导致信息不对称，进而影响其在团队中的存在感和工作表现（Czaja & Urbaniec，2019）。此外，年长员工在学习新技术时可能面临多重挑战。随着年龄的增长，认知功能如信息处理速度和工作记忆能力可能出现衰退，这影响了他们学习新知识和技能的速度与效率。这种生理上的限制使他们在接受和应用新技术时感到吃力。根据社会情绪选择理论，相较于年轻员工，年长员工的学习动机更倾向于情绪调节，如保持积极的情绪状态，而非追求新知识的积累。因此，他们可能对参与培训和学习新技术表现出较低的兴趣和积极性（Thomas & Feldman，2012）。这种对新技术的适应障碍不仅可能引发心理压力和焦虑，还可能降低他们的工作满意度，增加职业倦怠，最终对工作表现造成不利影响。同时，组织环境和文化也可能加剧这些挑战。在一些企业中，可能存在对年长员工的偏见，认为他们不善于学习新技术，从而在培训和发展机会的分配上倾向于年轻员工。这种偏见可能进一步削弱年长员工的自信心和工作动机。与此同时，年长员工可能担心在尝试新技术时犯错，导致他们更不愿意冒险尝试新事物，形成了一个恶性循环。

此外，数字鸿沟可能导致年长员工的社会孤立感增加（Hülür & Macdonald，2020）。在现代职场中，数字化技术已成为维系社交关系和团队协作的主要手段，尤其是在远程工作和混合办公模式日益普及的背景下。线上社交不仅用于日常工作交流，还成为团队建设和文化培养的重要工具。如果年长员工无法熟练使用这些数字平台进行日常沟通或参与团队活动，他们可能会感到被边缘化和孤立（Hogeboom et al.，2010）。这种社交孤立感不仅影响了他们的工作体验，还可能对其心理健康产生负面影响。研究表明，社会孤立与抑郁、焦虑等心理问题密切相关（Cotton et al.，2013）。在工作环境中，缺乏有效的社交互动可能导致年长员工感到无助和失去归属感，进而影响他们的工作满意度和绩效。特别是在突发事件如新冠疫情导致的远程办公期间，这一问题更加严重。由于数字化技能的不足，年长员工可能无法有效参与在线会议、虚拟团队讨论或社交活动。这不仅限制了他们获取重要工作信息的机会，也削弱了他们在团队中的存在感和影响力（Hülür & Macdonald，2020）。长此以往，他们可能会感到被组织遗忘，导致工作积极性下降和离职意愿增加（Fang et al.，inpress）。

数字化技术的快速发展在重塑了全球的劳动市场的同时，也对年长员工的职业生涯产生了深远的影响。数字化技术有可能导致年长员工经济与职业机会的丧失（Marsh & McLennan Companies，2018）。随着自动化和人工智能的普及，许多传统行业的重复性和标准化工作被机器取代，特别是在制造业和行政支持等领域。这些领域通常提供中等技能和中等收入的职位，正是年长员工的主要就业领域（Nedelkoska & Quintini，2018）。当这些职位减少或消失时，年长员工面临着重新培训或失业的双重压力。技术变革在职业结构的两端创造了新的工作机会。一方面，是低技能、低工资的服务性职位，如家政服务和零售销售；另一方面，是高技能、高工资的技术性岗位，如软件开发和生物技术研究。然而，年长员工进入高端职位的难度较大，因为这些岗位通常要求精通最新的数字化技术和专业知识（Alcover et al.，2021）。以金融行业为例，许多高级岗位要求掌握大数据分析技能，以处理和解析大量的交易数据和客户信息。对于未能跟上技术发展步伐的年长员工，这种技能要求构成了重大的职业障碍。在低端市场，虽然职位数量较多，但这些工作往往要求体力劳动或长时间的站立，如清洁工或零售工作。这对于身体条件不如年轻人的年长员工来说是一个劣势。此外，这些工作的工资通常较低，可能无法满足年长员工对经济稳定和退休储蓄的需求。这种职业选择的限制，使得年长员工在劳动力市场上处于不利地位。

此外，年长员工在重新培训方面也面临挑战。首先，培训机会的获取可能受到限制。一些企业可能更愿意将培训资源投入年轻员工身上，认为他们的投资回报率更高。其次，年长员工可能面临学习新技术的心理障碍，缺乏自信或担心无法胜任。最后，随着年龄的增长，认知功能如记忆力和信息处理速度可能有所下降，这也增加了学习新技能的难度（Czaja et al.，

2019）。这些因素的综合可能导致年长员工逐渐被排除在主流劳动力市场之外，使其陷入经济困境。长期的失业或就业不足不仅对个人的经济状况造成影响，还可能对其心理健康产生负面作用，如增加压力、焦虑和抑郁的风险。同时，社会也会因为大量经验丰富的劳动力未被充分利用而蒙受损失。

二、数字化技术赋能老龄劳动力

上一节讨论了数字化技术给年长员工职场所带来的威胁与挑战。然而，正如当前多数学者所持有的增强观点，数字化技术在增强年长员工的健康安全与福祉、提高工作技能以及满足社会交往需求等方面发挥着积极作用。

1. 数字化技术功能类型

为了更深入地探讨数字化技术在职场成功老龄化中的赋能作用，依据现有文献将数字化技术分为两大类：辅助技术（Assistive Technology，AT）和信息与通信技术（Schlomann et al., 2020）。辅助技术包括一系列旨在增强、维持或改善个体功能能力的技术。虽然最初主要为残障人士设计，但随着智能传感器和机器人技术的进步，这些技术已被广泛应用于更大范围的用户，不仅支持老年人完成日常活动，也赋予他们提升功能能力的可能（Vichitvanich-phong et al., 2018）。信息与通信技术则涵盖了所有用于收集、存储或传输信息的电子设备和技术（Day et al., 2012）。信息与通信技术可进一步分为信息和工具性活动技术以及社会互动功能技术两大子类别。信息和工具性活动技术主要用于获取信息或执行特定任务，如现代智能手机和在线娱乐平台。社会互动功能技术则主要用于促进远程社交和团队协作，例如视频会议软件（如 Zoom、腾讯会议）和社交媒体平台（如微博、抖音）。

结合上述分类，数字化技术根据其功能又大致分为三种类型：（1）具有智能感知和机器人辅助功能的数字化技术；（2）具有信息和（或）工具性功能的数字化技术；（3）具有社会互动功能的数字化技术。

第一类数字化技术，包括智能感知和机器人辅助功能，旨在维持或增强老年人的身体及认知功能，帮助他们实现独立生活和工作。随着年龄增长，个体的身体功能（如视力、听力和行动能力；Iancu & Iancu，2017）和认知能力（如信息处理速度；Salthouse，2012）可能会逐渐衰退，或因慢性疾病而出现身体残疾（Tebbutt et al.，2016），这些变化可能使老年人在完成日常任务时遇到挑战。数字化技术能够帮助老年人克服这些障碍，维持其功能状态，保持独立生活能力，并提高生活质量（Fasola & Matarié，2013；Miskelly，2001）。在非工作场景中，这类技术可集成到智能建筑和远程医疗监控系统中，如辅助工具或机器人设备（Al-Khalifa et al.，2014），对独居老年人尤为有益（Mostaghel，2016）。在工作环境中，此类技术通常表现为工具或协作机器人（即"协作机器人"，El Zaatari et al.，2019），它们确保了员工的安全和提高了工作效率，这对于延长年长员工的职业生涯尤为重要，因为年长员工在工作场所更易受伤，且身体能力受限。

第二类数字化技术主要聚焦于信息传递和工具性功能的实现。通过这类技术，老年人可以通过计算机、平板电脑、智能手机等电子设备，便捷地接触到广泛的公共与商业服务及产品，并获取新颖且实用的信息或知识。在日常生活中，这些技术为老年人提供了获取所需信息和服务的便捷渠道（European Commission，2021）。例如，他们可以通过电子设备访问社区公共服务，订购食品和杂货、享受配送服务，预订数字旅行通行证，进行财务管理，享受家庭娱乐，并参与在线教育。在工作环境中，组织可利用基于网络的内容和服务，传递与工作相关的信息或知识，从而优化工作流程并促进员工自我学习，提升工作效率。对年长员工而言，这类技术不仅提供了丰富的信息资源，还能帮助他们更加便捷、高效地进行与工作相关的决策，从而在维持工作动机和生产力，在实现成功的职业老龄化方面发挥重要作用。

第三类数字化技术则专注于促进人际沟通和社会联系。这些技术帮助老年人克服地理距离和行动不便的障碍，使他们能够与家人、朋友保持紧密的社会联系（Hülür & Macdonald，2020）。在工作场所，此类技术广泛应用于多媒体沟通，使年长员工在较少的时间和空间下，能更轻松地完成任务和进行交流。

2. 数字化技术赋能老龄劳动力

尽管劳动力老龄化给组织运作带来挑战，如降低整体工作效能（von Bonsdorff et al.，2018），多种数字化技术的应用却有助于职场成功老龄化的实现，帮助组织有效应对这些挑战。毋庸置疑，数字化技术已深刻改变了现代工作的模式和执行方式，包括工作环境的构建及任务完成和团队协作的模式（Wang et al.，2020）。实际上，前述三种类型的数字化技术均能帮助年长员工在职场中维持、调整及恢复人—环境匹配，从而使他们在职业生涯中持续受益。

（1）具有智能感知和机器人辅助功能的数字化技术。智能传感器和机器人技术已被许多组织广泛采用，目的是增强员工的安全与福祉。通过这些技术，雇主能够监测员工的身体状况，从而预防有害的工作负荷和过度劳累。例如，可穿戴设备已被应用于监控员工的身体消耗和心理状况。实时数据，如心率、肌电图和压力水平，被用于评估员工的身体状况和认知疲劳，进一步降低工作相关伤害的风险（Lavallière et al.，2016）。这些数字化技术所收集的信息能够在员工面临潜在风险时发出警告，并可被管理者用于分析，帮助组织持续优化工作流程（Lavallière et al.，2016）。

此外，基于传感器的各类数字化技术也被用于监测和控制工作场所的环境参数。利用类似智能家居中的传感器技术，管理者可以降低工作场所的潜在风险。例如，通过无线传感器网络，可以监测并预防可能发生的工作事故，如工人与叉车或其他车辆的碰撞，以及未佩戴安全带的高空作业员工的坠落风险。特别是考虑到年长员工身体机能的衰退，这些技术对于他们尤其有益（Shao et al.，2022）。随着年龄的增长，感官能力和信息处理速度通常会下降（Iancu & Iancu，2017），年长员工可能无法及时察觉、识别并应对潜在风险。在这种情况下，基于传感器的警示对于年长员工来说极为重要，对于减少工作场所的危险起到了关键作用。

机器人辅助技术在减轻传统制造业中员工的体力负担方面也显示出巨大效能（Calzavara et al.，2019；Wilckens et al.，2021）。针对年龄友好型工作场所设计的人体工学设备和新一代工具，如物料处理装置、外骨骼、智能工具、增强现实设备、协作机器人和智能工作站等，均可显著降低工作的体力和认知要求。因此，这些数字化技术对于弥补员工因年龄增长导致的身体能力下降发挥了重要作用，延长了年长员工的职业生涯，并帮助他们在工作场所保持生产力和积极性。

（2）具有信息和（或）工具性功能的数字化技术。数字办公系统，如企业资源规划（ERP）、电子绩效支持系统（EPSS）和基于网络的数据库，已经彻底改变了工作结构和执行方式（Benson et al.，2002；Colbert et al.，2016）。这些技术使个人记录、检索和传输工作相关信息变得更加方便有序。对年长员工而言，这一点尤为重要，因为他们的流体智力可能随着年龄增长逐渐减弱，记忆能力也不及年轻员工（Kanfer & Ackerman，2004；Kirchner，1958）。通过这些技术，工作流程得以持续优化，不仅确保所有员工长期维持稳定的生产力，也帮助年长员工在职场中保持高效和积极的工作状态。

除了被动适应工作环境，年长员工还可以利用数字化技术主动维持或提升工作要求与自身能力之间的匹配度。借助这些执行信息功能的数字化技术，员工尤其是年长员工，可以主动寻找培训机会，接触到更多样和丰富的学习资源。这些资源为年长员工提供了广泛的知识库，支持他们的个人成长，确保他们有更多机会实现更佳的人—环境匹配，从而顺利实现职场成功老龄化（Kooij，2015，2020）。此外，这类数字化技术带来的便利性和效率也可能促使组织更灵活、高效地开展各类培训项目，减少在开发和实施针对年长员工的培训项目时遇到的障碍（van Dalen et al.，2015）。

同时，这些技术还助力年长员工做出更明智的工作和职业相关的决策。通过利用这些信息功能的技术，年长员工可以更轻松地获取完成工作或规划职业所需的广泛见解和数据，更全面地理解当前工作、自身能力和职业生涯。

这有助于他们做出更符合自己需求和优势的高质量工作和职业决策，例如在职业规划过程中的决策（Fasbender et al.，2019）。从毕生发展的视角出发（Settersten，2003），保持良好的信息获取能力，还能帮助年长员工顺利规划退休计划并平稳过渡到退休阶段。

（3）具有社会互动功能的数字化技术。促进工作中社交互动的数字化技术已经改变了职场中的交流模式（Colbert et al.，2016）。即时消息应用和同步或异步通信平台等数字工具，为工作场所中的面对面交流提供了有效补充。就如同人们利用这些技术与远方的家人和朋友保持联系一样，年长员工也可以在需要远程工作的情况下（例如疫情期间，由于年长者更易受到病毒影响），通过这些技术与同事分享和交流工作相关信息。

此外，克服地理障碍和沟通限制的数字化技术对年长员工也尤为重要。随着年龄增长，年长员工常因身体机能下降而面临更大的行动限制（Iancu & Iancu，2017）。沟通渠道的升级和改善不仅帮助他们建立广泛的社会联系，还有助于在工作中建立有意义的互动关系。根据社会选择理论（Carstensen et al.，1999），这些社会联系对年长员工的工作动机至关重要（Burmeister et al.，2020；Wang et al.，2015）。同时，旨在促进社会互动的数字化技术有助于提升职场中的代际交流质量，通过消除时间和地理上的限制，为快速便捷地进行知识交换提供机会，不仅满足年轻员工的发展需求，也满足年长员工传承经验的愿望（Doerwald et al.，2021；Fasbender et al.，2020）。

同时，这些技术通过提高工作安排的灵活性，进一步增强了员工的工作自主性。员工可以随时随地通过数字设备在线沟通并获取工作相关信息，使许多工作任务不再局限于特定时间和地点，从而极大地增加了工作的灵活性。这种自主性对年长员工的工作参与度具有特别的激励作用，因为灵活的工作安排使他们能更好地应对其他生活需求，如照顾年迈的父母、满足自身健康护理需求及照看孙辈。事实上，拥有一定程度的自主权来决定工作地点、时间及资源分配，可成为年长员工持续参与工作的强大动力（Allen et al.，2021；Shultz et al.，2010）。

第三节 数字化时代下的职场成功老龄化理论

上一节既探讨了数字化技术对年长员工带来的挑战，也分析了它在支持年长员工职场成功老龄化方面的潜力。学者们在研究技术与工作的关系时曾指出，技术本身并无固有的积极或消极影响（Kranzberg，1986），其实际效果取决于具体的实施和应用方式（Bailey & Barley，2020）。积极有效地实施和应用数字化技术，有助于推动年长员工的成功老龄化。本节将基于成功老龄化理论和数字化技术的相关研究，探讨年长员工如何有效适应和利用数字化技术，以及哪些因素可能影响这一过程。通过构建一个适用于数字化时代的职场成功老龄化理论框架，旨在为未来的实证研究和企业管理实践提供理论指导和支持。

一、数字化时代下的毕生发展观

在数字化时代，对年长员工工作能力的评估维度和方式需要转变。传统评估主要关注流体智力和晶体智力，但这与个体实际的智力深度和广度存在显著差异，未能充分反映当前工作所需的多样化知识、技术和能力。因此，迫切需要开发一种基于工作特征的、更全面的能力划分与识别工具，以全面涵盖数字化时代工作中的重要能力和知识。例如，针对当前工作模式的特点，应将信息检索效率（如使用搜索引擎）、创新思维和在线沟通技能等能力纳入评价体系，以更准确地预测员工的工作能力和绩效。事实上，基于具体工作特征的评估方法已在某些专业认证考试中得到应用（如医疗专业人员的认证）。此外，随着近年来文本处理人工智能技术的进展，有效且高效的自动评分数字化技术已变得可行，使得特定的评估方法在经济上更具可行性，为企业数字化招聘提供了强大支持。例如，通过在线评估工具和虚拟现实技术模拟环境，企业能够在真实工作场景中测试应聘者的实际操作能力和决策反应，从而更准确地评估其适应职位的能力。

对特定工作能力的重新评估也引发了对传统年长员工能力观点的质疑。传统上，虽然认可年长员工的丰富经验和专业技能，但通常认为这些知识和技能可能过时，不适应新的工作要求。然而，Ackerman 和 Kanfer（2020）提出了不同的观点，他们将高认知要求的工作和任务分为两类。

第一类是学习难度大、耗时长的知识和技能，如技术、写作技巧、护理和医学、财务规划、研究技能和建筑设计等专业领域的知识。这些知识和技能一旦掌握，并通过持续的实践强化，个体在执行相关任务时就会变得相对轻松，甚至达到自动化。尽管执行这些任务需要一定的注意力和努力，但这些能力通常可以维持到六七十岁且不因年龄增长而显著退化。在新技术的应用场景下，年长员工积累的经验仍然是其能力的重要决定因素。例如，在医院引入达·芬奇手术机器人时，资深外科专家的丰富专业知识和经验仍然发挥着关键作用。因此，评估年长员工在高科技环境中的工作潜能时，应更多地考虑他们的基础经验和专业知识，而非仅仅关注年龄。这种评估方法能更准确地反映年长员工的真实能力和潜力。

第二类涉及处理新颖信息的高认知要求的工作。这对年长员工来说是更大的挑战，因为大量研究显示，他们在工作记忆和处理新信息的能力上相对较弱。这意味着平均而言，年长员工在这类工作中处于不利地位。然而，在各类岗位中，每天需要处理大量新问题的工作相对较少。研究发现，即使对于需要处理大量新信息和解决问题的职位，群体间差异及认知能力衰退对工作表现的影响也有限（Ng & Feldman，2008）。特别是，借助具有信息和工具功能的数字化技术，年长员工也能有效减少与年轻员工在信息处理能力上的差异，提高工作效率和适应性。

此外，在人与人工智能协作的工作模式日益普及的背景下，技术与人类在各种能力上的差异受到越来越多的关注。特别是在技术优化、创新以及解决创新性问题方面，人类展现出明显的优势，这些优势依赖于灵活性、坚实的基础知识和专业技能。例如，在决策过程中，如评估 MBTI 是否适用于筛选职位申请者、决定未来两年内是否购买新设备、为年长员工开发新培训技术以及设计最佳教学方法等，都需要依赖隐性知识。这种知识通常通过多年的教育和经验间接积累，使得年长员工在与人工智能等技术的协作方面，拥有比年轻人更丰富的资源。

最后，数字化时代下的终身发展观凸显了终身学习的重要性。成年人在掌握的知识和技能类型及广度上存在差异，这显著影响了年长员工在学习新工作技能时所面临的挑战。事实上，年长员工可以利用现有的知识结构来提高学习效率。例如，一位具有财务管理背景的会计师，在学习成为数据分析师所需的统计学概念时，能够更容易地理解相关知识。这是因为他们已经具备处理数字和分析财务数据的技能，这些技能可以直接转化为理解统计模型和数据分析方法。因此，对于拥有相关经验的年长员工来说，面对新技术的挑战，其学习和运用能力可能并不比年轻或新手员工差。为了充分利用年长员工的现有领域知识，有必要明确哪些现有的知识和技能可以适应新技术的要求。例如，当组织正在实施一项新技术，如增强财务管理系统时，更有经验的年长员工可以从指导性的对照步骤中受益，这些步骤帮助他们将旧系统的程序映射到新系统的程序上，促进知识转移。这种方法不仅利用了年长员工的现有知识，还促进了他们对新系统的理解和掌握。

二、数字化时代下的职场成功老龄化理论框架

数字化时代的毕生发展观指出，年长员工的丰富工作经验和专业技能在新时代下仍具有重要价值和优势。因此，如何让年长员工在工作中主动保持高水平的工作能力和持续的工作动力，成为充分发挥这些优势的关键。基于职场成功老龄化过程模型（Kooij et al.，2020），本节将详细探讨数字化技术如何影响人与环境间的匹配，以及宏观（社会和政策层面）、中观（组织层面）和微观（个人层面）的因素如何与数字化技术联合，帮助年长员工实现匹配，进而促进职场成功老龄化。

1. 人—环境匹配机制

（1）工作要求—能力匹配。首先，从体力、认知和社会三个维度来探讨

年长员工的工作要求与能力的匹配度。首先，在体力维度方面，研究表明，随着年龄的增长，大多数年长员工的体力会逐渐下降，这使他们在应对体力要求较高的任务时可能会遇到更多挑战（Ilmarinen，2001）。这种体力下降可能表现为肌肉力量、耐力、灵活性和反应速度的降低，进而影响他们的工作效率和安全性。尤其是与年轻员工相比，年长员工在体力匹配度上通常表现得较低，这可能导致他们在竞争中处于劣势，甚至面临被替代的风险。然而，值得注意的是，体力下降的程度在个体之间存在显著差异。一些年长员工可能早年从事大量体力劳动，积累了身体损伤或慢性疾病，因而较早感受到体力的衰退。相反，其他人则可能通过持续的体力锻炼、保持良好的睡眠习惯、戒烟以及维持健康的体重等积极的生活方式，使体力下降的速度相对缓慢（Airila et al.，2012）。这表明，个人的健康管理和生活方式对体力能力的维持具有重要影响。

　　与此同时，随着自动化和智能工厂的发展，年长员工在体力方面的工作要求与能力之间的不匹配问题可能会得到一定程度的缓解。传统的重型体力劳动越来越多地由机器人或自动化系统接替，减少了对体力的高需求。这不仅意味着高体力要求的工作岗位将减少，也意味着年长员工在体力匹配上的压力会相应减轻。自动化技术的应用使得工作内容更加偏向于监控、管理和维护，这些任务对体力的要求较低，更注重认知和经验的应用。此外，辅助性的数字化技术，如可穿戴设备、增强现实（AR）和虚拟现实（VR）技术，能够帮助年长员工更准确地识别和应对工作中的潜在风险，显著降低对体力的依赖（Parasuraman & Riley，1997）。例如，可穿戴设备可以监测员工的身体状态，提示他们适时休息，避免过度疲劳；AR 技术可以提供实时的指导和支持，减少操作失误。这些技术的应用不仅有助于提高工作效率和安全性，还能帮助年长员工保持甚至提升与工作要求间的匹配度。因此，数字化技术的进步为解决年长员工在体力匹配方面的挑战提供了新的途径。通过自动化减少对高体力劳动的需求，结合辅助技术支持，年长员工可以更好地适应工作环境。

其次，在认知维度方面，随着年龄的增长，年长员工在执行认知任务时既展现出优势也面临着挑战。流体智力，即适应新情况和解决新问题的能力，通常随着年龄的增长而下降。这意味着年长员工在学习新技术、适应新环境或处理全新任务时，可能需要更多的时间和精力（Salthouse，2010）。然而，晶体智力，即积累的知识和经验，往往会随年龄的增长而增加。这使得年长员工在涉及专业知识、经验判断和长期记忆的任务中具备独特的优势（Schaie，1994）。一般的观点认为，晶体智力的增加足以抵消流体智力的下降，这意味着年长员工的认知工作能力和整体表现通常能够得到维持（Ng & Feldman，2008）。例如，他们在复杂决策、战略规划和问题解决方面可能表现出色，特别是在需要综合运用过去经验的情境下。

数字化技术的发展对年长员工在认知维度上的工作要求与能力的匹配产生了复杂而深远的影响。一方面，数字化技术的引入可能增加工作任务的认知挑战性（Parker & Grote，2020）。新技术的应用往往带来新的工作流程、工具和系统，这些都需要员工掌握新的知识和技能，从而提高了工作的认知要求（Demerouti，2020；Lundh & Rydstedt，2016）。对于年长员工来说，由于流体智力的下降，以及学习动机的减弱，他们在获取和适应新知识、新技能方面可能比年轻员工更为困难。这种情况下，认知要求与能力之间的匹配度可能会降低，进而影响他们的工作表现和职业满意度。

另一方面，随着一些简单的信息处理工作被数字化技术所替代，更高层次、更复杂的认知任务开始出现，这些任务仍然需要人的介入，或者需要人与人工智能之间的密切合作（Demerouti，2020）。这些高级任务通常涉及战略思考、复杂问题解决、决策制定以及创造性思维等方面。年长员工在这些领域可能具有独特的优势，因为他们的晶体智力随着年龄的增长而增加，积累了丰富的知识和经验（Schaie，1994）。因此，他们可能更擅长处理复杂的问题，做出明智的决策，并在新技术环境下发挥领导作用。在这种情况下，拥有高级认知能力的年长员工更有可能有效地应对新的工作挑战，并成功地实现职业生涯的持续发展。然而，对于那些可能缺乏这些优势的年长员工而言，工作要求与能力之间的匹配度可能较低。他们在适应新技术、学习新系统以及应对不断变化的工作环境方面可能面临困难。

最后，在社会维度方面，工作中的社会情绪要求通常体现在可能引起情绪耗竭的消极人际互动上，例如与上级、同事或客户的冲突。这些情绪化的互动可能导致员工体验到压力、焦虑，甚至引发职业倦怠（Heuven et al.，2006）。然而，研究表明，年长个体通常具有更强的情绪调节能力，能够更有效地管理和应对工作中的情绪挑战（Gross et al.，1997；Scheibe & Carstensen，2010）。随着年龄的增长，个体在情绪调节策略的选择和应用上变得更加熟练。他们倾向于使用积极的情绪调节策略，如情绪重评和问题解决，而不是消极的方式，如压抑或回避（John & Gross，2010）。这种能力使年长员工在面对工作中的冲突、压力和挫折时，能够保持情绪的稳定，减少情绪耗竭的风险。这不仅有助于他们自身的心理健康，还能提高工作绩效和团队合作效率。在高情绪要求的工作岗位上，例如客户服务、护理和教育等领域，年长员工的情绪智慧和丰富的社交经验使他们能够更好地理解他人的情绪和需求，提供更高质量的服务（Kulik et al.，2016）。他们能够有效地处理客户的投诉和不满，缓解冲突，提升客户满意度。

然而，强度与脆弱性整合模型指出，年长员工在面对压力和消极事件时，虽然具备更丰富的情绪调节策略，但在高强度或持续性的压力下，他们的生理和心理脆弱性会更加明显，使他们较难迅速从压力中恢复（Charles & Luong，2013）。这意味着，尽管年长员工通常能够有效管理一般的情绪挑战，但频繁处理高情绪要求的任务可能对他们的身心健康产生更大的负面影响。在这种情境下，信息通信技术和人工智能的发展为减轻年长员工的情绪负担提供了新的途径。一些原本需要人工处理的高情绪要求任务现在可以由技术替代。例如，人工智能聊天机器人被广泛应用于呼叫中心，用于处理客户的常见问题和投诉（Adamopoulou & Moussiades，2020）。这些机器人能够24小时不间断地提供服务，迅速回应客户需求，减少了人力资源在高压力情境下的直接投入。这种技术的应用不仅降低了工作中的情绪要求，还提高了服务效率和客户满意度。对于年长员工而言，减少直接面对负面情绪和高压力情境的机会，有助于降低情绪耗竭的风险。借助技术的支持，年长员工可以更好地发挥他们在情绪调节和社交方面的优势，增强工作适应性。这种工作要求与个人能力的更好匹配，不仅提升了年长员工的工作满意度和绩效，也为组织带来了更高的价值。

（2）需求—供给匹配。依据自我决定理论从自主需求、能力需求和归属需求三个维度进行考量。首先，年长员工的自主需求与数字化岗位工作供给之间的匹配是一个复杂且多层面的议题。Ng 和 Feldman（2015）指出，随着年龄的增长，工作中的自主感知对于年长员工愈加重要，因为他们更重视通过工作资源（如自主性）获得的积极体验。这种自主需求源于年长员工对自我实现和内在动机的更高追求，他们希望在工作中拥有更多的决策权和自主权，以充分发挥自身的经验和能力。得益于丰富的经验和晶体智力，年长员工在高自主性的工作环境中能够展现出更出色的独立工作能力（Truxillo et al.，2012）。他们可以利用多年积累的专业知识和技能，在自主的环境中高效地解决问题，创新性地完成任务。因此，满足年长员工的自主需求，不仅有助于提升其工作满意度和敬业度，也能为组织带来更高的绩效和创新能力。

然而，数字化技术对年长员工自主需求的满足具有双重影响。一方面，新技术推动了分散式决策，增强了工作的灵活性和自主性。Brynjolfsson 和 McAfee（2017）指出，数字化技术赋予员工更多的工具和资源，使他们能够自主地完成任务，并在工作时间和地点上拥有更大的灵活性。例如，远程办公、灵活的工作安排和数字化协作平台的应用，使员工可以根据自身的节奏和偏好安排工作。这种自主性的增强，与年长员工倾向于从积极体验中获益的理念相符，有助于提升他们的生产效率和职业自信。另一方面，数字化技术也可能通过"算法控制"削弱员工的自主性。自动化和算法技术加强了对员工行为的监督与控制（Kellogg et al.，2020）。例如，一些平台通过算法实时监控员工的工作进度、效率和行为，并根据预设指标进行评价和反馈。这种高度的技术控制可能限制员工的自主决策空间，减少他们对工作方式和流程的掌控感，进而降低自主感知。因此，数字化技术在自主需求维度上对年长员工的需求与供给之间的匹配影响表现得颇为复杂。数字化技术既可能通过增强技术对决策的控制来削弱自主性，也可能在增强人类对技术的控制中提升自主性（Berkers et al.，2022；Smids et al.，2020）。如果数字化技术能够被设计和应用于支持员工的自主性，例如提供定制化的工具、允许个性化的工作流程，那么它将有助于满足年长员工的自主需求。

其次，年长员工希望在工作中充分运用自身的技能和经验，感受到自己的价值和贡献。在数字化时代，工作环境的快速演变导致了对员工技能需求的多样化。这些需求不仅包括传统的专业技能，还扩展到技术、社交和创新等领域（Habraken & Bondarouk，2017）。这种变化为年长员工提供了新的机会，使他们能够满足自身的能力需求，与数字化岗位实现需求与供给的良好匹配。例如，随着大数据和数据驱动决策成为常态，员工需要掌握数据收集、处理和分析的技能，以从海量数据中提取有价值的信息（Davenport，2014）。年长员工可以利用他们丰富的行业经验和专业知识，理解数据背后的商业逻辑，更有效地进行数据分析和战略决策。这不仅满足了他们的能力需求，也为组织带来了深刻的洞察力。同时，数字工具的广泛应用导致团队成员可能分布在全球各地，这要求员工具备有效的在线沟通和协作能力（Maznevski & Chudoba，2000）。年长员工在职业生涯中积累了丰富的沟通技巧和人际交往经验，有助于他们在全球化团队中发挥领导和协调作用，满足他们对能力展现的需求。他们的成熟度和情商可以增进团队凝聚力，提高协作效率。这些新兴的工作特征为年长员工提供了充分发挥自身能力的机会，使他们的能力需求与数字化时代的工作供给之间实现了良好的匹配。通过在数字化岗位中应用和分享自己的技能和经验，年长员工不仅满足了自身的能力需求，还为组织创造了价值，推动了团队和企业的发展。

最后，年长员工普遍具有较强的归属需求，他们渴望在工作中获得社会支持和情感联系（Carstensen，1995）。在数字化时代下，岗位能否满足年长员工的归属需求，与数字化技术的应用密切相关。信息通信技术的广泛应用为员工之间的沟通提供了新的渠道，如电子邮件、即时通信、视频会议和企业社交网络等。这些工具突破了时间和空间的限制，使员工能够与全球各地的同事进行实时交流，提供了更多的社交机会（Hertel et al.，2005）。对于能够熟练使用数字化技术的年长员工，他们可以通过这些平台积极参与团队合作、项目讨论和社交活动。例如，他们可以在视频会议中与团队成员面对面交流，利用协作软件共同完成任务，或者在企业的社交平台上分享专业知识和经验（Cotten et al.，2013）。这种积极的参与不仅有助于他们保持与团队的紧密联系，还能增强他们在组织中的存在感和归属感，实现了归属需求与岗位供给的匹配。熟练使用数字化技术的年长员工，通过克服远程交流的障碍，能够更深入地融入团队。他们可以利用自身丰富的经验和人际交往技能，为团队提供独特的视角和解决方案，从而获得同事的认可和尊重（Ng & Feldman，2012）。这种正向的反馈进一步满足了他们的归属需求，提升了工作满意度和敬业度。

然而，数字化技术也可能对年长员工的归属需求产生负面影响。远程虚拟合作虽然提供了便利，但也可能引发工作协调的挑战。缺乏面对面的互动可能导致沟通中的非语言线索减少，如表情、语调和肢体语言等，这可能增加误解和沟通障碍（Parker & Grote，2020）。对于未能熟练掌握数字化技术的年长员工，他们可能在使用这些工具时感到困难和压力，导致参与度降低。由于错过重要的沟通和协作机会，年长员工也许逐渐在团队中感到被边缘化和孤立。在这一背景下，数字化技术通过影响社会支持的程度，进而影响年长员工在职场中的社会需求满足。因此，对于那些能够熟练使用数字化技术，克服远程交流障碍的年长员工，他们通过数字化技术获得的归属感可能会增强。相反，对于那些未能掌握这些技能的员工，随着数字化技术的普及，他们可能会在职场中感到更加孤立。

2. 影响因素

如前所述，数字化技术对职场成功老龄化的影响在很大程度上取决于年长员工现有的知识和经验结构、对新技能的掌握程度以及数字化技术的设计方式（Jansen & Kristof-Brown，2006）。这意味着，数字化技术并非唯一决定年长员工持续工作能力和动机的因素；相反，年长员工所采用的自我调节策略对这一影响更为直接和深远。

根据职场成功老龄化过程模型（Kooij et al.，2020），年长员工在其职业生涯中会采取积极的策略，运用四种自我调节行为来维持或恢复与环境的匹配状态。当员工预见到自身需求或能力与工作环境的匹配度可能发生变化时，他们会展现出较高的自我调节主动性。面对潜在的匹配度差异，如果变化被认为是可控的，他们可能倾向于采取主动性目标投入策略，例如学习新技能或寻求新的职责，以提升匹配度；若变化被视为不可控，他们可能选择主动性目标撤离策略，放弃某些目标，避免资源的浪费和挫折感的增加。在经历实际的匹配度变化时，员工也可能尝试适应。如果差异被认为是可控的，他们会采用适应性目标投入策略，调整自己的行为和策略，以适应新的环境需求；如果差异被视为不可控，他们则倾向于使用适应性目标撤离策略，放弃或调整目标，以减少压力和不满意度。这些自我调节策略共同帮助年长员工应对工作环境中的挑战和变化，实现职业生涯的持续成功。将上述自我调节行为应用到数字化技术情境下，年长员工在面对与数字化技术相关的工作环境变化时，可以通过投入或撤离的策略，实现个人与环境的良好匹配。

例如，一位资深工程师意识到自己的专业知识和技术经验未得到充分利用，感觉自己的能力超出了公司当前为他设定的工作要求。这种情况被他视为可控的匹配度不一致。因此，他采取了主动性目标投入策略，希望在公司内担任更高级的技术顾问角色。为实现这一目标，他主动学习并开始使用项目管理软件和高级数据分析工具。这些数字化工具不仅帮助他更高效地处理复杂项目和优化技术流程，还使他能够展示自己的专业能力和价值。此外，他通过公司的内部沟通平台，与上级领导积极交流，表达自己的职业发展意愿和目标，寻求指导和支持。然而，当他发现公司内部晋升机会有限，无法满足他的职业发展需求时，他可能将这种障碍视为不可控的匹配度不一致。在这种情况下，他采取了主动性目标撤离策略，利用 LinkedIn 等职业社交平台，积极寻找新的工作机会。这些平台为他提供了广阔的职业选择和网络资源，使他有机会在其他组织中找到更适合自己能力和需求的岗位。

当这位工程师因为背部疼痛而限制了长时间站立的能力时，他将这种身体限制视为与工作要求之间的可控不匹配。他采取了适应性目标投入策略，请求公司为他配备高级可调节办公椅，使他能够坐着完成实验室监控和设计工作。同时，他利用远程监控系统和自动化软件，减少需要长时间站立的任务。这些调整使他能够继续高效地工作，同时减轻了身体负担。如果背痛问题加剧，变得难以管理，他可能将其视为不可控的匹配度不一致。此时，他采取了适应性目标撤离策略，转向主要以坐姿完成的数据分析和系统优化工作。他还可能寻求更多远程工作机会，使用项目管理软件和在线协作平台来维持工作效率，从而进一步减少对身体的压力。通过这些自我调节策略，这位资深工程师能够在数字化工作环境中有效地应对挑战，保持与工作要求的匹配。这不仅有助于他个人的职业发展和健康管理，也为组织带来了持续的专业贡献。

以上示例表明了个体自我调节机制在人—环境匹配过程以及职场成功老龄化中的重要作用。在遵循职场成功老龄化过程模型的逻辑下，以下将进一步探讨宏观、中观、微观层面的因素如何影响年长员工的自我调节行为，以发挥数字化技术的积极效用并实现人—环境匹配。

在宏观层面，国家制度、立法以及相关的法规和政策对年长员工适应数字化技术起着至关重要的作用（Fang et al., in press）。首先，国家技术发展政策和数字基础设施的建设是推动数字化技术广泛使用的关键因素。政府对高速互联网、移动网络和 5G 技术的投资，可以显著提高公众的数字接入能力，缩小数字鸿沟，特别是在偏远地区和弱势群体中。这种基础设施的改善，为年长员工接触和使用数字化技术提供了必要的条件，降低了技术门槛。其次，教育政策，尤其是与终身学习和技能更新相关的政策，对年长员工的新技术接受度具有重要影响。政府可以通过制定鼓励终身学习的政策，提供丰富的在线教育资源和数字技能培训课程，帮助年长员工提升数字素养。例如，设立针对年长员工的免费或优惠培训项目，提供数字化技能认证，激励他们积极参与学习。这不仅有助于提升他们的职业竞争力，也增强了他们适应数字化转型的信心。在法律和立法方面，平等就业机会法和其他反歧视法律对于创建一个包容性的技术使用环境至关重要。这些法律保障了年长员工在就业和职业发展中的平等权利，防止因年龄而导致的歧视，确保他们有机会参与数字化技能培训和使用新技术。例如，法律可以规定企业不得因年龄而拒绝提供培训机会，或者在招聘中设置不合理的年龄限制。通过法律手段，年长员工的权益得到保护，有助于他们在数字化时代保持职业活力。此外，隐私保护和数据安全法律也对个人对数字化技术的信任度和使用意愿产生了重大影响。在数字化环境中，个人信息的安全性成为公众关注的焦点。政府通过制定严格的隐私保护法规，规范数据的收集、使用和存储，防止个人信息被滥用或泄露。这些措施增强了公众对数字化技术的信任，使年长员工更加愿意参与数字化活动，如在线学习、远程工作和数字化社交。

这些宏观层面的因素共同构建了一个有利于年长员工通过自我调节策略有效利用数字化技术的环境。完善的数字基础设施和教育资源使年长员工有机会接触并学习新技术，满足他们的能力需求和职业发展目标。平等就业和反歧视法律保障了他们在工作场所中的地位，增强了他们的归属感和自主性，有助于他们积极投入工作和学习。而隐私保护和数据安全法规提高了他们对数字化技术的信任，降低了技术使用的心理障碍。最后，社会对数字包容的重视和倡导，营造了支持性的社会氛围，鼓励年长员工积极适应数字化转型。

在中观层面，影响因素主要聚焦于企业的人力资源管理实践、组织氛围、团队领导力以及社会关系等。针对年长员工的人力资源管理实践对于维持其与工作环境的匹配至关重要（Kooij et al., 2020）。一些学者针对人力资源管理实践的关键组成部分，如信息共享、管理支持、奖励与认可、适当的培训和员工参与等进行了探讨，发现这些人力资源管理实践都可以积极影响员工适应数字化技术（Rubel et al.，2020）。其他一些学者则关注了更加综合和系统的针对年长员工的人力资源管理体系。例如，基于选择、优化和补偿框架，Kooij 等人（2014）为年长员工设计了四类人力资源管理实践：发展型、维持型、利用型和适应型。这些实践与数字化技术相结合，能够显著提升年长员工与工作环境的匹配度，并促进他们有效利用数字工具。具体而言，发展型实践通过提供培训和内部晋升机会，帮助年长员工达到更高的职能水平。对此，企业可以利用在线学习平台和虚拟现实模拟培训，为他们制定高效且灵活的培训方案。维持型实践旨在通过工作保障和灵活的工作时间，帮助他们维持当前的职能水平；而远程工作工具的应用将协助年长员工有效平衡工作与个人生活。利用型实践旨在调整工作要求，丰富工作内容，例如，通过协作平台和知识管理系统，使年长员工能够指导年轻员工并参与决策过程，充分展示其经验和智慧。适应型实践则帮助他们适应减少的工作量或降职情况，借助项目管理软件和自动化工具来减轻工作负担。因此，上述人力资源管理实践与数字化技术的紧密整合不仅提升了年长员工的工作满意度和生产力，还能帮助他们更好地适应快速变化的工作环境，实现与环境的有效匹配。

在团队管理方面，团队领导在执行组织既定的人力资源政策和营造积极工作环境中扮演着关键角色。他们不仅能够为不同年龄段的员工营造被重视和尊敬的氛围，还能通过推广促进年龄多样性的人力资源政策，确保各年龄层员工享有平等机会（Boehm et al.，2014；Bos-Nehles，2010）。此外，团队领导在创建心理安全的工作氛围方面至关重要，尤其在员工学习新技术的过程中（Edmondson & Lei，2014）。通过持续一致的沟通和有意识的干预，他们可以鼓励员工就使用数字化技术过程中遇到的问题发表意见，并促使团队共同寻找解决方案，支持组织的学习过程。因此，考虑到团队领导在设计人力资源管理实践、建立年龄多样性、维护心理安全氛围以及管理技术压力等方面的关键作用，我们相信，他们在处理团队中数字化技术的应用及其对年长员工的影响方面，发挥着重要的作用。

在工作领域之外，生活领域中的中观层面因素也显著影响年长员工在数字化技术方面的自我调节行为。社交网络的支持，如同龄人、家庭成员或朋友的援助，对他们使用数字化技术的态度和行为有深刻的影响。这种社会支持包括提供实际帮助和情感支持，涵盖通过非正式培训或自学提高数字素养（Schreurs et al.，2017），以及在学习过程中给予鼓励和情感支持。在重视家庭的中国文化背景下，家庭作为提供支持和指导的核心单位，特别是在帮助年长员工适应现代技术方面发挥着重要作用。子女和其他亲属的积极参与，不仅能增强他们学习新技术的信心，还能通过日常互动提供必要的技术支持和指导。例如，家庭成员可以在日常生活中向年长员工介绍适用的技术产品，如智能手机和应用程序，并耐心指导其操作使用，减少其对技术的恐惧感，激发学习兴趣。此外，情感上的鼓励和认可也能显著提升年长员工的学习动力和持续使用技术的意愿，这对提升他们的数字包容性非常重要。因此，在支持年长员工数字化适应的过程中，家庭成员的作用不应被忽视。

在微观层面，过程模型提到的个性特征（如责任心、主动人格）、知识、技能和能力对年长员工积极采用数字化技术也具有重要影响。例如，持有开放的未来时间观的年长员工（Carstensen，1995），更有可能主动学习和掌握新技术及新知识，从而更好地适应并有效利用数字化技术，实现与环境的良好匹配。年长员工的数字相关知识库是他们在数字化时代适应新工作环境的一项重要资源。这种知识库包括对各种数字化技术的了解，如软件应用、网络安全维护和数据处理等；具备这些知识可以帮助年长员工更好地理解并有效运用数字化技术。

参考文献

［1］Brynjolfsson，E.，L. Hitt. Paradox Lost? Firm-Level Evidence on the Returns

to Information Systems Spending [J]. Management Science, 1996, 42 (4):
541-558.

[2] Nedelkoska, L., G. Quintini. Automation, Skills Use and Training [M].
Paris: OECD Publishing, 2018.

[3] Jaimovich, N., H. E. Siu. Job Polarization and Jobless Recoveries [J]. The
Review of Economics and Statistics, 2020, 102 (1): 129-147.

[4] Lasi, H., Fettke, P., Kemper, H. G., Feld, T., Hoffmann, M. Industry 4.0
[J]. Business & Information Systems Engineering, 2014, 6 (4): 239-242.

[5] Frey, C. B., M. A. Osborne. The Future of Employment: How Susceptible Are
Jobs to Computerisation? [J]. Technological Forecasting and Social Change,
2017, 114: 254-280.

[6] Daugherty, P. R., H. J. Wilson. Human Machine: Reimagining Work in the
Age of AI [M]. Boston: Harvard Business Review Press, 2018.

[7] Raisch, S., S. Krakowski. Artificial Intelligence and Management: The Auto-
mation-Augmentation Paradox [J]. The Academy of Management Review,
2020, 46 (1): 192-210.

[8] Dworschak, B., H. Zaiser. Competences for Cyber-Physical Systems in Manu-
facturing - First Findings and Scenarios [J]. Procedia CIRP, 2014, 25:
345-350.

[9] Nedelkoska, L., G. Quintini. Automation, Skills Use and Training [M].
Paris: OECD Publishing, 2018.

[10] William, F. On the Degradation of Skills [J]. Annual Review of Sociology,
1987, 13 (1): 29-47.

[11] Zuboff, S. In the Age of the Smart Machine: The Future of Work and Power
[M]. New York: Basic Books, 1988.

[12] Wang, B., Y. Liu, S. K. Parker. How Does the Use of Information Communi-
cation Technology Affect Individuals? A Work Design Perspective [J]. The

Academy of Management Annals, 2020, 14 (2): 695-725.

[13] Kossek, E. E., B. A. Lautsch, S. C. Eaton. Technology and Psychological Well-being: "Good Teleworking": Under What Conditions Does Teleworking Enhance Employees' Well-being? [M]. Cambridge: Cambridge University Press, 2009.

[14] Golden, T. D., R. S. Gajendran. Unpacking the Role of a Telecommuter's Job in Their Performance: Examining Job Complexity, Problem Solving, Interdependence, and Social Support [J]. Journal of Business and Psychology, 2019, 34: 55-69.

[15] Golden, T. D., J. F. Veiga. The Impact of Extent of Telecommuting on Job Satisfaction: Resolving Inconsistent Findings [J]. Journal of Management, 2005, 31 (2): 301-318.

[16] Golden, T. D., J. F. Veiga, Z. Simsek. Telecommuting's Differential Impact on Work-Family Conflict: Is There No Place Like Home? [J]. Journal of Applied Psychology, 2006, 91 (6): 1340-1350.

[17] Spreitzer, G. M., L. Cameron, L. Garrett. Alternative Work Arrangements: Two Images of the New World of Work [J]. Annual Review of Organizational Psychology and Organizational Behavior, 2017, 4 (1): 473-499.

[18] Watson, G. P., L. D. Kistler, B. A. Graham, R. R. Sinclair. Looking at the Gig Picture: Defining Gig Work and Explaining Profile Differences in Gig Workers' Job Demands and Resources [J]. Group and Organization Management, 2021, 46 (2): 327-361.

[19] Parent-Rocheleau, X., S. Parker, A. Bujold. Creationof the Algorithmic Management Questionnaire: A Six-Phase Scale Development Process [J]. Human Resource Management, 2023, 63 (1): 25-44.

[20] Van Doorn, N., J. Y. Chen. Odds Stacked against Workers: Datafied Gamification on Chinese and American Food Delivery Platforms [J]. Socio-

Economic Review, 2021, 19 (4): 1345-1367.

[21] Açıkgöz, A., G. P. Latham. Self-Set Learning Goals and Service Performance in a Gig Economy: A Moderated-Mediation Role of Improvisation and Mindful Metacognition [J]. Journal of Business Research, 2022, 139: 1553-1563.

[22] Ashford, S. J., B. B. Caza, E. M. Reid. From Surviving to Thriving in the Gig Economy: A Research Agenda for Individuals in the New World of Work [J]. Research in Organizational Behavior, 2018, 38: 23-41.

[23] Rodgers, W. M., S. Horowitz, G. Wuolo. The Impact of Client Nonpayment on the Income of Contingent Workers: Evidence from the Freelancers Union Independent Worker Survey [J]. International Labor Review, 2014, 67 (3): 702-733.

[24] Cameron, L. D., H. Rahman. Expanding the Locus of Resistance: Understanding the Co-Constitution of Control and Resistance in the Gig Economy [J]. Organization science, 2022, 33 (1): 38-58.

[25] Tschang, F. T., E. Almirall. Artificial Intelligence as Augmenting Automation: Implications for Employment [J]. Academy of Management Perspectives, 2021, 35: 642-659.

[26] Hosny, A., C. Parmar, J. Quackenbush, L. H. Schwartz, H. Aerts. Artificial Intelligence in Radiology [J]. Nature Reviews Cancer, 2018, 18: 500-510.

[27] Nambisan, S., K. Lyytinen, A. Majchrzak, M. Song. DigitalInnovation Management: Reinventing Innovation Management Research in a Digital World [J]. MIS Quarterly, 2017, 41 (1): 223-38.

[28] Chen, H., R. H. L. Chiang, V. C. Storey. Business Intelligence and Analytics: From Big Data to Big Impact [J]. MIS Quarterly, 2012, 36: 1165-1188.

[29] Von Solms, R., J. Van Niekerk. From Information Security to Eyber Security [J]. Computers & Security, 2013, 38: 97-102.

［30］ Ashenden, D., D. Lawrence. Security Dialogues：Building Better Relationships between Security and Business ［J］. IEEE Security & Privacy, 2016, 14 (3)：82-87.

［31］ Yoo, Y., R. J. Boland, K. Lyytinen, A. Majchrzak. Organizing forInnovation in the Digitized World ［J］. Organization Science, 2012, 23 (5)：1398-1408.

［32］ Wedel, M., P. K. Kannan. Marketing Analytics for Data-Rich Environments ［J］. Journal of Marketing, 2016, 80 (6)：97-121.

［33］ Nambisan, S., M. Wright, M. Feldman. The Digital Transformation of Innovation and Entrepreneurship：Progress, Challenges and Key Themes ［J］. Research Policy, 2019, 48 (8)：3-11.

［34］ Cascio, W. F., R. Montealegre. How Technology Is Changing Work and Organizations ［J］. Annual Review of Organizational Psychology and Organizational Behavior, 2016, 3：349-375.

［35］ Anderson, N., K. Potočnik, J. Zhou. Innovation and Creativity in Organizations：A State-of-the-Science Review, Prospective Commentary, and Guiding Framework ［J］. Journal of Management, 2014, 40 (5)：1297-1333.

［36］ Kane, G. C., D. Palmer, A. N. Phillips, D. Kiron. Is Your Business Ready for a Digital Future? ［J］. MIT Sloan Management Review, 2015, 56 (4)：37-44.

［37］ Verhoef, P. C., T. Broekhuizen, Y. Bart, A. Bhattacharya, J. Q. Dong, N. Fabian, M. Haenlein. Digital Transformation：A Multidisciplinary Reflection and Research Agenda ［J］. Journal of Business Research, 2021, 122：889-901.

［38］ Noe, R. A., A. D. M. Clarke, H. J. Klein. Learning in the Twenty-First-Century Workplace ［J］. Annual Review of Organizational Psychology & Organizational Behavior, 2014, 1 (1): 245-275.

[39] Ritter, T., C. L. Pedersen. Digitization Capability and the Digitalization of Business Models in Business-to-Business Firms: Past, Present, and Future [J]. Industrial Marketing Management, 2020, 86: 180-190.

[40] Amabile, T. M., M. G. Pratt. The Dynamic Componential Model of Creativity and Innovation in Organizations: Making Progress, Making Meaning [J]. Research in Organizational Behavior, 2016, 36: 157-183.

[41] Nambisan, S., M. Wright, M. Feldman. The Digital Transformation of Innovation and Entrepreneurship: Progress, Challenges and Key Themes [J]. Research Policy, 2019, 48 (8): 3-11.

[42] Rosenbusch, N., Brinckmann, A. Bausch. Is Innovation Always Beneficial? A Meta-Analysis of the Relationship between Innovation and Performance in SMEs [J]. Journal of Business Venturing, 2011, 26 (4): 441-457.

[43] Van Deursen, A. J. A. M., J. A. G. M. Van Dijk. Toward a Multifaceted Model of Internet Access for Understanding Digital Divides: An Empirical Investigation [J]. The Information Society, 2015, 31 (5): 379-391.

[44] Ackerman, P. L., R. Kanfer. Work in the 21st Century: New Directions for Aging and Adult Development [J]. American Psychologist, 2020, 75 (4): 486-498.

[45] Czaja, I., M. Urbaniec. Digital Exclusion in the Labour Market in European Countries: Causes and Consequences [J]. European Journal of Sustainable Development, 2019, 8 (5): 324-336.

[46] Ng, T. W. H., D. C. Feldman. Employee Voice Behavior: A Meta-Analytic Test of the Conservation of Resources Framework [J]. Journal of Organizational Behavior, 2012, 33 (2): 216-234.

[47] Hülür, G., B. Macdonald. Rethinking Social Relationships in Old Age: Digitalization and the Social Lives of Older Adults [J]. American Psychologist,

2020, 75（4）：554-566.

［48］ Hogeboom, D. L., R. J. McDermott, K. M. Perrin, H. Osman, B. A. Bell-Ellison. Internet Useand Social Networking among Middle Aged and Older Adults ［J］. Educational Gerontology, 2010, 36（2）：93-111.

［49］ Cotton, S. R., W. A. Anderson, B. M. McCullough. Impact of Internet Use on Loneliness and Contact with Others among Older Adults：Cross-Sectional Analysis ［J］. Journal of Medical Internet Research, 2013, 15（2）：2306.

［50］ Alcover, C. M., D. Guglielmi, M. Depolo, G. Mazzetti. "Aging-and-Tech Job Vulnerability"：A Proposed Framework on the Dual Impact of Aging and AI, Robotics, and Automation among Older Workers ［J］. Organizational Psychology Review, 2021, 11（2）：175-201.

［51］ Schlomann, A., A. Seifert, S. Zank, C. Woopen, C. Rietz. Use of Information and Communication Technology（ICT）Devices among the Oldest-Old：Loneliness, Anomie, and Autonomy ［J］. Innovation in Aging, 2020, 4（2）：1-10.

［52］ Vichitvanichphong, S., A. Talaei-Khoei, D. Kerr, A. H. Ghapanchi. Assistive Technologies for Aged Care：Comparative Literature Survey on the Effectiveness of Theories for Supportive and Empowering Technologies ［J］. Information Technology & People, 2018, 31（2）：405-427.

［53］ Day, A., S. Paquet, N. Scott, L. Hambely. Perceived Information and Communication Technology（ICT）Demands on Employee Outcomes：The Moderating Effect of Organizational ICT Support ［J］. Journal of Occupational Health Psychology, 2012, 17：473-491.

［54］ Iancu, I., B. Iancu. Elderly in the Digital Era. Theoretical Perspectives on Assistive Technologies ［J］. Technologies, 2017, 5（3）：60-72.

［55］ Salthouse. T. Consequences of Age-related Cognitive Declines ［J］. Annual Review of Psychology Volume, 2012, 63：201-226.

［56］Tebbutt, E., R. Brodmann, J. Borg, M. MacLachlan, C. Khasnabis, R. Horvath. Assistive Products and The Sustainable Development Goals (SDGs) [J]. Globalization and Health, 2016, 12: 1-6.

［57］Fasola, J. M. J. Matarié. A Socially Assistive Robot Exercise Coach for the Elderly [J]. Journal of Human-Robot Interaction, 2013, 2: 3-32.

［58］Miskelly, F. G. AssistiveTechnology in Elderly Care [J]. Age and Ageing, 2001, 30 (6): 455-458.

［59］Al-Khalifa, S. H. Scientometric Assessment of Saudi Publication Productivity in Computer Science in the Period of 1978—2012 [J]. International Journal of Web Information Systems, 2014, 10 (2): 194-208.

［60］Mostaghel, R. Innovation and Technology for the Elderly: Systematic Literature Review [J]. Journal of Business Research, 2016, 69 (11): 4896-4900.

［61］El Zaatari, S., M. Mohamed, L. Weidong, Z. Usman. Cobot Programming for Collaborative Industrial Tasks: An Overview [J]. Robotics and Autonomous Systems, 2019, 116: 162-180.

［62］Bonsdorff, M. E. V., L. Zhou, M. Wang, S. Vanhala, M. B. V. Bonsdorff, T. Rantanen. Employee Age and Company Performance: An Integrated Model of Aging and Human Resource Management Practices [J]. Journal of Management, 2018, 44 (8): 3124-3150.

［63］Lavallière, M., A. A. Burstein, P. Arezes, J. F. Coughlin. Tackling the Challenges of An Aging Workforce within The Use of Wearable Technologies and The Quantified-self [J]. Dyna, 2016, 83: 38-43.

［64］Iancu, I., B. Iancu. Elderly in the Digital Era. Theoretical Perspectives on Assistive Technologies [J]. Technologies, 2017, 5 (3): 60-72.

［65］Calzavara, M., D. Battini, D. Bogataj, F. Sgarbossa, I. Zennaro. Ageing Workforce Management in Manufacturing Systems: State of the Art and Future Research Agenda [J]. International Journal of Production Research, 2019,

58 （3）：729-747.

[66] Wilckens, M. R., A. M. Wöhrmann, J. Deller, M. Wang. Organizational Practices for the Aging Workforce: Development and Validation of the Later Life Workplace Index [J]. Work, Aging and Retirement, 2021, 7 （4）: 352-386.

[67] Benson, A. D., S. D. Johnson, K. P. Kuchinke. The Use of Technology in The Digital Workplace: A Framework for Human Resource Development [J]. Advances in Developing Human Resources. 2002, 4: 392-404.

[68] Colbert, A., N. Yee, G. George. The Digital Workforce and the Workplace of the Future [J]. Academy of Management Journal, 2016, 59 （3）: 731-739.

[69] Kirchner, W. K. Age Differences in Short-Term Retention of Rapidly Changing Information [J]. Journal of Experimental Psychology, 1958, 55 （4）: 352-358.

[70] Kooij. D. T. A. M. Successful Aging at Work: The Active Role of Employees [J]. Work, Aging and Retirement, 2015, 1 （4）: 309-319.

[71] Fasbender, U., H. B. I. J. M. Van der, S. Grimshaw. Job Satisfaction, Job Stress and Nurses' Turnover Intentions: The Moderating Roles of on-the-Job and off-the-Job Embeddedness [J]. Journal of Advanced Nursing, 2019, 75 （2）: 327-337.

[72] Burmeister, A., M. Wang, A. Hirschi. Understanding the Motivational Benefits of Knowledge Transfer for Older and Younger Workers in Age-Diverse Co-worker Dyads: An Actor-Partner Interdependence Model [J]. Journal of Applied Psychology, 2020, 105 （7）: 748-759.

[73] Doerwald, F., H. Zacher, N. W. VanYperen, S. Scheibe. Generativity at Work: A Meta-analysis [J]. Journal of Vocational Behavior, 2021, 125: 103521.

［74］Fasbender, U., A. Burmeister, M. Wang. Motivated to Be Socially Mindful： Explaining Age Differences in the Effect of Employees' Contact Quality with Coworkers on Their Coworker Support ［J］. Personnel Psychology, 2020, 73 （3）：407-430.

［75］Allen, J., F. M. Alpass, A. Szabo, C. V. Stephens. Impact of Flexible Work Arrangements on Key Challenges to Work Engagement among Older Workers ［J］. Work, Aging and Retirement, 2021, 7：404-417.

［76］Shultz, K., M. Wang, E. Crimmins, G. Fisher. Age Differences in the Demand-control Model of Work Stress： An Examination of Data From 15 European Countries ［J］. Journal of Applied Gerontology, 2010, 29：21-47.

［77］Kranzberg, M. Technology and History："Kranzberg's Laws" ［J］. Technology and Culture, 1986, 27 （3）：544-560.

［78］Bailey, D. E., S. R. Barley. Beyond Design and Use： How Scholars Should Study Intelligent Technologies ［J］. Information and Organization, 2020, 30 （2）：84-96.

［79］Ackerman, P. L., R. Kanfer. Work in the 21st Century： New Directions for Aging and Adult Development ［J］. American Psychologist, 2020, 75 （4）：486-498.

［80］Ng, T. W. H., D. C. Feldman. The Relationship of Age to Ten Dimensions of Job Performance ［J］. Journal of Applied Psychology, 2008, 93：392-423.

［81］Ilmarinen, J. Ageing Workers in Finland and in the European Union： Their Situation and the Promotion of Their Working Ability, Employability and Employment ［J］. The Geneva Papers on Risk and Insurance. Issues and Practice, 2001, 26 （4）：623-641.

［82］Airila, A., J. Hakanen, A. Punakallio, S. Lusa, and R. Luukkonen. Is Work Engagement Related to Work Ability beyond Working Conditions and Lifestyle Factors? ［J］. International Archives of Occupational and Environmental

Health, 2012, 85: 915-925.

[83] Parasuraman, R., V. Riley. Humans and Automation: Use, Misuse, Disuse, Abuse [J]. Human Factors, 1997, 39 (2): 230-253.

[84] Salthouse, T. A. Influenceof Age on Practice Effects in Longitudinal Neuro-cognitive Change [J]. Neuropsychology, 2010, 24 (5): 563-572.

[85] Schaie, K. W., W. L. Willis, A. M. O'Hanlon. Perceived Intellectual Per-formance Change Over Seven Years [J]. Journal of Gerontology, 1994, 49 (3): 108-118.

[86] Parker S. K., G. Grote. Automation, Algorithms, and beyond: Why Work Design Matters More Than Ever in a Digital World [J]. Applied Psychology, 2020, 71 (4): 1171-1204.

[87] Demerouti, E. Turn Digitalization and Automation to a Job Resource [J]. Applied Psychology, 2020, 71 (4): 1205-1209.

[88] Lundh, M., L. W. Rydstedt. A Static Organization in a Dynamic Context - a Qualitative Study of Changes in Working Conditions for Swedish Engine Officers [J]. Applied Ergonomics, 2016, 55: 1-7.

[89] Heuven, E., A. B. Bakker, W. B. Schaufeli, N. Huisman. The Role of Self-Efficacy in Performing Emotion Work [J]. Journal of Vocational Behavior, 2006, 69 (2): 222-235.

[90] Gross, J. J., L. L. Carstensen, M. Pasupathi, J. Tsai, C. G. Skorpen, and A. Y. C. Hsu. Emotion and Aging: Experience, Expression, and Control [J]. Psychology and Aging, 1997, 12 (4): 590-599.

[91] John, O. P., J. J. Gross. Healthy and Unhealthy Emotion Regulation: Person-ality Processes, Individual Differences, and Life Span Development [J]. Journal of Personality, 2010, 72 (6): 1301-1334.

[92] Kulik, C. T., S. Perera, C. Cregan. Engage Me: The Mature-Age Worker and Stereotype Threat [J]. Academy of Management Journal, 2016, 59

(6)：2132-2156.

[93] Charles, S. T., G. Luong. Emotional Experience Across Adulthood：The Theoretical Model of Strength and Vulnerability Integration [J]. Current Directions in Psychological Science, 2013, 22 (6)：443-448.

[94] Adamopoulou, E., L. Moussiades. Chatbots：History, Technology, and Applications [J]. Machine Learning with Applications, 2020, 2 (15)：43-64.

[95] Ng, T. W. H., D. C. Feldman. Felt Obligations to Reciprocate to an Employer, Preferences for Mobility Across Employers, and Gender：Three-Way Interaction Effects on Subsequent Voice Behavior [J]. Journal of Vocational Behavior, 2015, 90：36-45.

[96] Truxillo, D. M., E. A. Mccune, M. Bertolino, F. Fraccaroli. Perceptions of Older Versus Younger Workers in Terms of Big Five Facets, Proactive Personality, Cognitive Ability, and Job Performance [J]. Journal of Applied Social Psychology, 2012, 42 (11)：2607-2639.

[97] Brynjolfsson, A., J. McAfee. The Business of Artificial Intelligence, What It Can-and Cannot-Do for Your Organization [J]. Harvard Business Review Digital Articles, 2017, 7：3-11.

[98] Kellogg, K. C., M. A. Valentine, A. Christin. Algorithms at Work：The New Contested Terrain of Control [J]. Academy of Management Annals, 2020, 14 (1)：366-410.

[99] Berkers, H. A., S. Rispens, P. M. Le Blanc. The Role of Robotization in Work Design：A Comparative Case Study among Logistic Warehouses [J]. The International Journal of Human Resource Management, 2022, 34 (9)：1852-1875.

[100] Smids, J., S. Nyholm, H. Berkers. Robots in the Workplace：A Threat to-or Opportunity for-Meaningful Work? [J]. Philosophy & Technology, 2020, 33：503-522.

［101］Maznevski, L. M. K. M. Chudoba. Bridging Space over Time: Global Virtual Team Dynamics and Effectiveness ［J］. Organization Science, 2000, 11 (5): 473-492.

［102］Hertel, G., S. Geister, U. Konradt. Managing Virtual Teams: A Review of Current Empirical Research ［J］. Human Resource Management Review, 2005, 15 (1): 69-95.

［103］Cotton, S. R., W. A. Anderson, B. M. McCullough. Impact of Internet Use on Loneliness and Contact with Others among Older Adults: Cross-Sectional Analysis ［J］. Journal of Medical Internet Research, 2013, 15 (2): 39.

［104］Jansen, K. J., A. Kristof-Brown. Toward a Multidimensional Theory of Person-Environment Fit ［J］. Journal of Managerial Issues, 2006, 18 (2): 193-212.

［105］Kooij, D. T. A. M., H. Nijssen, P. M. Bal, D. T. F. Van der Kruijssen. Crafting an Interesting Job: Stimulating an Active Role of Older Workers in Enhancing Their Daily Work Engagement and Job Performance ［J］. Work, Aging and Retirement, 2020, 6 (3): 165-174.

［106］Rubel, M. R. B., D. M. H. Kee, N. N. Rimi. Matching People with Technology: Effect of Hiwp on Technology Adaptation ［J］. South Asian Journal of Human Resources Management, 2020, 7 (1): 9-33.

［107］Boehm, S. A., F. Kunze, H. Bruch. Spotlight on Age-Diversity Climate: The Impact of Age-Inclusive HR Practices on Firm-Level Outcomes ［J］. Personnel Psychology, 2014, 67 (3): 667-704.

［108］Bos-Nehles, A. C. The Line Makes the Difference: Line Managers as Effective HRM Partners ［D］. Enschede: University of Twente, 2010.

［109］Edmondson, A. C. Z. Lei. Psychological Safety: The History, Renaissance, and Future of an Interpersonal Construct ［J］. Social Science Electronic Publishing, 2014, 1 (1): 23-43.

［110］Schreurs，K.，A. Quan- Haaseand K. Martin. Problematizing the Digital Literacy Paradox in the Context of Older Adults' ICT Use：Aging，Media Discourse，and Self-Determination ［J］. Canadian Journal of Communication，2017，42（2）：359-377.

实证研究篇

第四章　数字化技术感知与职场成功老龄化

　　尽管数字化技术的使用提升了工作效率，但同时也给员工带来了压力，特别是对于被视为"技术移民"的年长员工来说。大量研究已经集中探讨技术压力的消极影响，旨在降低员工在使用技术过程中可能出现的焦虑和倦怠。然而，相关研究也指出，压力源所导致的结果往往取决于个体对压力的评估以及所选择的应对策略。当年长员工将技术压力视为一种挑战时，他们倾向于采用促进型的应对策略，例如主动向年轻同事寻求帮助。相反，当他们将技术压力视作一种阻碍时，则更可能依赖他人来解决具体的技术问题。这些不同的应对方式将进一步影响年长员工的持续工作动机和工作能力，即职场成功老龄化。

第一节　研究背景

　　随着数字化技术的迅猛发展，年长员工在职场中面临的技术压力日益加剧。企业的数字化转型要求员工不断学习和适应新技术，这对于习惯传统工作方式的年长员工而言，意味着巨大的挑战和压力。研究表明，年长员工在面对新兴技术时，常常感到焦虑、挫败，甚至自我怀疑，进而导致其工作动机和绩效的降低（Tarafdar et al.，2011）。特别是，随着年长员工在

数字化时代下的职场成功老龄化：理论与实践

劳动力市场中比例的持续增加，关注他们的技术压力显得尤为重要。深入探讨技术压力对年长员工工作心理的影响，不仅有助于理解他们在数字化转型中的适应情况，还能为企业制定更有效的培训和支持策略提供科学依据。

在数字化时代，年轻人通常被视为"技术原住民"，拥有适应环境变化的最新科技知识（Gerpott et al.，2017）。同时，劳动力年龄的多样化及信息通信技术的即时性，加强了不同代际群体之间的交流（Fraccaroli et al.，2015）。这表明，寻求年轻人的帮助可能是降低年长员工技术使用限制的一种关键策略（Bergeron et al.，1990）。尽管传统的毕生发展理论认为年长员工更倾向于向年轻员工传授知识，而非从他们那里学习（Carstensen，1999；Ng & Feldman，2009），但在面对技术压力时，年长员工依然可能主动寻求年轻员工的技术帮助。实际上，许多企业和管理者已开始重视年轻员工对年长员工的职场支持。例如，通用电气公司便通过让年轻员工指导年长高管使用网络的方式实施这一策略；BBC 和微软等公司则鼓励资深员工与年轻员工搭档工作，促进反向指导。

以往研究显示，工作压力或要求往往会提升个体帮助寻求的倾向（Anderson & Williams，1996；Butler & Neuman，1995），但这些研究通常只将帮助寻求视为单一的维度。事实上，帮助寻求的行为可以细分为自主型帮助寻求（Autonomous Help-Seeking）和依赖型帮助寻求（Dependent Help-Seeking）两种。自主型帮助寻求意在通过他人的帮助来独立解决问题，提升自我能力；而依赖型帮助寻求则主要是为了解决当下的困难（Koopmann，2016）。不同的帮助寻求行为反映了不同的压力应对策略（Komissarouk & Nadler，2014）。例如，一些人可能通过自主型帮助寻求以获得应对技术挑战的能力，而另一些人则可能采取依赖型帮助寻求来迅速解决技术工作障碍。对此，压力评价理论为理解这种策略选择奠定了理论基础（Lazarus & Folkman，1984）。根据该理论，不同个体可能将同一压力源评估为挑战或阻碍（或机遇和威胁）两种性质，从而采取不同的应对策略。年长员工面对技术压力时，如果评估此压力可以通过自身努力得到改变，便倾向于采取促进式的应对方式，即向年轻员工寻求自主型帮助以提升技术能力（Carver et al.，1989），反之，若认为压力源无法改变，则将其视为威胁，更倾向于依赖型帮助寻求以依赖他人解决问题（Liu et al.，2022）。

对此，年长员工对衰老本质主义信念（Essentialist Beliefs about Aging）的理解可能影响他们对技术压力的评估和应对策略的选择。衰老本质主义信念是指个体认为衰老过程是固定的、不可逆的，且能力必然随年龄增长而衰退（Weiss & Freund，2012）。持有这种信念的年长员工可能在初级评价中将技术压力视为威胁，认为自己难以适应新的技术要求，从而采取依赖年轻人的方式解决。相反，如果年长员工持有衰老非本质主义信念，认为能力可以通过努力维持或提高，那他们在面对技术压力时，可能会将其视为挑战，更倾向于采取促进式问题应对策略，通过寻求年轻员工的帮助来提升自己的技术能力。

此外，我们还认为，不同类型的帮助寻求对年长员工工作繁荣的影响存在差异。工作繁荣（Work Thriving）是指个体在工作环境中同时体验到活力和学习的一种积极心理状态（Spreitzer et al.，2005），反映了员工在工作中感到精力充沛、热情高涨，并持续获取新知识和技能。因此，年长员工的工作繁荣，可以被视为其成功老龄化的体现。具体而言，自主型帮助寻求有助于年长员工提升自身能力，使其能够在今后更好地应对工作中的技术压力（Liu et al.，2022），从而在工作中体验到更高的活力和积极的学习状态，即感受到更高的工作繁荣。相反，向年轻个体依赖型帮助寻求可能削弱年长员工的自我能力感知，进一步降低其获取新知识和技能的意愿，对工作繁荣产生消极影响。综上所述，本研究旨在探讨不同类型年长员工在数字化转型中的技术压力应对策略，尤其是向年轻个体寻求不同类型帮助，及其对工作繁荣的后续影响（见图4.1）。

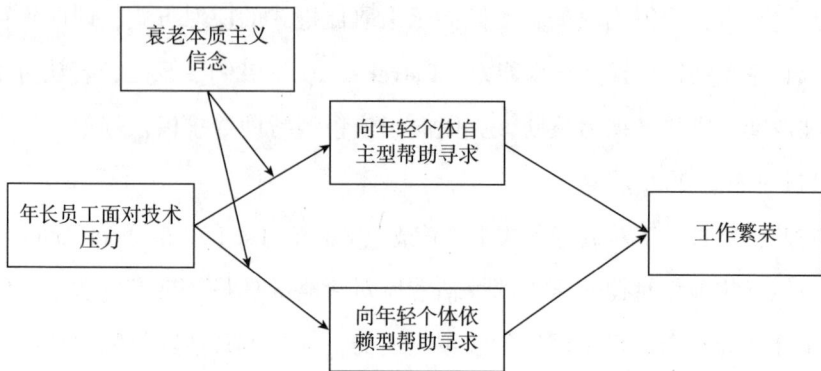

图 4.1　年长员工面对技术压力与工作繁荣间关系模型

第二节　文献综述与假设提出

一、技术压力

技术压力（Technostress）最早由 Brod（1984）提出，用以描述个体因无法适应新兴计算机技术而引发的适应性困扰。随着技术的迅速发展，学者们对技术压力的定义和理解不断拓展，Weil 和 Rosen（1997）将这一概念进行了扩展，不仅包括直接使用技术所带来的心理和生理反应，还涉及因技术引入而引发的态度、思维和行为模式的间接变化。他们认为，技术的应用往往引发组织结构、工作流程和员工角色的变化，而这些变化进一步影响员工的心理状态和行为表现。Arnetz 和 Wiholm（1997）也指出，技术压力不仅体现在心理适应上，还会导致生理和情感唤醒，长期持续的技术使用可能会引发个体的生理应激反应，如心率加快和血压升高，同时伴随焦虑、烦躁等情绪变化。

Tarafdar 等（2007）对技术压力进行了系统化研究，他们将技术压力描述为个体在组织环境中为了应对技术带来的身体、社会和认知需求变化而产生的压力，强调了这种压力不仅可能导致各种负面结果，还会影响个人的工作效率和生产力。Tarafdar 等的研究进一步将技术压力分为技术超载、技术入侵、技术复杂性、技术不安全感和技术不确定性五个维度。技术超载指的是员工在数字化环境中面对过多的信息和任务，工作强度不断增加。技术入侵则强调了互联网和移动设备的普及模糊了工作与生活的界限，使员工难以从工作中脱离出来。技术复杂性带来的挑战，反映出员工在面对技术能力要求和专业术语的增加时，必须投入大量时间学习和掌握新技术。与此同时，技术不安全感源于员工对新技术取代其技能的担忧，尤其是在其他同事对这些技术更熟悉的情况下，员工会感到自己的职位受到威胁。技术不确定性则反映了数字化技术的快速变化和频繁升级给员工带来的压力，这种压力在组织未能提供相应的培训和支持资源时尤其明显。

现有研究成果主要指向了技术压力对员工工作情绪和行为的负面影响。在工作情绪方面，技术压力显著增加了员工对技术使用的不满，并削弱了其持续使用技术的意愿（Fuglseth & Sørebø，2014）。高技术压力水平往往伴随着工作满意度的降低、对组织承诺的减弱，以及较高的离职倾向和工作疲劳度（Jena，2015；Srivastava et al.，2015）。从我国企业的实证研究中发现，技术压力容易导致员工面临角色冲突和超载压力，尤其是非 IT 专业员工在使用信息通信技术时，不仅面临硬件和软件系统的复杂性，还由于信息流的扩展而增加跨部门合作的难度，从而加剧了角色压力（王刊良等，2005）。在行为表现方面，技术压力减少了员工之间的知识分享行为，并阻碍了创新行为的产生（Song et al.，2023）。同时，无法有效应对技术压力的员工还可能表现出道德解脱现象，例如不遵守信息系统的使用要求，损害组织和个人利益等（D'Arcy et al.，2014）。

技术压力的影响不仅在工作情境中，在非工作层面也存在显著的生理和心理影响。Riedl（2013）认为技术压力是一种影响个体身心健康的问题，长期持续的技术压力会产生累积的"磨损效应"，进而损害个体的健康。例如，持续增加的技术使用压力可能导致个体皮质醇和肾上腺素水平升高、心血管系统活动增强，同时降低其对自身健康状况的评价（Riedl et al.，2012；

Stadin et al.，2016）。信息过载所带来的疲劳感被称为信息疲劳综合征，会降低个体的决策能力、记忆力和注意力（Lewis，1996）。在情绪方面，个体在面对持续的技术压力时，可能在与技术的互动中感到不安，进而降低使用信心，增加无助感和对技术的厌恶情绪（Tarafdar et al.，2011）。技术压力也可能引发愤怒、倦怠、抑郁和焦虑等负面情绪，降低个体的总体幸福感（Brooks，2015）。

二、帮助寻求

广义而言，帮助寻求被定义为个体主动向他人请求援助、建议或支持的行为（Lee，1999）。在组织环境中，这种行为涉及员工在工作联系中向同事（包括上级、同级、下级和合作伙伴等）寻求帮助，以解决工作或生活中遇到的问题。这些帮助内容通常涉及工具、信息和情感三个方面（Bamberger，2009）。早期研究常将帮助寻求视为单一的维度，结果却显示出一定的矛盾性。例如，一些研究表明，帮助寻求行为能够帮助个体学习新技能，提高个人能力（Ginkel & Knippenberg，2008）；而其他研究则指出，帮助寻求行为可能增加个体的依赖性和心理成本，从而降低其工作动机（Nadler et al.，2003；Barnes et al.，2008）。这些不一致的研究结果表明，将帮助寻求简化为单一维度可能无法充分理解其在生活和工作场所中的复杂性。

基于这种认识，一些学者提出了更为细化的帮助寻求类型，包括过度帮助寻求、适度帮助寻求和避免帮助寻求（Nadler et al.，2003）。这一分类体现了帮助寻求的行为动机和执行方式的不同。过度帮助寻求指个体在面临任务时过于依赖他人的帮助，未能尝试独立完成，通常会导致个体未能真正掌握必要的技能。相反，因心理成本（如对自尊的威胁）而采用避免帮助寻求行为，也可能阻碍个体提升未来独立解决问题的能力。仅当帮助寻求的程度适中，与个体独立解决问题的能力相匹配时，帮助寻求才可能产生积极的结果（Ryan & Pintrich，1998）。Nadler（1997）将帮助寻求行为进一步细分为依赖型、自主型和回避型。依赖型帮助寻求是一种被动行为，个体为了迅速解决问题而依赖他人提供的直接解决方案,这种行为反映了追求即时利益和避免长期能力开发的心态(Komissarouk & Nadler,2014)。与之相对,自主型帮助寻求是一种积极策略,个体通过寻求有助于独立解决问题的启发性建议,以发展和增强自己的长期解决问题的能力(Komissarouk et al.,2017)。依赖型帮助寻求倾向于获得完整的解决方案,而自主型帮助寻求则更注重获取部分指导,以促进个人技能的成长。

三、衰老本质主义信念

不同个体对于衰老相关变化的感知存在显著差异,这些差异不仅体现在对收益和损失的预期上,还涉及对衰老过程是否具有可塑性的信念——衰老相关的变化是固定的还是可变的(McFarland et al.,1992)。具体来说,衰老本质主义信念认为年龄是一个不可改变的社会范畴,与一种固定的生物因果关系相关,并将衰老解释为一个不可逆且固定的过程,认为这一过程包括了一系列随时间推移而不可避免且不可控的变化(Weiss et al.,2016)。相反,衰老非本质主义信念则认为与衰老相关的变化是可以改变的,年龄并非决定性的特征,持有此观点的人通常认为"年龄只是一个数字",并相信衰老过程在原则上是可延展的。值得注意的是,衰老是不可避免的,但关于衰老的信念在一定程度上是可塑的(Stephan et al.,2012)。这表明衰老本质主义信念主要是基于衰老本质的隐性理论指导,更多地与个体的控制信念相关。即使人们不认为自己能够主动控制自身的衰老过程,他们仍然可以持有或发展衰老非本质主义信念。例如,随着年龄的增长,人们可能会因之前的经历限制和行为与结果之间联系性的降低而产生对失去能动性的感知(Lachman et al.,2011),但这并不必然影响他们对衰老过程控制信念的形成。这说明个体对衰老的态度和信念可以通过社会文化影响、教育和个人经历等因素进行塑造和调整。

尽管现有研究认为与衰老相关的变化是可塑和可变的,但这并不意味着个体能完全控制自己的衰老进程。这种信念只是反映了人们对衰老中的损失的一种积极态度,这种态度可能对他们的生理健康、生活或工作状态及其结果产生显著影响（Ewen et al.，2020）。在生理层面上，针对老年人的研究表明，较高的衰老本质主义信念可能会增强皮质醇反应，并可能导致认知衰退、心血管疾病和阿尔茨海默病等病理变化（Levy et al.，2015；Lupien et al.，2009）。此外，那些认为衰老过程是固定和不可变的个体倾向于认为自己在应对新工作机会方面能力较弱（Kooij & Voorde，2011），这样的年长员工更可能选择退休（Wang & Shi，2014），并降低退休后继续工作的动机和意愿（Weiss et al.，2021）。

四、年长员工面临技术压力与向年轻员工帮助寻求

面对技术压力，年长员工可能会采取多种应对策略，其中帮助寻求是一种被广泛认可的有效方式（Anderson & Williams，1996；Butler & Neuman，1995）。通过获取他人的支持和信息，年长员工能够更好地解决技术难题，减轻压力（Carver et al.，1989）。由于年轻员工通常掌握更多的新技术和新知识，年长员工向他们寻求帮助成为一种行之有效的策略，不仅有助于缓解技术压力，还能促进跨代知识交流和技能传递。值得注意的是，帮助寻求并非单一的形式，而是存在不同的类型。一方面，自主型帮助寻求基于个体的学习动机和独立掌握任务的意愿，反映了促进导向的思维模式（Komissarouk & Nadler，2014）。通过主动向年轻员工寻求指导，年长员工不仅解决了当前的问题，还提升了自身的技能水平。另一方面，依赖型帮助寻求则体现了个体在面对困难时依赖他人直接解决问题的倾向。这种方式虽然能够迅速应对当前的技术挑战，但长期来看可能会妨碍年长员工技能和能力的提升（Komissarouk & Nadler，2014）。

压力评价理论指出，压力源可能被人们评估为挑战和阻碍并存的两种性质，从而采取不同的应对策略。因此，当年长员工将技术压力视为挑战性压力源时，他们可能认为这种环境为个人成长和职业发展提供了机会（Cavanaugh et al.，2000；Podsakoff et al.，2007）。这种积极的评价增强了他们的学习动机，使他们愿意投入额外的时间和精力来掌握新技术（LePine et al.，2005)。在这种情况下，他们更倾向于采取自主型帮助寻求，主动向年轻员工请教，以期在解决问题的同时提升自身能力。相反，如果年长员工将技术压力视为阻碍性压力源，他们可能认为这种压力妨碍了个人目标的实现，削弱了追求目标的动力(Cavanaugh et al.，2000；Podsakoff et al.，2007)。在这种情况下，他们可能认为应对新技术的努力是徒劳的，从而降低学习动机(LePine et al.，2005)。这时，依赖型帮助寻求成为一种快捷的解决策略，使他们能够迅速应对当前问题。然而，这种方式可能导致年长员工对新技术的理解停留在表面，无法实现深层次的技能提升。

因此，向年轻个体寻求帮助作为一种有效的技术压力应对策略，其具体表现形式取决于年长员工对技术压力的认知评价结果。如果他们将技术压力视为成长的机会，则更倾向于采取自主型帮助寻求；如果他们将其视为阻碍，则更可能选择依赖型帮助寻求，寻求快速解决方案以应对当前挑战。

五、衰老本质主义信念的调节作用

衰老本质主义信念在年长员工面对技术压力时可能影响他们的认知评价和应对策略。当年长员工秉持较高的衰老本质主义信念时，他们往往认为随着年龄增长，技能和能力的退化是不可避免的(Weiss & Lang，2012)。这种观念使他们在面对新技术时容易将其视为阻碍性压力源，削弱了他们改变现状的信心和动力，更倾向于依赖型帮助寻求，即通过寻求他人直接的支持来快速应对当前问题(Nadler，1997)。相反，秉持较低衰老本质主义信念的年长员工则相信，尽管年龄增长会带来挑战，但通过持续的努力和学习可以克服衰老的负面影响。他们认为技能和能力是可以通过学习不断提升的，不会受限于年龄。因此，在面对技术压力时，他们更可能将其视为挑战性压力源，认为这是提升能力和实现个人成长的机会(Lazarus & Folkman，1984)。这种积极的认知评价使他们倾向于自主型帮助寻求，通过向他人请教来深入学习和掌握新技能(Gist & Mitchell，1992)，以在未来独立应对类似的挑战。鉴于此，本研究提出如下假设：

假设 1a： 衰老本质主义信念调节了技术压力与向年轻人自主型帮助寻求间的关系，当衰老本质主义信念越强时，技术压力与向年轻人自主型帮助寻求间的正向影响越弱。

假设 1b： 衰老本质主义信念调节了技术压力与向年轻人依赖型帮助寻求间的关系，当衰老本质主义信念越强时，技术压力与向年轻人依赖型帮助寻求的正向影响越强。

六、帮助寻求与工作繁荣

工作繁荣被定义为个体在工作中同时体验到活力和学习的心理状态（Spreitzer et al.，2005），是一种暂时的状态特征，而非持久的人格特质（Chaplin et al.，1988）。其中，活力指个体在工作中表现出高精力、能量和热情等积极状态；学习则指通过应用知识和技能提升个人能力的过程。只有当个体同时感受到活力和学习，这两个维度相互促进时，才能形成真正的工作繁荣（Spreitzer et al.，2005）。缺少任何一个维度，都无法达到较高的工作繁荣水平。依赖型帮助寻求表现为对他人的过度依赖，例如要求年轻人直接替自己完成任务。这种行为以短期利益为导向且暗示了未来出现问题依旧依赖他人的后果，因此通常会导致员工产生较低的自我感知能力、绩效评分和较高的负面形象（Barnes et al.，2008；Alvarez & Van Leeuwen，2015），不利于其参与学习和掌握必要的工作技能，最终阻碍工作繁荣的实现。相反，自主型帮助寻求旨在通过请教年轻人关于处理技术问题的建议或经验以发展自己独立解决与之相关问题的能力，比如观察和学习他人对问题的操作和处理步骤。在这个过程中，他们不仅能通过他人的指导和经验提升自己对学习和使用信息通信的有效性（Beaudry & Pinsonnault，2005），还更能增强同事等对自己独立学习、工作能力和发展能力的较高评估，从而增加他们体验到较高工作繁荣的可能（Geller & Bamberger，2012）。鉴于此，本研究提出如下假设：

假设 2： 向年轻人自主型帮助寻求与工作繁荣正相关。

假设 3： 向年轻人依赖型帮助寻求与工作繁荣负相关。

在整合上述调节假设和主效应假设的基础上，本研究提出被调节的中介模型。即当年长员工持有较高的衰老本质主义信念时，他们更有可能将技术压力视为一种阻碍型压力，更倾向于依赖型帮助寻求来快速应对当前的技术问题，使其无法真正学习到处理问题的核心方法，并加深他人对年长群体无能、依赖性强和对学习新事物持消极反应的负面形象，最终降低其工作繁荣水平。相反，当年长员工持有较低的衰老本质主义信念时，他们更有可能将技术压力视为一种挑战型压力，更倾向于通过向他人请教来深入学习和掌握新技能，以便在未来独立应对类似的挑战。在这一过程中，年长员工能够感受到自身的活力、学习和成长，从而获得较高的工作繁荣水平。鉴于此，提出如下假设：

假设 4a：衰老本质主义信念调节了向年轻人自主型帮助寻求在技术压力与工作繁荣间的中介作用，当衰老本质主义信念越弱时，这一中介作用越强。

假设 4b：衰老本质主义信念调节了向年轻人依赖型帮助寻求在技术压力与工作繁荣间的中介作用，当衰老本质主义信念越强时，这一中介作用越强。

第三节　研究方法

一、研究对象及过程

问卷调研以总部位于浙江省的一家世界 500 强企业为对象。该公司旗下拥有十余家控股子公司，投资领域涵盖石化、化纤、房地产、物流、贸易等多个行业。与公司人力资源部门取得联系后，对公司总部进行了首次实地考察。在向人事部详细说明此次研究的目的、用途及具体内容后，获得了他们的认可与支持。同时，实地走访了 8 家子公司，分别与各子公司管理人员就调研的具体事项及安排进行了深入探讨和规划。参照 Ng 和 Feldman（2008）对年长员工的定义，选取公司 45 岁及以上员工为研究样本。在各子公司人力资源部工作人员的协助下，向符合条件的年长员工发放了问卷知情同意书，并说明了调研的自愿性及回答的保密性。最终，共收到 253 份同意参与调研的反馈。

正式调研分为三轮，每轮间隔一周。为了不影响参与者的日常工作，研究采用在线问卷的形式向年长员工发放调查问卷。第一轮调研涉及人口统计学变量、技术压力等内容，共收到 221 份有效数据。一周后，第二轮调研开始，问卷内容包括依赖型帮助寻求和自主型帮助寻求，共收到 219 份有效数据。再经过一周，第三轮调研的问卷主题为工作繁荣，共收到 217 份有效数据。在对三轮问卷数据进行匹配后，最终得到 213 个完整的调研样本，有效回收率为 84.19%。

在这 213 名年长员工中，男性占总人数的 79.81%，这一现象可能与企业的制造业性质有关。样本的年龄分布在 45~60 岁，平均年龄为 50.18 岁（标准差=3.40）；在该企业的平均工作年限为 11.93 年（标准差=7.39）。就参与者的职务类别而言，45.07% 是管理技术人员，29.58% 是按件或计时支付工资的基层员工，23.47% 是从事生产操作的技术工。

二、变量测量

本研究所使用的量表均为先前研究中使用过的成熟英文量表，研究者通过翻译—回译的标准程序将量表翻译为中文版（Brislin，1980）。

技术压力：技术压力量表是 Taradfar 等（2007）提出的 23 道题量表，包含技术超载、技术入侵、技术复杂性、技术不安全感和技术不确定性等五个维度。该量表在以往研究中获得了广泛使用，被证明具有较高的信效度（Fuglseth et al.，2014；Jena，2015；Srivastava et al.，2015）。其中技术超载示例题项为"新技术迫使我工作得更快"。技术入侵示例题项为"由于新技术，我甚至在休假期间也要与我的工作保持联系"。技术复杂性示例题项为"我需要很长时间来理解和使用新技术"。技术不安全感示例题项为"我一直觉得新技术对我的工作安全构成威胁"。技术不确定性示例题项为"我们在组织中使用的技术总是有新的发展"。变量使用李克特 5 点量表（1=非常不同意，5=

非常同意）进行评分。

代际帮助寻求：代际帮助寻求量表以 Komissarouk 等人（2017）开发的包含依赖型和自主型帮助寻求量表为基础，将寻求帮助的指向对象改编为年轻人。其中，向年轻人依赖型帮助寻求量表为 5 道题，示例题项为"当我碰到技术问题时，我会让年轻人解决，省去我独自处理的麻烦"。向年轻人自主型帮助寻求量表为 4 道题，示例题项为"当我遇到技术问题时，我会找年轻人谈谈，以提高我处理技术问题的能力"。变量使用李克特 5 点量表（1＝非常不同意，5＝非常同意）进行评分。

衰老本质主义信念：衰老本质主义信念的测量采用 Weiss 和 Diehl（2021）开发的 10 道题量表。衰老本质主义的示例题项为"变老是一个不可逆的生物过程，无法人为改变"，衰老非本质主义的示例题项为"年龄只是一个数字，并不能反映一个人的情况"。研究将此量表中衰老非本质主义信念进行反向计分。变量使用李克特 6 点量表（1＝非常不同意，6＝非常同意）进行评分。

工作繁荣：工作繁荣的测量采用 Porath 等（2012）开发的 10 道题量表，包含活力和学习两个维度。其中，活力维度示例题项为"工作中，我看到自己在不断进步"，学习维度示例题目为"工作中，我期待着每一天的到来"。变量使用李克特 5 点量表（1＝非常不同意，5＝非常同意）进行评分。

控制变量：研究将性别、年龄和司龄作为控制变量，纳入研究模型。

第四节　结　果

一、验证性因素分析

为检验研究测量模型的效度，本研究首先对技术压力、衰老本质主义信念、向年轻人依赖型帮助寻求、向年轻人自主型帮助寻求和工作繁荣进行验证性因子分析。根据 Bentler 和 Chou（1987）的研究，测量模型检验所需样本量应是观测指标数的 5 倍或以上。由于研究样本较小，无法达到上述标准，所以采用项目组合方法（item parceling）对变量题项进行组合，通过随机方法使每个变量形成三个新的观测指标（卞冉等，2007；Little et al.，2002）。分析结果如表 4.1 所示，假设的五因子模型拟合程度良好（$\chi^2 = 186.03$，$df = 90$，CFI = 0.94，TLI = 0.92，RMSEA = 0.08，SRMR = 0.07）。同时，该五因子模型的拟合程度显著优于多个四因子模型及单因子模型。总体而言，验证性因子分析表明本研究的测量模型具有良好的效度。

表 4.1 验证性因子分析结果

模型	χ^2	df	$\Delta\chi^2$	CFI	TLI	RMSEA	SRMR
研究模型（五因子）	186.03	90		0.94	0.92	0.08	0.07
四因子模型 1	465.63	84	279.6**	0.78	0.72	0.15	0.13
四因子模型 2	419.06	84	233.03**	0.81	0.76	0.14	0.12
单因子模型	1237.66	90	1051.63**	0.33	0.22	0.23	0.20

注：四因子模型 1：将向年轻人依赖型帮助寻求、向年轻人自主型帮助寻求合成为一个因子；

四因子模型 2：将技术压力和衰老本质主义信念合成为一个因子；

单因子模型：将所有变量合成为一个因子；

$\Delta\chi^2$ 均是与研究模型（五因子）相比，** 表示 $p<0.01$。

二、假设检验

各变量的平均数、标准差和相关系数见表 4.2。数据显示，技术压力与向年轻人依赖型帮助寻求（$\gamma = 0.31$，$p<0.01$）和自主型帮助寻求显著正相关（$\gamma = 0.16$，$p<0.05$）；向年轻人依赖型帮助寻求与工作繁荣显著负相关（$\gamma = -0.16$，$p<0.05$）；向年轻人自主型帮助寻求与工作繁荣显著正相关（$\gamma = 0.22$，$p<0.01$）。

表 4.2 各变量的均值、标准差与相关系数

变量	M	SD	1	2	3	4	5	6	7	8
1. 性别[a]	0.20	0.40								
2. 年龄	50.18	3.40	-0.06							
3. 司龄	11.93	7.39	0.13	0.06						

续表

变量	M	SD	1	2	3	4	5	6	7	8
4. 技术压力	3.18	0.55	0.05	0.12	0.18 **	(0.89)				
5. AB	3.14	0.69	−0.15 *	0.07	−0.09	0.16 *	(0.70)			
6. DHS	2.59	0.81	−0.00	0.05	0.07	0.31 **	0.13	(0.78)		
7. AHS	3.97	0.63	0.11	0.05	−0.01	0.16 *	0.02	0.09	(0.86)	
8. 工作繁荣	4.11	0.54	0.12	−0.05	0.06	−0.02	−0.29 **	−0.16 *	0.22 **	(0.90)

注: a 表示 0 = 男性，1 = 女性；括号里面为各变量信度系数；

　　AB 代表衰老本质主义信念，DHS 代表向年轻人依赖型帮助寻求，AHS 代表向年轻人自主型帮助寻求；

　　* 表示 $p<0.05$，** 表示 $p<0.01$，双尾检验。

　　研究利用 Mplus 8.0 对假设模型进行整体检验，计算技术压力通过不同类型帮助寻求对工作繁荣的间接效用大小以及在不同衰老本质主义信念水平上的条件间接效用大小。在进行分析之前，对自变量和调节变量进行了整体均值中心化处理，然后将它们的乘积作为交互项放入回归方程。分析结果见表 4.3。假设 1 提出衰老本质主义信念的调节作用，即：衰老本质主义信念能够削弱技术压力与向年轻人自主型寻求帮助的正向关系（假设 1a），加强技术压力与年长员工向年轻人依赖型帮助寻求间的正向关系（假设 1b）。结果显示，乘积项与向年轻人自主型帮助寻求的回归系数显著（$B=-0.23$，$p<0.05$），而与向年轻人依赖型帮助寻求不显著（$B=-0.23$，n.s.）。调节模式图（见图 4.2）显示，衰老本质主义信念较低时，技术压力与向年轻人自主型帮助寻求间的正向关系（$k=0.34$，$p<0.01$）比衰老本质主义信念高时（$k=0.03$，n.s.）更强。因此，假设 1a 获得支持，假设 1b 未获得支持。

表 4.3　被调节的中介假设分析结果

变量	向年轻人依赖型帮助寻求		向年轻人自主型帮助寻求		工作繁荣	
	B	SE	B	SE	B	SE
截距	2.34 **	0.83	3.52 **	0.58	3.99 **	0.62

续表

变量	向年轻人依赖型 帮助寻求		向年轻人自主型 帮助寻求		工作繁荣	
	B	SE	B	SE	B	SE
控制变量						
性别	−0.01	0.13	0.18	0.11	0.11	0.08
年龄	0.01	0.02	0.01	0.01	−0.01	0.08
司龄	0.00	0.01	−0.01	0.01	0.01	0.01
自变量						
技术压力	0.42 **	0.10	0.18 *	0.08		
衰老本质主义信念	0.06	0.09	−0.03	0.06		
调节变量						
技术压力×衰老本质主义信念	−0.23	0.14	−0.23 *	0.10		
中介变量						
向年轻人依赖型帮助寻求					−0.13 *	0.05
向年轻人自主型帮助寻求					0.20 **	0.07
R^2	0.11		0.06		0.10	

注：$N=213$；

　　** 表示 $p<0.01$，* 表示 $p<0.05$。

假设 2 预测向年轻人自主型帮助寻求对工作繁荣具有正向影响；假设 3 预测向年轻人依赖型帮助寻求对工作繁荣具有消极影响。表 4.3 结果显示，自主型帮助寻求对工作繁荣具有显著正向影响（$B=0.20$，$p<0.01$），依赖型帮助寻求对工作繁荣具有显著负向影响（$B=-0.13$，$p<0.05$），支持了假设 2 和假设 3。

由于衰老本质主义信念对技术压力与依赖型帮助寻求间关系的调节作用不显著（即假设 1b），因此关于依赖型帮助寻求的被调节中介模型（即假设 4b）也未获得支持。假设 4a 预测衰老本质主义信念调节了向年轻人自主型帮助寻求在技术压力与工作繁荣间的中介作用，当衰老本质主义信念越弱时，这一中介作用越强。根据 Hayes（2015）的建议计算被调节中介指数。结果显示，该指数为−0.05（95% CI = ［−0.13，−0.01］）。计算不同水平衰老本质主义信念下技术压力通过向年轻人自主型帮助寻求对工作繁荣的间接效用大

小，结果显示当衰老本质主义信念高时，间接效用不显著，该指数为 0.01
（95% CI = ［-0.05，0.05］）；当衰老本质主义信念低时，间接效用显著 0.07
（95% CI = ［0.03，0.15］）。上述结果对假设 4a 进行了支持。

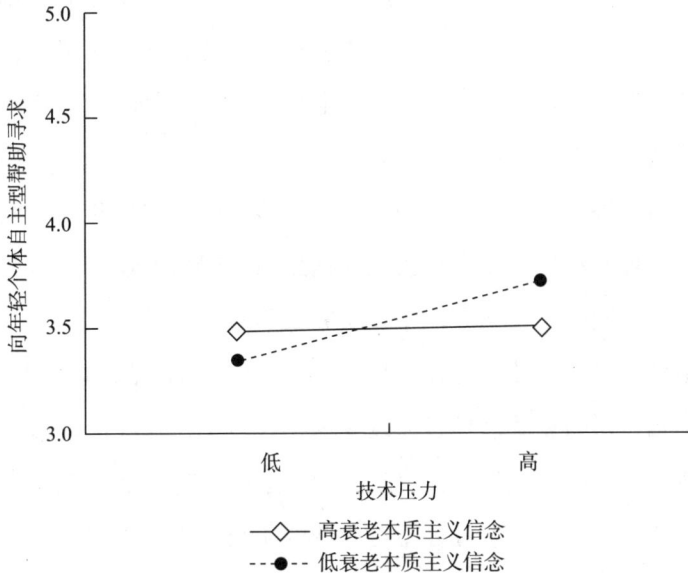

图 4.2　衰老本质主义信念的调节作用

第五节　讨　论

一、研究意义

本研究具有以下意义。首先，尽管数字化技术的广泛应用使技术压力日
益普遍，劳动力老龄化也已成为全球的重要趋势，但现有研究很少将这两个
领域结合起来。现有关于技术压力的研究对象多集中在年轻人（如学生，Up-
adhyaya & Vrinda，2021）、60 岁以上的老年人（Nimrod，2018）或一般人群
（Chiu et al.，2023）。本研究则聚焦于组织中年龄在 45~60 岁的年长员工，探讨
他们对技术压力的感知及应对策略，有力地拓展并丰富了相关研究领域的内容。

其次，本研究从代际互动的视角，引入了向年轻同事的自主型和依赖型帮助寻求，作为年长员工技术压力与工作结果之间的中介变量。事实上，以往研究较少关注帮助寻求者和求助对象的主体特征。本研究则考虑了年长员工（"技术移民"）与年轻员工（"技术原住民"）在面对数字化技术时的地位差异，将年长员工的求助对象设定为更精通数字化技术的年轻人，对以往的帮助寻求研究进行了重要补充，更准确地反映了数字化时代下跨代际员工的职场互动模式。

此外，研究进一步区分了帮助寻求的类型，即自主型和依赖型，强调不同的年长员工可能将技术压力视为挑战性压力或阻碍性压力，选择不同的应对策略，导致不同的工作繁荣水平。研究聚焦衰老本质主义信念，提出持有不同程度该信念的年长员工会对技术压力进行不同的评估，选择不同的策略。研究结果显示，认为衰老过程可以改变的年长员工，在经历技术压力时更倾向于采取主动学习和自主型帮助寻求方式，进而更有可能在工作中体验到更高的活力。相反，认为衰老过程不可改变的年长员工，更倾向于依赖年轻同事的帮助完成即时任务。由于这类年长员工在后续工作中仍将持续面对技术压力，所以他们在工作中体验到的活力更低。

二、未来研究方向

本研究数据均来自年长员工的自评，因此存在共同方法偏差问题（Podsakoff et al.，2003）。尽管研究采用多个时间点分开收集数据，且验证性因素分析结果也显示各主要变量之间具有较好的区分效度，但是，依然无法完全避免共同方法偏差问题。未来研究可以考虑采用不同来源数据，如由年轻员工提供有关年长员工帮助寻求的信息，以此降低共同方法偏差。此外，虽然研究采取了三时点收集数据的研究设计，但本身仍属于横截面设计，因而不能对变量间的因果关系进行有效推论。未来研究可采取纵向研究设计或实验室研究对研究模型进行检验，以提高各变量间的因果关系推论。

其次，本研究的样本代表性存在不足。研究仅以浙江省一家民营制造企业的 213 位年长员工为调研对象，这在一定程度上降低了研究得出结论的普适性和外部效度。今后研究需要在其他行业（如互联网、服务业等）对上述研究模型进行检验，以提高理论模型的普适性。

最后，在模型构建方面，研究也存在一些有待完善的空间。在中介机制方面，研究主要从行为策略出发，探讨不同类型帮助寻求在年长员工技术压力与工作繁荣间的作用。根据压力评价理论，压力应对方式可以是以问题解决为中心，也可以是以情绪为中心（Lazarus & Folkman, 1984）。因此，为了更好地理解不同年长员工在面对技术压力时的反应，今后研究可以将情绪机制、行为机制共同纳入研究模型，构建一个更加完整的年长员工数字化技术压力应对模型。在调节机制的设计上，研究仅探讨了年长员工的衰老本质主义信念，而没有考虑诸如自尊、印象管理和 SOC 策略等其他个体特质的作用，同时也未纳入外部情境因素，如代际关系质量、年龄歧视氛围等。由此，未来的研究可以基于上述视角对其他调节变量的边界作用进行检验。

参考文献

［1］王刊良，舒琴，屠强. 我国企业员工的计算机技术压力研究［J］. 管理评论, 2005, 17（7）：44-51, 64.

［2］卞冉，车宏生，阳辉. 项目组合在结构方程模型中的应用［J］. 心理科学进展, 2007, 15（3）：567-576.

［3］Tarafdar, M., Q. Tu, T. S. Ragu-Nathan, B. S. Ragu-Nathan. Crossing to the Dark Side: Examining Creators, Outcomes, and Inhibitors of Technostress［J］. Communications of the ACM, 2011, 54（9）：113-120.

［4］Gerpott, F. H., N. Lehmann-Willenbrock, S. A. Voelpel. Phase Model of Intergenerational Learning in Organizations［J］. Academy of Management Learning and Education, 2017, 16：193-216.

［5］Fraccaroli, F., D. M. Truxillo, L. M. Finkelstein, R. Kanfer. Facing the Challenges of a Multiage Workforce: A Use-Inspired Approach［M］. New York:

Routledge, 2015.

[6] Bergeron, F., S. Rivard, L. De Serre. Investigating the Support Role of the Information Center [J]. MIS Quarterly, 1990, 4 (3): 247-259.

[7] Carstensen, L. L., D. M. Isaacowitz, S. T. Charles. Taking Time Seriously: A Theory of Socioemotional Selectivity [J]. American Psychologist, 1999, 54 (3): 165-181.

[8] Ng, T. W. H., D. C. Feldman. Age, Work Experience, and the Psychological Contract [J]. Journal of Organizational Behavior, 2009, 30: 1053-1075.

[9] Anderson, S. E., L. J. Williams. Interpersonal, Job, and Individual Factors Related to Helping Processes at Work [J]. Journal of Applied Psychology, 1996, 81 (3): 282-296.

[10] Butler, R., O. Neuman. Effects of Task and Ego Achievement Goals on Help-Seeking Behaviors and Attitudes [J]. Journal of Educational Psychology, 1995, 87 (2): 261-271.

[11] Koopmann, J. A Theoretical Model of Autonomous Helping and Dependent Helping in Teams (Unpublished Doctoral Dissertation) [D]. Florida: University of Florida, 2016.

[12] Komissarouk, S., A. Nadler. I Seek Autonomy, "We" Rely on Each Other: Self-Construal and Regulatory Focus as Determinants of Autonomy- and Dependency-Oriented Help-Seeking Behavior [J]. Personality & Social Psychology Bulletin, 2014, 40 (6): 726-738.

[13] Lazarus, R. S., S. Folkman. Stress, Appraisal, and Coping [M]. New York: Springer, 1984.

[14] Carver, C. S., M. E. Scheier, J. K. Weintraub. Assessing Coping Strategies: A Theoretically Based Approach [J]. Journal of Personality and Social Psychology, 1989, 56: 267-283.

[15] Liu, Y., F. X. Chen, J. T. J. Chiang, Z. Wang, H. Liu. Asking How to Fish

Vs. Asking for Fish: Antecedents and Outcomes of Different Types of Help-Seeking at Work [J]. Personnel Psychology, 2022, 75 (3): 557-587.

[16] Weiss, D., A. M. Freund. Still Young at Heart: Negative Age-Related Information Motivates Distancing from Same-Aged People [J]. Psychology and Aging, 2012, 27 (1): 173-180.

[17] Spreitzer, G. M., K. Sutcliffe, J. Dutton, S. Sonenshein, A. M. Grant. A Socially Embedded Model of Thriving at Work [J]. Organization Science, 2005, 16: 537-549.

[18] Brod, C. Technostress: The Human Cost of the Computer Revolution [M]. New Jersey: Addison-Wesley, 1984.

[19] Weil, M. M., L. D. Rosen. Technostress: Coping with Technology @ Home @ Work @ Play [M]. New York: Wiley, 1997.

[20] Arnetz, B., C. Wiholm. Technological Stress: Psychophysiological Symptoms in Modern Offices [J]. Journal of Psychosometric Research, 1997, 43: 35-42.

[21] Tarafdar, M., Q. Tu, B. S. Ragu-Nathan, T. S. Ragu-Nathan. The Impact of Technostress on Role Stress and Productivity [J]. Journal of Management Information Systems, 2007, 24 (1): 301-328.

[22] Fuglseth, A. M., Ø. Sørebø. The Effects of Technostress within the Context of Employee Use of ICT [J]. Computers in Human Behavior, 2014, 40: 161-170.

[23] Jena, R. K. Technostress in ICT Enabled Collaborative Learning Environment: An Empirical Study among Indian Academician [J]. Computers in Human Behavior, 2015, 51: 1116-1123.

[24] Srivastava, S. C., S. Chandra, A. Shirish. Technostress Creators and Job Outcomes: Theorizing the Moderating Influence of Personality Traits [J]. Information Systems Journal, 2015, 25: 355-401.

［25］Song，L.，Z. Ma，J. Sun. The Influence of Technostress，Learning Goal Ori-
　　　entation，and Perceived Team Learning Climate on Intra-Team Knowledge
　　　Sharing and Innovative Practices among ICT-Enabled Team Members［J］.
　　　Scientometrics，2023，128：115-136.

［26］D'Arcy，J.，T. Herath，M. K. Shoss. Understanding Employee Responses to
　　　Stressful Information Security Requirements：A Coping Perspective［J］.
　　　Journal of Management Information Systems，2014，31（2）：285-318.

［27］Riedl，R. On the Biology of Technostress：Literature Review and Research
　　　Agenda［J］. SIGMIS Database，2013，44（1）：18-55.

［28］Riedl，R.，H. Kindermann，A. Auinger，A. Javor. Technostress from a Neu-
　　　robiological Perspective［J］. Business & Information Systems Engineering，
　　　2012，4（2）：61-69.

［29］Stadin，M.，M. Nordin A. Broström，L. L. Magnusson Hanson，H. Wester-
　　　lund，E. I. Fransson. Information and Communication Technology Demands at
　　　Work：The Association with Job Strain，Effort-reward Imbalance and Self-
　　　rated Health in Different Socio-economic Strata［J］. International Archives
　　　of Occupational and Environmental Health，2016，89（7）：1049-1058.

［30］Lewis，D. Dying forInformation?［M］. London：Reuters Business Information，
　　　1996.

［31］Brooks，S. Does Personal Social Media Usage Affect Efficiency and Well-Be-
　　　ing?［J］. Computers in Human Behavior，2015，46：26-37.

［32］Lee，F. Verbal Strategies for Seeking Help in Organizations［J］. Journal of
　　　Applied Social Psychology，1999，29：1472-1496.

［33］Bamberger，P. A.，R. Levi. Team-Based Reward Allocation Structures and
　　　the Helping Behaviors of Outcome-Interdependent Team Members［J］. Jour-
　　　nal of Managerial Psychology，2009，24：300-327.

［34］Van Ginkel，W. P.，D. Van Knippenberg. Group Information Elaboration and

Group Decision Making: The Role of Shared Task Representations [J]. Organizational Behavior and Human Decision Processes, 2008, 105 (1): 82-97.

[35] Nadler, A., S. Ellis, I. Bar. To Seek or Not to Seek: The Relationship between Help Seeking and Job Performance Evaluations as Moderated by Task Relevant Expertise [J]. Journal of Applied Social Psychology, 2003, 33: 91-109.

[36] Barnes, C. M., J. R. Hollenbeck, D. T. Wagner, D. S. DeRue, J. D. Nahrgang, K. M. Schwind. Harmful Help: The Costs of Backing-Up Behavior in Teams [J]. Journal of Applied Psychology, 2008, 93 (3): 529-539.

[37] Komissarouk, S., G. Harpaz, A. Nadler. Dispositional Differences in Seeking Autonomy - or Dependency - Oriented Help: Conceptual Development and Scale Validation [J]. Personality and Individual Differences, 2017, 108: 103-112.

[38] McFarland, C, M. Ross, M. Giltrow. Biased Recollections in Older Adults: The Role of Implicit Theories of Aging [J]. Journal of Personality and Social Psychology, 1992, 62: 837-850.

[39] Weiss, D, V. Job, M. Mathias, S. Grah, A. M. Freund. The End Is (Not) Near: Aging, Essentialism, and Future Time Perspective [J]. Developmental Psychology, 2016, 52 (6): 996-1009.

[40] Stephan, Y, V. Demulier, A. Terracciano. Personality, Selfrated Health, and Subjective Age in A Life - Span Sample: The Moderating Role of Chronological Age [J]. Psychology and Aging, 2012, 27: 875-880.

[41] Ewen, H. H., K. Nikzad-Terhune, K. B. Dassel. Exploring Beliefs About Aging and Faith: Development of the Judeo-Christian Religious Beliefs and Aging Scale [J]. Behavioral Sciences, 2020, 10 (9): 139-151.

[42] Levy, B. R., L. Ferrucci, A. B. Zonderman, M. D. Slade, J. Troncoso, S.

M. A. Resnick. Culture – Brain Link: Negative Age Stereotypes Predict Alzheimer's Disease Biomarkers [J]. Psychology and Aging, 2015, 31: 82-88.

[43] Lupien, S. J., B. S. McEwen, M. R. Gunnar, C. Heim. Effects of Stress Throughout the LifespanOn the Brain, Behavior and Cognition [J]. Nature Reviews Neuroscience, 2009, 10: 434-445.

[44] Kooij, D., K. van de Voorde. How Changes in Subjective General Health Predict Future Time Perspective, and Development and Generativity Motives Over the Lifespan [J]. Journal of Occupational and Organizational Psychology, 2011, 84 (2): 228-247.

[45] Wang, M., J. Shi. Psychological Research on Retirement [J]. Annual Review of Psychology, 2014, 65 (1): 209-233.

[46] Weiss, D., M. Diehl. Measuring (Non) Essentialist Beliefs About the Process of Aging [J]. The Journals of Gerontology, Series B: Psychological Sciences, 2021, 76 (7): 1340-1348.

[47] Podsakoff, N. P., J. A. LePine, M. A. LePine. Differential Challenge Stressor–Hindrance Stressor Relationships with Job Attitudes, Turnover Intentions, Turnover, and Withdrawal Behavior: A Meta–Analysis [J]. Journal of Applied Psychology, 2007, 92 (2): 438-454.

[48] LePine, J. A., N. P. Podsakoff, M. A. LePine. A Meta–Analytic Test of the Challenge Stressor–Hindrance Stressor Framework: An Explanation for Inconsistent Relationships among Stressors and Performance [J]. Academy of Management Journal, 2005, 48 (5): 764-775.

[49] Weiss, D., F. R. Lang. "They" Are Old but "I" Feel Younger: Age–Group Dissociation as A Self–Protective Strategy in Old Age [J]. Psychology and Aging, 2012, 27: 153-163.

[50] Gist, M. E., T. R. Mitchell. Self–Efficacy: A Theoretical Analysis of Its De-

terminants and Malleability [J]. Academy of Management Review, 1992, 17 (2): 183-211.

[51] Chaplin, W. F., O. P. John, L. R. Goldberg. Conceptions of States and Traits: Dimensional Attributes with Ideals as Prototypes [J]. Personality Social Psychology, 1988, 54: 541-557.

[52] Alvarez, K., E. Van Leeuwen. Paying It Forward: How Helping Others Can Reduce the Psychological Threat of Receiving Help [J]. Journal of Applied Social Psychology, 2015, 45 (1): 1-9.

[53] Beaudry, A., A. Pinsonneault. Understanding User Responses to Information Technology: A Coping Model of User Adaptation [J]. MIS Quarterly, 2005, 29 (3): 493-524.

[54] Geller, D., P. A. Bamberger. The Impact of Help Seeking on Individual Task Performance: The Moderating Effect of Help Seekers' Logics of Action [J]. Journal of Applied Psychology, 2012, 97 (2): 487-497.

[55] Porath, C., G. M. Spreitzer, C. Gibson, F. G. Garnett. Thriving at Work: Toward Its Measurement, Construct Validation, and Theoretical Refinement [J]. Journal of Organizational Behavior, 2012, 33: 250-275.

[56] Bentler, P. M., C. P. Chou. Practical Issues in Structural Modeling [J]. Sociological Methods &Research, 1987, 16 (1): 78-117.

[57] Little, T. D., W. A. Cunningham, G. Shahar, K. F. Widaman. To Parcel or Not to Parcel: Exploring the Question, Weighing the Merits [J]. Structural Equation Modeling: A Multidisciplinary Journal, 2002, 9 (2): 151-173.

[58] Upadhyaya, P., Vrinda. Impact of Technostress on Academic Productivity of University Students [J]. Education and Information Technologies, 2021, 26 (2): 1647-1664.

[59] Nimrod, G. Technostress: Measuringa New Threat to Well-Being in Later Life [J]. Aging & Mental Health, 2018, 22 (8): 1086-1093.

［60］Chiu, C. M., C. M. Tan, J. S. C. Hsu, H. L. Cheng. Employee Deviance: The Impacts of Techno-Insecurity and Moral Disengagement ［J］. Information Technology & People, 2023, 36（1）: 140-164.

［61］Podsakoff, P. M., S. B. MacKenzie, J. Y. Lee, N. P. Podsakoff. Common Method Biases in Behavioral Research: A Critical Review of the Literature and Recommended Remedies ［J］. Journal of Applied Psychology, 2003, 88（5）: 879-903.

第五章 跨代际技术帮助与职场成功老龄化

尽管多数研究认为同事间的交流与支持可以有效增强工作关系和提升工作绩效，但帮助行为并非总能产生积极的工作成果。一些研究显示，帮助互动可能会体现出帮助者与受助者之间潜在地位的不平等，这种不平等会让接受帮助的一方感觉到自己在组织中的地位受到了威胁，从而产生消极效应。考虑到消极年龄刻板印象的存在，上述帮助的负面效应在跨代际技术帮助中可能更为突出。鉴于此，在整合刻板印象威胁理论及帮助的地位关系模型的基础上，本章将进一步探讨跨代际的自主型帮助与依赖型帮助对年长员工的能力感知和挑战性行为的不同影响。

第一节 研究背景

如上一章所述，在组织中，年轻员工帮助年长员工的现象日益普遍。然而，与传统的"传帮带"模式不同，由于年龄刻板印象等因素的影响，当前针对年轻员工对年长员工的反向帮助的研究仍相对有限（Fasbender & Gerpott，2022）。在有限的关于反向帮助的研究中，Fasbender 和 Gerpott（2022）指出，采用年龄包容型的人力资源管理实践可以有效激发年长员工的自我提升动机，促使他们主动向年轻员工寻求知识。而另一项研究则探讨了反向帮助行为的作用机制及成效。Gerpott 等人（2017）通过访谈发现，年长员工从年轻同事那里获得广泛的信息和知识，对其工作绩效产生了积极的影响。然而，这些研究都未能充分反映数字技术时代反向帮助行为的普遍性，特别是反向帮助作为一种重要的社会环境因素，可能对年长员工的工作心理和行为带来深远影响。这表明，当前关于跨代际员工互动的研究与实际职场情境之间存在一定的脱节，在一定程度上限制了职场成功老龄化研究领域的发展。

以往有关帮助行为的研究通常基于社会交换理论来解释帮助行为对受助者的影响（Cropanzano & Mitchell，2005）。根据该理论，受助者会对帮助者产生回馈情绪，从而形成积极的态度，并在行动上给予相应的回馈（Halbesleben & Wheeler，2015；Gabriel et al.，2017；Lee et al.，2019）。换句话说，社会交换理论将帮助行为视为双方积极关系的体现，强调受助者不带偏见的积极反馈。然而，有学者提出了不同看法，认为帮助行为具有信息线索功能，可能带来消极影响。例如，Tai 等（2023）提出的地位关系模型指出，帮助行为可能反映出帮助者与受助者之间潜在地位的不平等，因帮助者拥有更多资源和能力（Nadler，2015）。考虑到年龄刻板印象（Steele，1997），这种潜在的负面影响在跨代际互动中可能更为突出，从而对年长员工的自我认知产生消极影响。因此，本研究将整合帮助行为的地位关系模型和年龄刻板印象的相关研究，从自我认知角度探讨年轻员工不同类型的帮助行为（即自主型帮助和依赖型帮助）对年长员工职场成功老龄化的影响（见图5.1），以扩展和深化现有的帮助行为的相关理论。

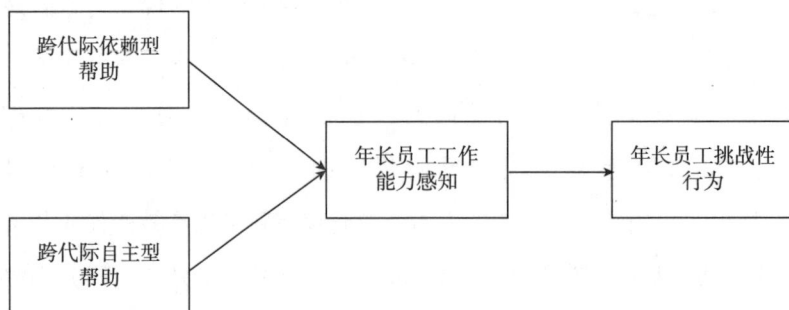

图 5.1 跨代际帮助行为对年长员工的效用模型

第二节　文献综述与假设提出

一、帮助行为的地位关系模型

为了探讨帮助行为可能产生的负面效应，Tai 等人（2023）提出了帮助行为的地位关系模型。该模型认为，帮助关系在本质上是不平等的社会关系的体现，即帮助者拥有更多的资源可以为受助者提供恩惠（Nadler，2020）。一方面，接受与任务相关的帮助可以使个体解决相关的工作问题（Lim et al.，2020）；另一方面，接受与任务相关的帮助也可能暗示依赖性（Fisher et al.，1982）。这意味着，受助者有可能将自己与施助者进行比较，并以此信息来重新评估自己的地位，形成相关的自我认知（Nadler，2015，2020）。换言之，接受帮助凸显了受助者的负面自我形象，个体可能会感受到自己在组织中的地位下降。

帮助行为的地位关系模型进一步指出，当受助者感知到不利的社会比较信息时，接受与任务相关的帮助更有可能引发地位威胁（Nadler，2020）。接受与任务相关的帮助是否传达了这种不利的社会比较信息并导致自我认知判断下降，主要受受助者对帮助者相对能力感知的影响（Suls et al.，2002）。当受助者认为帮助者比自己更有能力时，容易引发向上比较的过程，向上比较可能会威胁到一个人的自我形象和自尊。接受帮助和向上比较的结合不仅表明了受助者在双方的社会关系中处于较低的地位，还表明他们在团队中的影响力较低（Bowler & Brass，2006；Anderson & Kilduff，2009）。相反，当受助者认为帮助者比自己能力低时，他们会进行向下比较。受助者可能会将来自比自己能力较差的同事的与任务相关的帮助视为对自己地位的肯定，而不是地位的威胁。这是因为来自能力较差的个体对能力更强的他人提供的帮助往往被视为谄媚策略（Turnley & Bolino，2001）。根据这一逻辑，从能力较差的帮助者那里接受帮助反映了对受助者地位和影响力的认可，因而引发受助者地位威胁感知的可能性较小。

二、老年刻板印象威胁

另一个与本研究相关的重要理论基础为刻板印象威胁。老年刻板印象包含年轻人对老年人的刻板看法，以及老年人对同龄人甚至自身的成见等（Levy，2003；潘文静等，2018；Remedios et al.，2009）。这些刻板印象涉及老年人的身体特征、人格特质、社会地位和行为表现等多个方面。尽管老年刻板印象中包含积极和消极两种内容，但总体上消极成分居多，特别是关于老年人流体智力（如记忆力、认知处理速度等）和学习能力的下降。与刻板印象相关的关键概念是刻板印象威胁，即当老年人担忧自己的行为可能证实外界对其群体的消极刻板印象时，他们便感受到了威胁（Steele & Aronson，1995）。

研究表明，年龄歧视是引发老年刻板印象威胁的主要因素。当老年人察觉到年轻人对其年龄的歧视时，他们对与自身相关的消极刻板印象的认知会增强，使他们对老年刻板印象威胁更加敏感（Phibbs & Hooker，2017）。例如，当老年人被要求阅读关于记忆衰退的文章或参加被标榜为记忆测试的任务时，更容易感受到刻板印象威胁（Hess & Hinson，2006）。反之，当老年人的积极身份如经验丰富、擅于处理事务等被强调时，消极的刻板印象就会被抑制，这可以有效减少刻板印象威胁对任务表现的消极影响（Levy & Leifheit-Limson，2009）。

此外，刻板印象威胁对个体在职场中的行为和态度有显著的消极影响。受威胁的个体可能需要投入更多的认知努力，从而感到疲惫和重负（Kang & Inzlicht，2014），并可能对自己的能力失去信心（Koch et al.，2008）。兴趣和自信心的降低会导致个体与工作"脱离认同"，表现为对工作的不投入和工作满意度降低（Steele & Aronson，1995；Steele et al.，2002；Nussbaum & Steele，2007；Woodcock et al.，2012）。在与年长员工的交流中，使用居高临下的语言或过大声、过慢地说话都可能损害他们的自尊和自我效能感（Harwood et al.，1998；Ryan et al.，1994）。Rahn 等人（2021）的研究也指出，刻板印象威胁会降低年长员工在职场中的归属感和积极情绪。

三、跨代际技术帮助对年长员工自我认知的影响

在回顾相关文献的基础上，本研究提出探讨不同类型的职场跨代际帮助对年长员工的自我认知和挑战性行为的影响。根据 Cattell（1967）的理论，个体智力可分为流体智力和晶体智力两类。流体智力涉及知觉速度、机械记忆、图形关系识别等，这些智力成分不受教育和文化的影响。晶体智力则是通过社会文化经验积累而获得的智力，例如词汇概念、言语理解和常识等。研究表明，成年后流体智力会逐渐下降，而晶体智力则相对稳定。因此，年长员工因其机械记忆和知觉速度可能受损，常被刻板地视为难以接受新技术、不愿学习新技能或跟不上时代步伐，这种刻板印象在职场中根深蒂固（Rahn et al.，2021）。

考虑到对年长员工的这些刻板印象，研究发现这与依赖型帮助和自主型帮助的概念有显著关联。依赖型帮助通常是帮助者直接提供解决方案，使受助者能够获得即时的利益，但这种帮助形式很少能带来长期能力的提升。相比之下，自主型帮助可以促进个体学习基本原理并提高问题解决能力，从而使受助者能独立完成工作任务（Alvarez & Van Leeuwen，2011；Bamberger & Levi，2009）。因此，尽管依赖型帮助可以解决年长员工的即时工作问题，但这种帮助方式可能会阻碍他们学习和掌握必要的工作技能（Nadler，1997）。特别是在职场环境中，当年轻同事向年长员工提供依赖型帮助时，这种行为可能会传递消极的刻板印象，暗示年长员工缺乏学习或独立完成任务的能力。鉴于本研究的焦点在于年长员工在职场中的心理和行为表现，因此将工作能力感知作为衡量刻板印象威胁的变量。工作能力感知类似于基于组织的自尊，反映员工对自己在组织中的价值和能力的自我评价（Hui & Lee，2000；McAllister & Bigley，2002）。既往研究发现，社会关系中的低学习能力线索也会让年长员工感到个人能力不足和自卑，从而降低他们的积极自我形象（Alvarez

& Van Leeuwen，2011，2015）。鉴于上述论述，本研究提出如下假设：

假设 1：跨代际依赖型帮助对年长员工的工作能力感知具有消极影响。

本研究进一步探讨了自主型帮助对年长员工自我认知的积极影响。具体而言，通过年轻同事提供的自主型帮助，年长员工能够学习并掌握解决工作问题所需的知识和技能，这不仅降低了年轻同事可能带来的消极刻板印象感知，还增强了年长员工对自身能力的认知。在老年人学习能力下降的刻板印象中，来自年轻同事的自主型帮助提供了积极的社会线索，这些线索表明年轻同事认为年长员工不仅有持续学习和成长的动力，而且具备相关的能力（Geller & Bamberger，2012；Komissarouk et al.，2017）。因此，当年长员工在职场社会环境中接收到这些积极的线索时，他们能有效抑制消极刻板印象的激活，降低对年龄刻板印象威胁的感知。由于个体往往依赖于外部情境线索来评估自身能力，年轻同事提供的自主型帮助可以使年长员工感知到自己具备完成后续任务所需的学习和能力。这种认知不仅促使他们为实现组织目标持续努力，还能提升他们的自我价值感和主观能力感（Alvarez & Van Leeuwen，2011，2015；Brooks et al.，2015）。鉴于此，本研究提出如下假设：

假设 2：跨代际自主型帮助对年长员工的工作能力感知具有积极影响。

四、年长员工自我认知的中介作用机制

本研究进一步探讨了年长员工的自我认知如何影响他们承担挑战性任务的意愿。研究表明，相比年轻员工，年长员工通常较少愿意从事风险较高、挑战性较大的任务（Albert & Duffy，2012；Mather et al.，2012）。然而，从事挑战性任务对于个体来说是一种重要的成长机会，能够促进知识与技术的获得，激发创造力，并对组织和个人都具有重要意义（Tse et al.，2019）。以往研究显示，当个体具有较高的自信心时，他们通常会认为自己有能力承担更多风险，并表现出更多挑战性行为（Brummelman et al.，2014）。本研究提出，当年长员工感知到高水平的年龄刻板印象威胁时，可能会担心自己的行为会证实他人对其的消极看法，如学习能力和记忆力下降，从而引发较高的焦虑

和对相关任务的逃避（Abrams et al., 2006；Steele et al., 2002）。这种感知可能导致年长员工更不愿意从事具有挑战性的任务。相反，当年长员工感知到自己具有较高的工作能力，特别是当他们接收到同事——包括年轻同事的积极评价和支持时（Ellemers et al., 1997），他们对挑战性任务的承担意愿将显著提高。这种积极的工作环境和正面的社会支持有助于增强年长员工的自信，鼓励他们挑战自我，从而更积极地参与到风险较高和要求较高的工作中。鉴于此，本研究提出如下假设：

假设3：工作能力感知对年长员工的挑战性行为具有积极影响。

在整合上述主效应假设的基础上，研究提出中介理论模型（见图5.1）。具体而言，接受到来自年轻同事依赖型帮助的年长员工，会体验到较高的老年刻板印象威胁和较低的工作能力感知，进而降低了他们承担挑战性任务的意愿。相反，接受到来自年轻同事自主型帮助的年长员工，会体验到较低的老年刻板印象威胁和较高的工作能力感知，进而提高了他们的挑战性行为水平。鉴于此，本研究提出如下假设：

假设4：工作能力感知作为跨代际依赖型帮助与年长员工挑战性行为之间的中介，并使二者呈现负向关系。

假设5：工作能力感知作为跨代际自主型帮助与年长员工挑战性行为之间的中介，并使二者呈现正向关系。

第三节 研究方法

一、样本与程序

根据以往文献（e.g., Lin et al., 2019），研究采用在线情境实验设计，通过滚雪球方式（snow balling）向158名45岁及以上全职年长员工发放实验链接；以往研究显示，采用在线填写能够获得与线下填写类似的稳定研究结果（e.g., Adam & Shirako, 2013；Lee et al., 2014；Lin et al., 2019）。被试人员被随机地安排到自主型帮助组、依赖型帮助组、控制组中，最终 57 名被试人员进入了自主型帮助组、49 名被试人员进入了依赖型帮助组、52 名被试人员进入了控制组。所有被试人员的平均年龄为 49.47 岁（标准差 = 3.59）；当前企业工作年限平均为 23.03 年（标准差 = 7.43），其中男性为 80 人（占 50.6%），专科及以上教育人数为 146 人（占 92.4%），被试人员所属行业包括教育、服务、制造等；所属部门包括财务、生产、市场、人力资源等。

研究的基本流程为，要求被试人员想象自己是一名化工企业的市场部资深经理，在工作中遇到数字化技术问题时，年轻同事如何为其提供帮助。

自主型帮助实验情境如下：

"请您想象自己是一家化工企业的市场部资深经理。虽然您具有几十年的工作经验，然而随着数字化技术（如新的市场分析软件、手机应用程序等）的快速发展，您开始在日常工作中碰到越来越多的问题。此时，一些 20 来岁的年轻同事会为您提供帮助。

例如，当您不知道怎么操作一个应用程序时，年轻同事会耐心地给您解释程序的主要原理，把他们自己的使用经验传递给您，教会您独立操作软件，解决相关问题。这样，当您今后在工作中再次碰到类似问题时，就可以自己使用该软件，而不需要再次向他/她寻求帮助。"

依赖型帮助实验情境如下：

"请您想象自己是一家化工企业的市场部资深经理。虽然您具有几十年的工作经验，然而随着数字化技术（如新的市场分析软件、手机应用程序等）的快速发展，您开始在日常工作中碰到越来越多的问题。此时，一些 20 来岁的年轻同事会为您提供帮助。

例如，当您不知道怎么操作一个应用程序时，年轻同事会直接快速地帮您操作，把问题解决掉，但不会告诉您具体的操作流程，也不会管您是否学会了这项技能。这使您今后在工作中再次碰到类似问题时，依旧不会使用该软件，需要再次向他/她寻求帮助。"

控制组实验情境如下：

"请您想象自己是一家化工企业的市场部资深经理。虽然您具有几十年的工作经验，然而随着数字化技术（如新的市场分析软件、手机应用程序等）的快速发展，您开始在日常工作中碰到越来越多的问题。此时，一些 20 来岁的年轻同事会为您提供帮助。"

在阅读完上述实验情境后，被试人员被要求对实验情景中的自主型帮助和依赖型帮助程度进行打分。之后，被试人员将想象自己处在上述情境下，并对工作能力进行评价。最后，对自己接受过上述年轻同事帮助后在多大程度上愿意在职场中做出挑战性行为进行评价。

二、变量测量

本研究所使用的量表均为先前研究中使用过的成熟英文量表，研究者通过翻译—回译的标准程序将量表翻译为中文版（Brislin，1980）。

跨代际自主型帮助：自主型帮助采用 Koopman（2016）编制的量表，共 5 题。根据施助者情况，研究者对题目用词进行了调整。年轻同事自主型帮助的例题如"当我遇到困难时，年轻同事会帮助我搞懂问题的关键，再遇到类似问题我就能够自己解决了"，"当我遇到问题时，年轻同事能够为我提供一个新的思路，以便我将来能够自己解决类似问题"。量表采用李克特 7 点计分法（1＝非常不同意，7＝非常同意）。

跨代际依赖型帮助：依赖型帮助采用 Koopman（2016）编制的量表，共 5 题。根据施助者情况，研究者对题目用词进行了调整。年轻同事依赖型帮助的例题如"当我遇到困难时，年轻同事会直接帮我解决问题而不是教我相关技能"，"年轻同事直接帮我解决问题，而不管我是否学会类似的问题解决办法"。量表采用李克特 7 点计分法（1＝非常不同意，7＝非常同意）。

工作能力：工作能力采用 McGonagle 等人（2015）编制的量表，共 4 道题。根据研究背景，研究者对题目用词进行了调整。工作能力的例题如"在上述情境下，你觉得自己是否有能力满足当前工作的体力要求"，"在上述情境下，你觉得自己是否有能力满足当前工作的脑力要求"。量表采用李克特 11 点计分法（0＝完全没有能力，10＝生涯中最有能力的时候）。

挑战性行为：根据 Brummelman 等人（2014）的研究范式，挑战性行为通过询问被试者"您在多大程度上愿意选择那些困难的工作任务，这些任务可能会让您犯很多错，但也可以让您学习到很多知识与技能"进行测量。采用李克特 7 点计分法（1＝非常不同意，7＝非常同意）。

第四节　结　果

一、验证性因素分析

研究首先采用验证性因素分析对关键变量（即自主型帮助、依赖型帮助、工作能力）进行模型比较分析。根据 Bentler 和 Chou（1987）的研究，测量模型检验所需样本量应是观测指标数的 5 倍或以上。由于研究样本较小，无法达到上述标准，所以研究采用项目组合方法对变量题项进行组合，通过随机方法使每个变量形成三个新的观测指标（卞冉等，2007；Little et al.，2002）。CFA 的结果见表 5.1，三因子模型具有较好的拟合度（$\chi^2 = 50.03$，$df = 24$，RMSEA = 0.08，CFI = 0.98，TLI = 0.96，SRMR = 0.04），显著好于其他二因子模（$\Delta \chi^2 = 274.38$，$p < 0.01$）和单因子模型（$\Delta \chi^2 = 548.72$，$p < 0.01$）。

表 5.1　验证性因子分析结果

模型	χ^2	df	RMSEA	CFI	TLI	SRMR
三因子模型	50.03	24	0.08	0.98	0.96	0.04
二因子模型[a]	324.41	26	0.27	0.72	0.61	0.17
单因子模型[b]	598.75	27	0.37	0.45	0.27	0.20

注：[a] 表示合并自主型帮助和依赖型帮助，[b] 表示合并所有变量。

二、假设检验

由于本研究的自变量为分类变量（自主型帮助组 vs 依赖型帮助组 vs. 控制组），根据 Lin 等人（2019）的建议采用哑变量对自变量进行编码。其中一个哑变量为自主型帮助编码为 1，依赖型帮助编码为 0，另一个哑变量为依赖型帮助编码为 1，自主型帮助编码为 0，控制组在两个哑变量上都编码为 1。首先，采用 One-way ANOVA 对三种实验情境操作的有效性进行检验。其次，采用 One-way ANOVA 对不同情境下的因变量（即工作能力、挑战性行为）进行比较分析，为研究假设提供初步证明。最后，利用 Mplus 8.0 对中介模型进行整体检验，计算不同帮助行为通过工作能力对挑战性行为的间接效用大小（Hayes & Preacher，2014）。

各变量的平均数、标准差和相关系数见表 5.2。数据显示，帮助行为 1 与工作能力（$\gamma = 0.22$，$p<0.01$）、挑战性行为呈显著正相关（$\gamma = 0.33$，$p<0.01$）。帮助行为 2 与工作能力（$\gamma = -0.33$，$p<0.01$）、挑战性行为显著负相关（$\gamma = -0.33$，$p<0.01$）。工作能力与挑战性行为呈显著正相关（$\gamma = 0.56$，$p<0.01$）。

表 5.2　各变量的平均数、标准差和相关系数

变量	平均数	标准差	1	2	3
帮助行为 1[a]	0.36	0.48			
帮助行为 2[b]	0.31	0.46	-0.50^{**}		
工作能力	8.31	1.86	0.22^{**}	-0.33^{**}	
挑战性行为	5.15	1.50	0.33^{**}	-0.33^{**}	0.56^{**}

注：$N=158$；

[a] 表示自主型帮助编码为 1，其他编码为 0；

[b] 表示依赖型帮助编码为 1，其他编码为 0；

* 表示 $p<0.05$，** 表示 $p<0.01$。

研究将采取一系列 One-way ANOVA 分析两种帮助行为和控制组操作对自主型帮助、依赖型帮助、工作能力以及挑战性行为的影响。首先，分析结果显示，自主型帮助情境下，自主型帮助分值显著高于其他两组 [$F_{自主型帮助}$（1，

156）= 41.01，$p<0.01$；$M_{自主型帮助情境}$ = 5.95，$M_{非自主型帮助情境}$ = 4.65］；而依赖型帮助情境下，依赖型帮助分值显著高于其他两组［$F_{依赖型帮助}$（1，156）= 11.31，$p<0.01$；$M_{依赖型帮助情境}$ = 4.67，$M_{非依赖型帮助情境}$ = 3.84］。上述结果表明本实验操作有效。

其次，研究分析不同实验情境下工作能力以及挑战性行为间的差异，各组平均值见表 5.3。分析结果显示，自主型帮助情境下，工作能力分值显著高于其他两组［F（1，156）= 7.72，$p < 0.01$；$M_{自主型帮助情境}$ = 8.85，$M_{非自主型帮助情境}$ = 8.01］；挑战性行为分值显著高于其他两组［F（1，156）= 19.01，$p<0.01$；$M_{自主型帮助情境}$ = 5.81，$M_{非自主型帮助情境}$ = 4.78］。依赖型帮助情境下，工作能力分值显著低于其他两组［F（1，156）= 19.46，$p < 0.01$；$M_{依赖型帮助情境}$ = 7.39，$M_{非依赖型帮助情境}$ = 8.72］；挑战性行为分值显著低于其他两组［F（1，156）= 23.27，$p<0.01$；$M_{依赖型帮助情境}$ = 4.42，$M_{非依赖型帮助情境}$ = 5.48］。上述结果为本研究假设提供了部分支持。

表 5.3　实验情境下变量的平均值与标准差

变量	实验情境		
	自主型帮助情境	依赖型帮助情境	控制组
自主型帮助	5.95（.88）	4.39（1.50）	4.90（1.22）
依赖型帮助	3.55（1.64）	4.67（1.20）	4.14（1.37）
工作能力	8.85（1.85）	7.39（2.17）	8.59（1.10）
挑战性行为	5.81（1.39）	4.42（1.47）	5.11（1.32）

为了更好地检验假设，遵循 Preacher（2006）的建议，利用 Mplus 8.0 进行中介模型检验。研究结果见表 5.4。假设 1 提出跨代际依赖型帮助对年长员工的工作能力感知具有消极影响。研究结果显示，帮助行为 2（依赖型帮助）对工作能力感知具有显著负向影响（$B=-1.20$，$p<0.01$），因此支持了假设 1。假设 2 提出跨代际自主型帮助对年长员工的工作能力感知具有积极影响。研究结果显示，帮助行为 1（自主型帮助）对工作能力感知的积极影响不显著（$B=0.26$，$p>0.10$），因此上述结果不支持假设 2。

假设 3 提出工作能力感知对年长员工挑战性行为具有积极影响。研究结果显示，工作能力对挑战性行为具有显著的正向影响（$B=0.40$，$p<0.01$），因此支持了该假设 3。假设 4 提出年长员工工作能力感知在跨代际依赖型帮助与其挑战性行为间的负向关系。研究采用 Mplus 计算依赖型帮助（即帮助行为 2）通过工作能力对挑战性行为的间接效用，结果显示负向间接效用显著（间接效用$=-0.48$，95% [-0.81，-0.16]），假设 4 得到支持。最后，由于自主型帮助（即帮助行为 1）与工作能力间的主效应不显著，因此假设 5 没有获得支持。

表 5.4　中介模型检验结果

变量	工作能力模型		中介模型	
	B	SE	B	SE
截距	8.59**	0.15	1.66**	0.56
主效应变量				
帮助行为 1[a]	0.26	0.28	0.59*	0.24
帮助行为 2[b]	−1.20**	0.35	−0.21	0.26
中介变量				
工作能力			0.40**	0.06
R^2	0.11		0.36	

注：$N=158$；

表格内为非标准化回归系数；

[a]表示自主型帮助编码为 1，其他编码为 0；

[b]表示依赖型帮助编码为 1，其他编码为 0；

* 表示 $p<0.05$，** 表示 $p<0.01$。

第五节　讨　论

一、研究意义

本研究结论对以往帮助行为和跨代际互动的文献具有重要的理论意义。首先，以往帮助行为的研究较少关注互助双方的主体差异，即较少考虑互助双方个体特征对帮助行为的效用及其作用机制的影响。本研究将帮助行为与跨代际员工互动相结合，关注年轻同事与年长员工间的帮助行为，将不同代际人群的特征因素纳入人际互助过程中，对以往研究进行了有力补充。特别是，不同于以往文献所强调的"传帮带"，即年长员工向年轻同事进行知识传递和帮助，本研究立足于当前组织现状，关注年轻同事向年长员工的反向帮助过程，拓展了当前组织行为学领域的研究范畴。

其次，以往研究主要基于社会交换理论，认为受助者会在互惠原则的驱动下对施助者做出回馈行为。这些研究多数强调了施助者对于受助者无偏差的积极效应（e. g., Deelstra et al., 2003；Nadler, 2015）。本研究在整合跨代际互动文献基础上，提出了来自年轻同事的帮助行为对年长员工自我认知及相关行为的影响。本研究结果表明来自年轻同事的依赖型帮助能够增加年长员工对年龄刻板印象威胁的感知，降低工作能力判断。尽管以往的一些研究也指出了依赖型帮助对受助者心理和行为的消极影响（e. g., Komissarouk & Nadler, 2014；Komissarouk et al., 2017；Liu et al., 2021），但是对于其中过程机制的探讨较为有限。因此，研究通过揭示接受依赖型帮助对年长受助者的负面影响，拓宽了这一研究领域。采用自我认知视角对以往理论进行拓展具有重要意义，这是因为老年刻板印象威胁和地位威胁、感知下降会损害年长员工的心理健康，降低年长员工积极投入挑战性任务中的可能性，降低组织对年长员工人力资本的开发的可能性。

二、未来研究方向

虽然本研究得到了一些有意义的结论，但是也存在着一些问题和不足。首先，研究主要采用了情境实验对变量间关系进行检验，尽管相对于大样本问卷调查，该研究设计为我们提供了较好的内部效度，但是存在着外部效度的问题。因此，今后研究可以通过大样本问卷调查设计进一步证实各变量间关系。其次，工作能力与挑战性行为是在同一时间点测量的，不可避免地存在共同方法偏差问题（Podsakoff et al., 2012）。虽然后续测量模型检验显示各变量之间具有较好的区分效度，但是仍不能排除共同方法偏差的影响。因此，今后研究可以通过他人评价的方式来测量年长员工行为。再次，本研究并未发现来自年轻同事的自主型帮助对年长员工自我认知的积极效用。一个可能的原因在于，自主型帮助对于年长员工自我认知的积极作用还需要考虑自主型帮助结果，即年长员工是否真正地学会了使用某种新技术、是否能够独立解决后续工作问题。此外，年轻同事所提供的帮助行为主要集中在电脑、手机软硬件等技术方面的内容，但是研究对于工作能力则采用了较为泛化的问卷测量，即在普通情境下，年长员工是否觉得自己有工作能力。因此，另一个可能的原因在于自主型帮助所带来的积极效应有可能存在特定领域，不能简单地扩展到年长员工的整体自我认知判断上。对于上述可能的解释，在后续的研究中都需进行检验和补充。最后，今后研究还需探讨不同类型职场反向帮助行为对年长员工自我认知机制和工作行为影响的边界条件。例如，刻板印象内容模型提示，当个体感知到帮助者具有较高的热情、善意时，会感受到较低的威胁感（Fiske et al., 2007）。结合本研究中的组织背景，当组织中拥有较好的跨代际关系氛围，如较低的年龄歧视氛围（Kunze et al., 2011），年长员工也可能感知到年轻同事的积极善意，进而降低依赖型帮助对自我认知的破坏，或者提高自主型帮助对自我认知的积极影响。

参考文献

［1］潘文静，温芳芳，佐斌. 老年刻板印象威胁及其研究操纵［J］. 心理科学进展，2018，26（9）：1670-1679.

［2］Fasbender, U., F. H. Gerpott. Why Do or Don't Older Employees Seek Knowledge from Younger Colleagues? A Relation-Opportunity Model to Explain How Age-Inclusive Human Resources Practices Foster Older Employees' Knowledge Seeking from Younger Colleagues［J］. Applied Psychology, 2022, 71（4）：1385-1406.

［3］Gerpott, F. H., N. Lehmann-Willenbrock, S. C. Voelpel. A Phase Model of

Intergenerational Learning in Organizations [J]. Academy of Management Learning and Education, 2017, 16: 193-216.

[4] Cropanzano, R., M. S. Mitchell. Social Exchange Theory: An Interdisciplinary Review [J]. Journal of Management, 2005, 31 (6): 874-900.

[5] Halbesleben, J. R. B., A. R. Wheeler. To Invest or Not? The Role of Coworker Support and Trust in Daily Reciprocal Gain Spirals of Helping Behavior [J]. Journal of Management, 2015, 41 (6): 1628-1650.

[6] Gabriel, A. S., J. Koopman, C. C. Rosen, R. E. Johnson. Helping Others or Helping Oneself? An Episodic Examination of the Behavioral Consequences of Helping at Work [J]. Personnel Psychology, 2017, 71 (1): 85-107.

[7] Lee, H. W., J. Bradburn, R. E. Johnson. The Benefits of Receiving Gratitude for Helpers: A Daily Investigation of Proactive and Reactive Helping at Work [J]. Journal of Applied Psychology, 2019, 104 (2): 197-213.

[8] Tai, K., K. J. Lin, C. K. Lam, W. Liu. Biting the Hand That Feeds: A Status-Based Model of When and Why Receiving Help Motivates Social Undermining [J]. Journal of Applied Psychology, 2023, 108 (1): 27-52.

[9] Nadler, A. The Other Side of Helping: Seeking and Receiving Help. InD. Schroeder, and W. Graziano (Eds.), The Oxford Handbook of Prosocial Behavior, 2015, 307-329.

[10] Steele, C. M. A Threat in the Air: How Stereotypes Shape Intellectual Identity and Performance [J]. American Psychologist, 1997, 52 (6): 613-629.

[11] Nadler, A. Social Psychology of Helping Relations: Solidarity and Hierarchy [M]. New Jersey: John Wiley & Sons Inc, 2020.

[12] Lim, J. H., K. Tai, P. A. Bamberger, E. W. Morrison. Soliciting Resources from Others: An Integrative Review [J]. Academy of Management Annals, 2020, 14 (1): 122-159.

[13] Fisher, J. D., A. Nadler, S. Whitcher-Alagna. Recipient Reactions to Aid [J]. Psychological Bulletin, 1982, 91 (1): 27-54.

[14] Suls, J., R. Martin, L. Wheeler. Social Comparison: Why, with Whom, and with What Effect? [J]. Current Directions in Psychological Science, 2002, 11 (5): 159-163.

[15] Bowler, W., M. Brass, J. Daniel. Relational Correlates of Interpersonal Citizenship Behavior: A Social Network Perspective [J]. Journal of Applied Psychology, 2006, 91 (1): 70-82.

[16] Anderson, C., G. Kilduff. The Pursuit of Status in Social Groups [J]. Current Directions in Psychological Science, 2009, 18: 295-298.

[17] Turnley, W. H., M. C. Bolino. Achieving Desired Images While Avoiding Undesired Images: Exploring the Role of Self-Monitoring in Impression Management [J]. Journal of Applied Psychology, 2001, 86 (2): 351-360.

[18] Levy, B. R. Mind Matters: Cognitive and Physical Effects of Aging Self-Stereotypes [J]. The Journals of Gerontology Series B Psychological Sciences and Social Sciences, 2003, 58 (4): 203-211.

[19] Remedios, J. D., A. L. Chasteen, D. J. Packer. Sunny Side up: The Reliance on Positive Age Stereotypes in Descriptions of Future Older Selves [J]. Self and Identity, 2009, 9 (3): 257-275.

[20] Steele, C., J. Aronson. Stereotype Threat and the Intellectual Test Performance of African Americans [J]. Journal of Personality and Social Psychology, 1995, 69 (5): 797-811.

[21] Phibbs, S., K. Hooker. An Exploration of Factors Associated with Ageist Stereotype Threat ina Medical Setting [J]. The Journals of Gerontology, 2017, 73 (7): 1160-1165.

[22] Hess, T. M., J. T. Hinson. Age-Related Variation in the Influences of Aging Stereotypes on Memory in Adulthood [J]. Psychology and Aging, 2006, 21

（3）：621-625.

[23] Levy, B. R., E. Leifheit-Limson. The Stereotype-Matching Effect: Greater Influence on Functioning When Age Stereotypes Correspond to Outcomes [J]. Psychology and Aging, 2009, 24 (1): 230-233.

[24] Kang, S. K., M. Inzlicht. Stereotype Threat Spillover: Why Stereotype Threat Is More Useful for Organizations Than It Seems [J]. Industrial and Organizational Psychology: Perspectives on Science and Practice, 2014, 7: 452-456.

[25] Koch, S. C., S. M. Müller, M. Sieverdinget. Women and Computers Effects of Stereotype Threat on Attribution of Failure [J]. Computers & Education, 2008, 51 (4): 1795-1803.

[26] Steele, C. M., S. J. Spencer, J. Aronson. Contending with Group Image: The Psychology of Stereotype and Social Identity Threat [J]. Advances in Experimental Social Psychology, 2002, 34: 379-440.

[27] Nussbaum, D., C. M. Steele. Situational Disengagement and Persistence in the Face of Adversity [J]. Journal of Experimental Social Psychology, 2007, 43 (1): 127-134.

[28] Woodcock, A., Hernandez, R. Paul, Estrada, Mica, Schultz, P. Wesley. The Consequences of Chronic Stereotype Threat: Domain Disidentification and Abandonment [J]. Journal of Personality and Social Psychology, 2012, 103 (4): 635-646.

[29] Harwood, J., A. Williams. Expectations for Communication with Positive and Negative Subtypes of Older Adults [J]. The International Journal of Aging and Human Development, 1998, 47 (1): 11-33.

[30] Ryan, E. B., J. M. Hamilton, S. K. See. Patronizing the Old: How Do Younger and Older Adults Respond to Baby Talk in the Nursing Home? [J]. The International Journal of Aging and Human Development, 1994, 39 (1): 21-32.

[31] Rahn, G., S. E. Martiny, J. Nikitin. Feeling Out of Place: Internalized Age Stereotypes Are Associated with Older Employees' Sense of Belonging and Social Motivation [J]. Work, Aging and Retirement, 2021, 7 (1): 61-77.

[32] Cattell, R. B. The Theory of Fluid and Crystallized General Intelligence Checked at the 5-6-Year-Old Level [J]. British Journal of Educational Psychology, 1967, 37 (2): 209-224.

[33] Alvarez, K., E. Van Leeuwen. To Teach or to Tell? Consequences of Receiving Help from Experts and Peers [J]. European Journal of Social Psychology, 2011, 41 (3): 397-402.

[34] Bamberger, P. A., R. Levi. Team-Based Reward Allocation Structures and the Helping Behaviors of Outcome-Interdependent Team Members [J]. Journal of Managerial Psychology, 2009, 24: 300-327.

[35] Hui, C., C. Lee. Moderating Effects of Organization-Based Self-Esteem on Organizational Uncertainty: Employee Response Relationships [J]. Journal of Management, 2000, 26 (2): 215-232.

[36] McALlister, D. J., G. A. Bigley. Work Context and the Definition of Self: How Organizational Care Influences Organization-Based Self-Esteem [J]. Academy of Management Journal, 2002, 45 (5): 841-846.

[37] Alvarez, K., E. Van Leeuwen. Paying It Forward: How Helping Others Can Reduce the Psychological Threat of Receiving Help [J]. Journal of Applied Social Psychology, 2015, 45 (1): 1-9.

[38] Albert, S. M., J. Duffy. Differences in Risk Aversionbetween Young and Older Adults [J]. Neuroscience and Neuro Economics, 2012, 1: 3-9.

[39] Mather, M., N. Mazar, M. A. Gorlick, N. R. Lighthall, J. Burgeno, A. Schoeke D. Ariely. Risk Preferences and Aging: The "Certainty Effect" in Older Adults' Decision Making [J]. Psychology and Aging, 2012, 27 (4): 801-816.

[40] Tse, D. C. K., J. Nakamura, M. Csikszentmihalyi. Beyond Challenge - Seeking and Skill-Building: Toward the Lifespan Developmental Perspective on Flow Theory [J]. The Journal of Positive Psychology, 2019, 15 (2): 171-182.

[41] Brummelman, E., S. Thomaes, G. Overbeek, D. C. B. Orobio, B. J. Bushman. Unconditional Regard Buffers Children's Negative Self-Feelings [J]. Pediatrics, 2014, 134 (6): 1119-1126.

[42] Abrams, D., A. Eller, J. Bryant. An Age Apart: The Effects of Intergenerational Contact and Stereotype Threat on Performance and Intergroup Bias [J]. Psychology and Aging, 2006, 21 (4): 691-702.

[43] Ellemers, N., W. Van Rijswijk, M. Roefs, C. Simons. Bias in Intergroup Perceptions: Balancing Group Identity with Social Reality [J]. Personality & Social Psychology Bulletin, 1997, 23 (2): 186-198.

[44] Lin, Y. T., L. Zheng, Z. D. Zheng, Y. Wu, Z. L. Hu, C. G. Yan, Y. Yang. Improving Person Re-Identification by Attribute and Identity Learning [J]. Pattern Recognition, 2019, 95: 151-161.

[45] Adam, H., A. Shirako. Not All Anger Is Created Equal: The Impact of the Expresser's Culture on the Social Effects of Anger in Negotiations [J]. Journal of Applied Psychology, 2013, 98 (5): 785-798.

[46] Lee, J. J., Gino, Francesca, Staats, R. Bradley. Rainmakers: Why Bad Weather Means Good Productivity [J]. Journal of Applied Psychology, 2014, 99 (3): 504-513.

[47] Koopman, J., K. Lanaj, B. A. Scott. Integrating the Bright and Dark Sides of OCB: A Daily Investigation of the Benefits and Costs of Helping Others [J]. Academy of Management Journal, 2016, 59 (2): 414-435.

[48] McGonagle, A. K., G. G. Fisher, J. L. Barnes-Farrell, J. W. Grosch. Individual and Work Factors Related to Perceived Work Ability and Labor Force

Outcomes〔J〕. Journal of Applied Psychology, 2015, 100（2）: 376-398.

〔49〕 Brummelman, E., S. Thomaes, G. Overbeek, B. Orobio de Castro, M. A. van den Hout, B. J. Bushman. On Feeding Those Hungry for Praise: Person Praise Backfires in Children with Low Self-Esteem〔J〕. Journal of Experimental Psychology: General, 2014, 143（1）: 9-14.

〔50〕 Hayes, A. F., K. J. Preacher. Statistical Mediation Analysis with a Multi-Categorical Independent Variable〔J〕. British Journal of Mathematical and Statistical Psychology, 2014, 67（3）: 451-470.

〔51〕 Preacher, K. J. Quantifying Parsimony in Structural Equation Modeling〔J〕. Multivariate Behavioral Research, 2006, 41（3）: 227-259.

〔52〕 Deelstra, J. T., M. C. W. Peeters, W. B. Schaufeli, W. Stroebe, F. R. H. Zijlstra, L. P. Van Doornen. Receiving Instrumental Support at Work: When Help Is Not Welcome〔J〕. Journal of Applied Psychology, 2003, 88（2）: 324-331.

〔53〕 Podsakoff, P. M., S. B. MacKenzie, N. P. Podsakoff. Sources of Method Bias in Social Science Research and Recommendations on How to Control It〔J〕. Annual Review of Psychology, 2012, 63: 539-569.

〔54〕 Fiske, S. T., A. J. C. Cuddy, P. Glick. Universal Dimensions of Social Cognition: Warmth and Competence〔J〕. Cognitive Sciences, 2007, 11（2）: 77-83.

〔55〕 Kunze, F., S. A. Boehm, H. Bruch. Age Diversity, Age Discrimination Climate and Performance Consequences—a Cross Organizational Study〔J〕. Journal of Organizational Behavior, 2011, 32（2）: 264-290.

第六章　人力资源管理实践与职场成功老龄化

随着全球老龄化的加剧，如何留住年长员工已成为组织保持人力资本的关键议题。同时，数字化技术在工作中的广泛运用为年长员工带来了新挑战。因此提供相应的数字化技术培训显得尤为重要，这也是留住年长员工的有效方法之一。遗憾的是，目前对数字化技术培训在帮助年长员工留职方面的作用的了解仍然有限。因而，系统探讨数字化技术培训对年长员工工作动机和工作能力的影响，具有重要的理论和现实意义①。

第一节　研究背景

随着全球老龄化进程的加速，数字化技术在促进各领域成功老龄化中的作用得到日益凸显（Hülür & Macdonald，2020）。与此同时，学术界开始呼吁应更加关注数字化技术对年长员工的潜在挑战（Schuster & Cotton，2024；Sheng et al.，2022）。特别是，与年轻员工相比，年长员工在使用数字化技术时面临更多障碍（如成本、知识与技能方面的不足）（König，2022），这限制了他们通过数字化技术维持生产力和延长职业生涯的可能性（Sheng

---

① 本研究已发表：Xie，H.，Fang，Y.，Wang，M.，Liu，J.，Lv，A. Providing digital technology training as a way to retain older workers：The importance of perceived usefulness and growth need [J]. Work，Aging and Retirement，2023，9：372-392.

et al., 2022)。因此，为年长员工提供数字化技术培训机会（即通过培训提高他们的数字知识和技能）成为企业应对这一挑战的重要策略（Turek et al., 2020）。

已有研究表明，获得培训机会的年长员工往往对工作更为满意，且更可能表现出较高的组织承诺（Armstrong-Stassen & Templer, 2005；Armstrong-Stassen & Ursel, 2009；Visser et al., 2021）。然而，当前该领域的研究存在两个不足。首先，虽然数字化技术在工作场所中日益重要，但培训项目在提升年长员工数字知识和技能方面的独特作用尚不明确；其次，数字化技术培训如何提升年长员工留在组织中的意愿的机制仍不清楚。填补这些研究空白具有重要的理论和实践意义，因为不同类型的培训项目可能对年长员工的工作体验和职业选择产生差异化影响（Kraiger, 2017）。因此，本研究旨在探讨数字化技术培训在何种情境下能够有效促进年长员工留任。

职场成功老龄化相关文献强调，年长员工的工作动机和能力是实现成功老龄化的重要因素（Kooij et al., 2020）。因此，年长员工的留职意愿可能由其动机和能力共同驱动。此外，研究还表明，组织实践在促进年长员工的工作动机和能力方面发挥着关键作用（Kooij et al., 2020）。因此，本研究将数字化技术培训视为一种重要的组织实践，重点探讨其如何通过满足年长员工的自主需求和能力需求，进而增强他们的留职意愿。具体而言，自主需求满足指的是员工在工作中拥有选择权和自主行动的体验（Deci & Ryan, 2000；Ryan & Deci, 2002）。由于数字化技术能够提高个人的独立性，并为员工提供更加灵活的沟通和信息获取方式（Sheng et al., 2022），数字化技术培训的可得性应通过增强自主需求的满足来激励年长员工继续工作。同时，能力需求满足体现在员工在工作中感受到自身有效性，并能够有机会锻炼和掌握自身能力（Deci & Ryan, 2000；Ryan & Deci, 2002）。随着数字化技术在工作场所的普及，迫切需要为年长员工提供相关的数字知识和技能培训以提升他们的工作能力，从而增强其基于能力的留职信心（Boon & Kalshoven, 2014；Göbel & Zwick, 2013；Lee et al., 2022）。

此外，职场成功老龄化的研究还强调了个人与工作环境匹配的重要性（Kooij et al.，2020；Zacher，2015）。特别是，要促进年长员工的成功老龄化，需要确保他们的能力与工作环境的要求相匹配，并在工作场所满足他们的个人需求或愿望（Kooij et al.，2020）。因此，组织实践（例如，为年长员工提供数字化技术培训）应与工作环境的要求及目标员工的特征相一致（Guerrero & Sire，2001；Williams Van Rooij，2012）。鉴于此，我们认为，数字化技术在工作中的实用性（即数字化技术在提升员工工作效率方面的作用，Zhang et al.，2017）会增强数字化技术培训的积极效果。这是因为当这些知识和技能在工作情境中被广泛需要时，向员工提供相关的数字化技术培训显得尤为重要。在这种情况下，新获得的知识和技能更容易被迅速应用于员工的日常工作中，更加直接和显著地改善他们的工作体验（Hedge，2008）。因此培训项目的效果更可能被放大。我们进一步认为，对于那些成长需求较高的员工（即渴望学习新事物和挑战自我的员工，Hackman & Oldham，1980；Shalley et al.，2009），由于他们更能意识到与工作相关的培训机会的价值（Graen et al.，1986），这种效果也会更加明显。研究模型图见图 6.1。

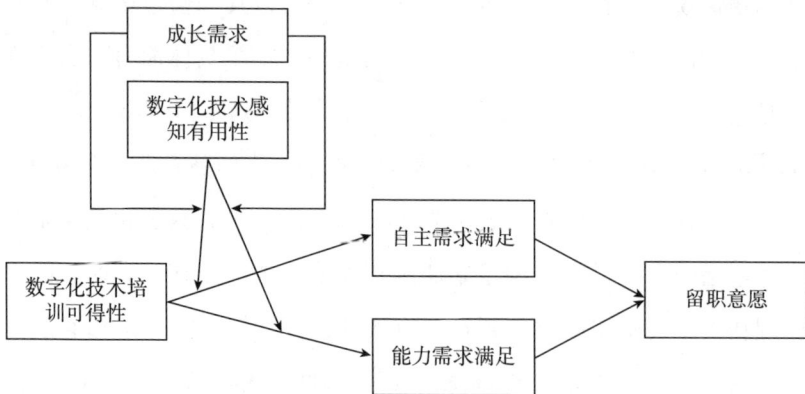

图 6.1 数字化技术培训的效用模型

第二节　文献综述与假设提出

一、数字化技术培训可得性与留职意图：动机机制

本研究假设，年长员工的自主需求满足在数字化技术培训可得性对其留职意图的积极影响中起到了中介作用。首先，企业提供的培训项目具有发展导向的特性（Kooij et al.，2008，2010）。通过提供培训机会，组织可以支持年长员工的发展需求，从而增强他们在工作中的内部控制感（Marescaux et al.，2013）。此外，针对年长员工的培训项目可以设计得更符合他们独特的学习需求和节奏，为他们提供心理上的舒适感和工作中的主体感（Armstrong-Stassen & Templer，2005；Callahan et al.，2003；Morris & Venkatesh，2000；Zwick，2015）。其次，通过提供增强数字知识和技能的培训机会，年长员工能够更好地利用数字化技术完成与工作相关的任务，并减少时空限制（Dropkin et al.，2016；Sheng et al.，2022；Van Yperen & Wörtler，2017）。因此，组织提供的数字化技术培训赋予年长员工更多的机会和能力，以更好地应对其他生活需求（如照顾年迈的父母、应对健康需求、担任祖父母角色以及参与志愿服务，Sheng et al.，2022；Van Yperen & Wörtler，2017；Zwick，2015）。最后，数字化技术的一项关键功能是帮助员工高效地组织和检索与工作相关的信息（Colbert et al.，2016；Lee et al.，2022）。充分接受数字化技术培训的年长员工在应对工作需求时，能够利用更广泛的信息和知识资源（Oksa et al.，2021；Sheng et al.，2022）。因此，年长员工经过数字化技术培训，可以使其更加自主地与工作环境互动或做出与工作相关的决策。

结合以往关于增强年长员工自主感和工作灵活性体验的研究（Allen et al.，2021；Dropkin et al.，2016），我们预期，通过提高工作中的自主需求满足感，更有可能使年长员工留在当前的组织中。通过数字化技术培训，年长员工能够持续追求个人成长，并有效利用数字化设备平衡工作和生活需

求，从而增强其在工作中的心理自由感。这些积极的工作体验在赋予年长员工当前工作积极的社会情感价值方面起到了重要作用，从而鼓励他们继续留在当前组织中工作（Scheibe et al.，2021）。鉴于此，本研究提出如下假设：

假设1：自主需求满足对数字化技术培训可得性与年长员工留职意图间关系的中介作用。

二、数字化技术培训可得性与留职意图：能力机制

本研究还提出，年长员工的工作能力需求满足在数字化技术培训可得性对其留职意图的积极影响中起到了中介作用。首先，与年长员工相关的培训项目通常是更新技能并在组织中保持高生产力（Boon & Kalshoven，2014；Göbel & Zwick，2013；Rudolph & Zacher，2021；Stone et al.，2009）。因此，数字化技术培训的可得性为年长员工提供了宝贵的机会，使他们在工作环境中体验到高效工作，从而增强其工作中的能力需求满足。其次，当今许多工作任务都依赖数字化技术（Colbert et al.，2016；Sheng et al.，2022；Wang et al.，2020），而年长员工需要通过更新相关技术技能来保持工作效率（Komp-Leukkunen et al.，2022；Lee et al.，2022；van Dalen et al.，2015）。因此，组织提供的数字化技术培训为年长员工提供了扩充和更新技术知识与技能的机会，从而在工作中保持高效的生产力。最后，数字化技术培训应为年长员工提供必要的数字知识和技能，以便他们更好地与同事协作完成工作目标。由于数字化技术突破工作场所限制，促进人际互动（Benge et al.，2022；Colbert et al.，2016；Sheng et al.，2022），对年长员工尤其重要。一方面，由于身体机能下降，年长员工往往面临更大的行动限制（Iancu & Iancu，2017）；另一方面，年长员工更重视与他人建立和维持有价值的社会联系（Carstensen et al.，1999）。因此，为年长员工设计的数字化技术培训可以帮助他们建立并维持重要的工作关系，从而促进其工作中的能力需求满足。

通过获得数字化技术培训的机会，年长员工在工作中的能力需求得以满

足，这进一步提升其留职意图。首先，能力需求的增强通常意味着年长员工在任务贡献上的增加，从而进一步提升他们对自身工作的积极认同感（Armstrong-Stassen & Schlosser，2011；Kollmann et al.，2020）。其次，在工作中实现自我价值和个人掌控的积极体验也有助于建立内在工作动机（Burmeister et al.，2020；Kooij et al.，2022；Zwick，2015）。因此，数字化技术培训可得性所激发的能力需求的满足，使年长员工对当前组织的工作更感兴趣，从而提高他们的留职意图。鉴于此，本研究提出以下假设：

假设 2：能力需求满足对数字化技术培训可得性与年长员工留职意图间关系的中介作用。

三、数字化技术感知有用性的调节作用

我们进一步提出，数字化技术培训可得性与年长员工在工作中自主需求满足之间的正向关系，会受到年长员工对数字化技术在工作中的感知有用性的调节。我们提出的理论假设是，数字化技术在工作中的应用能够帮助年长员工：（1）利用数字化技术克服工作中的时间和空间限制；（2）更轻松地获取更多与工作相关的信息。因此，数字化技术培训可得性对年长员工自主需求满足的积极影响，取决于上述功能在工作场所的实现程度。换句话说，当数字化技术在工作中被认为有用性较低，数字化技术培训可得性对年长员工自主需求满足的积极作用可能不如预期明显。例如，对于那些需要在特定时间和地点完成工作的年长员工（如按照预定班次在超市担任收银员）或不需要频繁更新信息来完成任务的员工而言，数字化技术在促进工作灵活性和丰富信息获取方面的作用会减弱。在这种情况下，数字化技术培训可得性对年长员工自主需求满足的积极作用将减弱，因为培训内容与实际工作的低相关性可能会降低年长员工的参与意愿（Fasbender et al.，2022；Wang et al.，2013；Williams van Rooij，2012）。

相反，当年长员工认为数字化技术在实现工作目标方面发挥重要作用时，数字化技术培训可得性对年长员工自主需求满足的积极影响会更加显著。例

如，对于在知识密集型行业工作的年长员工来说，掌握数字知识和技能更有助于完成工作任务（Brooke，2009；Van Dalen et al.，2015）。在这种情况下，获得足够的数字知识和技能可以帮助年长员工更灵活地调整工作（Kooij et al.，2022），并更高效地获取和分析与工作相关的信息（Sheng et al.，2022）。因此，年长员工将有更多的机会和更强的动机在日常工作中应用数字化技术培训的内容，从而使数字化技术培训可得性与工作中自主需求满足之间的正向关系更加显著。

假设3：数字化技术感知有用性调节了数字化技术培训可得性与自主需求满足间的关系，感知有用性越高，数字化技术培训可得性与自主需求满足间的正向关系越强。

同样，我们认为，数字化技术在工作中的感知有用性会影响数字化技术培训可得性对年长员工工作中的能力需求满足具有积极作用。如前所述，为年长员工提供数字化技术培训有助于增强其在工作中的能力需求满足，这是因为这类培训通常赋予年长员工足够的数字知识和技能，使他们能够高效完成工作任务，以及与同事顺畅合作以实现共同目标。因此，数字化技术培训可得性对年长员工能力需求满足的促进作用，取决于数字化技术在工作环境中被感知的有用性程度。

具体而言，尽管数字化技术在许多行业和组织中日益普及，但不同工作对数字化技术的依赖程度却存在差异。对于从事不依赖数字化技术的工作（如面包师或司机）或不依赖数字化设备与同事合作的年长员工（如所有员工在同一办公室或小建筑内工作时），数字化技术在辅助工作任务或促进人际互动方面的作用可能并不显著。在这种情况下，年长员工可能认为在数字化技术培训中获得的知识和技能不够实用，从而行为变化较少，数字化技术培训可得性对其工作体验的影响也较为有限。相反，当数字化技术在工作中被认为更有用时，数字化技术培训可以为年长员工提供更多的与工作相关的知识和技能。在这种情况下，年长员工将有更多的机会和更强的动力将培训内容应用于工作问题的解决或与同事的互动管理。因此，年长员工将更有可能利用数字化技术提高工作效率，从而更好地满足其在工作中的能力需求。鉴于此，本研究提出如下假设：

假设4：数字化技术感知有用性调节了数字化技术培训可得性与能力需求满足间的关系，感知有用性越高，数字化技术培训可得性与能力需求满足间的正向关系越强。

上述中介假设以及调节假设表明了被调节的中介效应。即数字化技术培训可得性对年长员工自主需求和能力需求满足的积极影响在年长员工认为数字化技术在工作中更有用时会尤为显著，而增强的自主需求和能力需求满足会进一步鼓励年长员工继续留在当前组织工作。鉴于此，本研究提出如下假设：

假设5：数字化技术感知有用性调节了数字化技术培训可得性通过（a）自主需求满足和（b）能力需求满足对年长员工留职意图的间接效用关系，即感知有用性越高，数字化技术培训可得性与年长员工留职意图的间接关系越强。

四、成长需求的调节作用

当数字化技术在工作中被认为更有用时，年长员工更有可能从数字化技术培训中受益。然而，企业提供的培训项目并非对所有员工都具有同等效益。如培训文献中提及，要充分发挥培训项目（如数字化技术培训）的效果，不仅需要精心设计培训内容，还需要受训者具备积极的学习动机（Colquitt et al., 2000；Sitzmann et al., 2008；Tannenbaum et al., 1991）。那些对学习和成长有强烈渴望的员工通常更有动力，更愿意在工作中持续学习和发展，尤其能够从培训中受益（Tharenou, 2001；Williams van Rooij, 2012）。基于这一逻辑，我们提出一个三重交互效应，即数字化技术培训的可得性、数字化技术在工作中的感知有用性，以及成长需求，共同通过自主需求和能力需求满足影响年长员工的留职意图。

成长需求指的是个体在工作中成长和发展的期望和渴望（Hackman &

Oldman，1980），被认为是推动员工抓住学习机会并实现个人成长的重要个体差异（Graen et al.，1986；Lin et al.，2018；Shalley et al.，2009）。具有较高成长需求的员工更有动力抓住学习新事物的机会，例如参与数字化技术培训，学习通过数字化设备完成工作任务的新方法。因此，当提供有用的培训项目时，成长需求较高的年长员工更可能积极参与，并愿意投入培训，从而增强培训对其工作体验的积极影响。此外，具有较高成长需求的员工渴望通过完成具有挑战性或陌生的任务来实现自我成长和发展（Graen et al.，1986；Lin et al.，2018；Shalley et al.，2009）。因此，当有机会参与数字化技术培训时，成长需求较高的年长员工更可能走出舒适区，将新学到的数字知识或技能应用于工作中，从而实现更顺畅、更有效的培训内容迁移（Colquitt et al.，2000）。在这种情况下，数字化技术在工作中的益处和功能更有可能得到充分发挥。鉴于此，本研究提出如下假设：

假设 6：数字化技术培训可得性、数字化技术感知有用性、成长需求兼对（a）自主需求满足和（b）能力需求满足存在三阶交互作用，即成长需求较高，数字化技术感知有用性在数字化技术培训可得性与（a）自主需求满足和（b）能力需求满足间的关系的调节作用越强。

第三节　研究方法

一、样本与程序

通过亚马逊的 Mechanical Turk（MTurk）平台招募研究样本。参与者需满足以下条件：目前有正式工作、居住在美国且年龄在 40 岁及以上。本研究的样本人群采用了美国法律中的界定，即年满 40 岁或以上的在职人员（《就业年龄歧视法案》（ADEA）]。作为参与研究的回报，每位参与者获得了 2.5 美元的补偿。总共有 305 名参与者完成了问卷，其中 16 人因未填报年龄而被剔除，4 人因年龄小于 40 岁而被剔除。最终的 285 名年长员工中，男性为 115

人，占比40%，平均年龄为56.38岁（标准差=6.14），平均工作年限为14.11年（标准差=10.10），平均教育年限为15.38年（标准差=3.75）。

数据收集分为两个时间点，间隔一个月。在第一个时间点（T1），我们收集了有关数字化技术培训可得性、数字技术感知有用性、成长需求以及控制变量的数据，共有285名参与者完成了问卷。一个月后，在第二个时间点（T2），我们收集了参与者在工作中的自主需求满足感、能力需求满足感以及留任当前组织的意愿数据，共有221名参与者完成问卷，响应率为74%。缺失值采用完全最大似然估计法（Full Maximum Likelihood Estimator）进行建模，以尽可能保留数据并保持统计检验的效力（Enders & Bandalos，2001；Li et al.，2022）。

二、变量测量

除非特别指明，变量量表均采用李克特5点计分法（1=非常不同意，5=非常同意）。

数字化技术培训可得性：数字化技术培训可得性通过询问参与者"你们公司是否为你们提供了数字化技术培训（如那些能够提高你的数字化知识、技能的培训项目)？"进行测量如果回答是，编码为"1"；如果回答否，编码为"0"。

数字化技术感知有用性：采用Bhattacherjee和Hikmet（2007）编制的量表，共4道题。题目为"使用数字化技术/设备将提高我的工作质量"，"使用数字化技术/设备将为我的工作带来更多便利"，"使用数字化技术/设备将使我的工作更高效"，以及"总体而言，我认为数字化技术/设备对我的工作是有用的"。

成长需求：成长需求采用Shalley等人编制（2009）的量表，共3道题。参与者指出各题目所描述的内容对其的重要性（1=非常不重要，5=非常重要）。题目为"学习新事物的机会"，"发展自身才能的机会"，以及"个人成长与发展的机会"。

自主需求满足：采用 La Guardia 等人（2000）编制的量表，共 3 道题。题目包括"在工作中，我感到可以自由地做自己"，"在工作中，我对发生的事情有发言权，可以表达我的意见"，以及"在工作中，我很少感到被控制或被迫以某种方式行事"。

能力需求满足：同样采用 La Guardia 等人（2000）编制的量表，共 3 道题。题目包括"在工作中，我觉得自己是一个有能力的人"，"在工作中，我很少感到不足或无能"，以及"在工作中，我感到非常有能力且富有成效"。

留职意愿：采用 Armstrong-Stassen 和 Ursel（2009）的 3 道题量表。示例题目为"除非出现不可预见的情况，我会无限期地在这家公司工作"。

控制变量：研究控制了一组人口统计特征，包括年龄、性别、受教育年限、财富状况和健康状况。以往研究表明，这些因素可能会影响年长员工与职业相关的决策（Armstrong–Stassen & Schlosser，2008；Feldman，1994；Petkoska & Earl，2009）。财富状况通过一个自评题项测量 ["您估计您的总财富（自有住房、储蓄、股票等减去债务/抵押贷款）为多少？"]，采用李克特 7 点量表进行评分（1 = 少于 5000 美元，2 = 5000 ~ 25000 美元，3 = 25000 ~ 50000 美元，4 = 50000 ~ 100000 美元，5 = 100000 ~ 250000 美元，6 = 250000 ~ 500000 美元，7 = 超过 500000 美元）。健康状况通过一个自评健康题项测量（"总体来说，您如何评价您的健康状况？"），采用李克特 5 点量表评分（1 = 非常差，2 = 差，3 = 良好，4 = 非常好，5 = 优秀）。

我们还控制了参与者的工作相关特征，包括其在组织中的任职年限和当前的就业状态。这是因为任职时间较长的员工往往对组织更忠诚（Burmeister et al.，2020）。同样，研究表明，就业状态也会影响年长员工的工作体验及与职业相关的决策（Feldman，1994；Wang et al.，2008）。就业状态通过一个自评题项测量（"您的就业状态是什么？"）。如果参与者为全职工作（每周工作时间超过 35 小时），其回答编码为"1"；如果参与者为兼职工作（每周工作时间少于 35 小时），其回答编码为"0"。

第四节　结　果

一、验证性因素分析

研究首先采用验证性因素分析对关键变量（即数字化技术感知有用性、成长需求、自主需求满足、能力需求满足、留职意愿）进行模型比较分析。CFA的结果显示五因子模型具有较好的拟合度（$\chi^2 = 111.88$，$df = 94$，CFI $= 0.99$，TLI $= 0.99$，RMSEA $= 0.03$，SRMR $= 0.03$）。通过将测量两个不同变量的题项加载到同一个因子上，形成了10种替代模型。通过模型比较发现，假设的五因子模型比其他任何替代模型都具有更好的拟合指标（$\Delta \chi^2$ 为 74.72~652.77 之间，$ps < 0.01$）。这些结果表明，本研究中所使用的量表具有较好的区分效度。

二、假设检验

各变量的平均数、标准差和回归系数见表 6.1。数据显示，数字化技术培训可得性与自主需求满足呈显著正相关（$\gamma = 0.22$，$p < 0.01$），与能力需求满足呈显著正相关（$\gamma = 0.13$，$p < 0.05$）；自主需求满足（$\gamma = 0.52$，$p < 0.01$）、能力需求满足（$\gamma = 0.41$，$p < 0.01$）与留职意愿呈显著正相关。

路径分析的非标准化系数见表 6.2。可以看到，数字技术培训可得性与年长员工的自主需求满足呈正相关（$B = 0.33$，$p = 0.014$），而自主需求满足与他们的留职意愿呈显著正相关（$B = 0.47$，$p < 0.001$）。通过自主需求满足，数字化技术培训可得性对留职意愿的间接效应为 0.158，95% 置信区间为 [0.028，0.308]，支持假设 1。

然而，尽管年长员工的能力需求满足与其留职意愿呈显著正相关（$B = 0.33$，$p = 0.007$），但数字化技术培训可得性与年长员工能力需求满足之间的关联并不显著（$B = 0.19$，$p = 0.072$）。因此，数字化技术培训可得性通过能力需求满足对年长员工留职意愿的间接效应也不显著（间接效应 $= 0.063$，95%CI $=$ [−0.006，0.165]），假设 2 未能获得支持。

表 6.1 各变量的平均数、标准差和回归系数

变量	M	SD	1	2	3	4	5	6	7	8	9	10	11	12	13
1. 年龄	56.38	6.14													
2. 性别[a]	0.60	0.49	0.13*												
3. 教育年限	15.38	3.75	0.05	-0.03											
4. 健康状况	3.58	0.79	0.05	-0.11	0.10										
5. 财富状况	4.78	1.92	0.05	-0.11	0.13*	0.27**									
6. 组织年限	14.11	10.10	0.08	-0.08	-0.02	0.07	0.13*								
7. 工作状态[b]	0.92	0.27	-0.19**	-0.16**	-0.05	0.07	-0.03	-0.03							
8. DTTA	0.75	0.43	0.02	-0.16**	0.04	0.16**	0.14*	0.17**	0.02						
9. PU	4.07	0.71	-0.03	-0.05	0.01	-0.01	0.06	0.05	0.06	0.15*	(0.92)				
10. 成长需求	4.26	0.59	-0.05	0.03	0.02	0.16**	-0.04	-0.01	0.03	0.00	0.17**	(0.83)			
11. ANS	3.55	0.91	0.16**	-0.01	-0.15**	0.20**	0.17**	0.10	-0.03	0.22**	0.11	0.21**	(0.83)		
12. CNS	4.12	0.64	0.17**	0.06	-0.02	0.18**	0.07	0.01	-0.04	0.13*	0.09	0.10	0.49**	(0.70)	
13. 留职意愿	3.28	1.17	0.10	0.00	-0.10	0.13*	0.05	0.08	0.09	0.13*	0.14**	0.21**	0.52**	0.41**	(0.94)

注：

$N=285$;

DTTA=数字化技术培训可得性，PU=数字化技术感知有用性，ANS=自主需求满足，CNS=能力需求满足；

[a]表示男=1，女=0；

[b]表示全职=1，兼职=0；

括号里面为变量的信度；

*表示 $p<0.05$，**表示 $p<0.01$。

　　此外，数字化技术感知有用性增强了数字化技术培训可得性对年长员工自主需求满足的正向作用（$B=0.41$，$p=0.023$）。该调节效应如图 6.2 所示，当工作中数字化技术感知有用性较高时（高于均值 1 个标准差），数字化技术培训可得性与自主需求满足之间呈显著正相关（$k=0.63$，$p=0.002$）；而当感知有用性较低时（低于均值 1 个标准差），数字化技术培训可得性与自主需求满足之间的关联不显著（$k=0.04$，$p=0.815$）。这些结果支持假设 3。

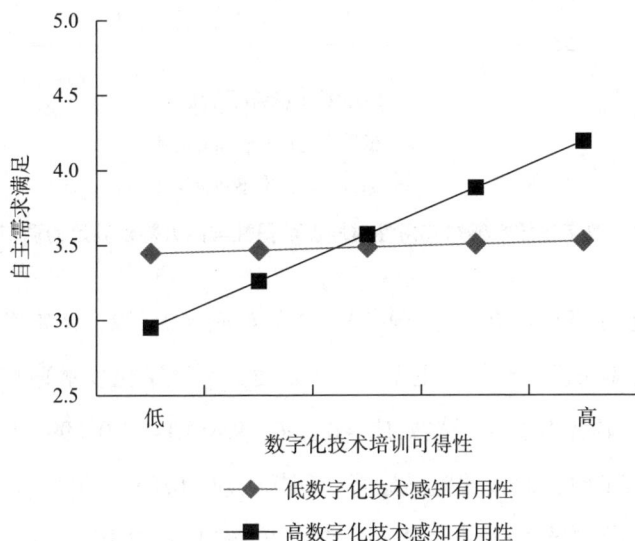

图 6.2　数字化技术感知有用性对培训可得性与自主需求满足的调节作用

　　工作中的数字化技术感知有用性同样影响了数字技术培训可得性对年长员工能力需求满足的作用（$B=0.37$，$p=0.008$）。这一调节效应如图 6.3 所示，当工作中的数字化技术感知有用性较高时，数字化技术培训可得性与能力需求满足呈显著正相关（$k=0.45$，$p=0.004$）；而当感知有用性较低时，数字化技术培训可得性与能力需求满足之间的关联不显著（$k=-0.07$，$p=0.589$）。因此，假设 4 得到了支持。

　　被调节的中介效应分析结果表明，数字化技术感知有用性调节了数字化技术培训可得性通过以下路径对年长员工留职意愿的间接效应：通过（a）自主需求满足（被调节的中介效应 = 0.195，95%CI = [0.026, 0.396]），以及

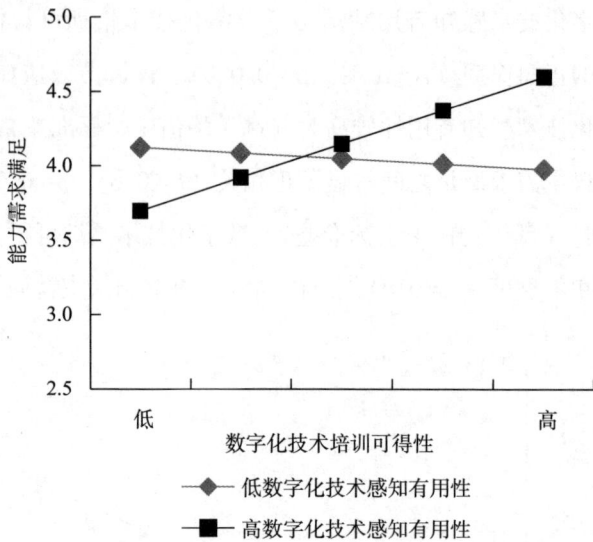

图 6.3　数字化技术感知有用性对培训可得性与能力需求满足的调节作用

通过（b）能力需求满足（被调节的中介效应 = 0.122，95% CI = ［0.015，0.278］）。具体来说，对于自主需求满足而言，当数字化技术感知有用性较高时，间接效应显著为正（间接效应 = 0.296，95% CI = ［0.099，0.539］）；当感知有用性较低时，间接效应不显著（间接效应 = 0.019，95% CI = ［-0.147，0.189］），两者差异显著（差异 = 0.277，95% CI = ［0.038，0.566］）。对于数字化技术培训可得性通过能力需求满足对年长员工留职意愿的间接效应而言，当感知有用性较高时，间接效应显著为正（条件间接效应 = 0.149，95% CI = ［0.025，0.323］）；而当感知有用性较低时，间接效应不显著（间接效应 = -0.024，95% CI = ［-0.127，0.068］），两者差异显著（差异 = 0.173，95% CI = ［0.022，0.385］）。综上所述，假设 5 得到了支持。

最后，数字化技术感知有用性的调节效应进一步受年长员工成长需求的影响。具体而言，数字化技术感知有用性对数字化技术培训可得性与自主需求满足之间关系的调节效应因成长需求的上升而增强（$B = 0.83$，$p < 0.001$）。如图 6.4 所示，对于成长需求较高的年长员工，感知有用性对数字化技术培训可得性与自主需求满足关系的调节效应显著为正（$k = 0.90$，$p < 0.001$）；而

高成长需求

低成长需求

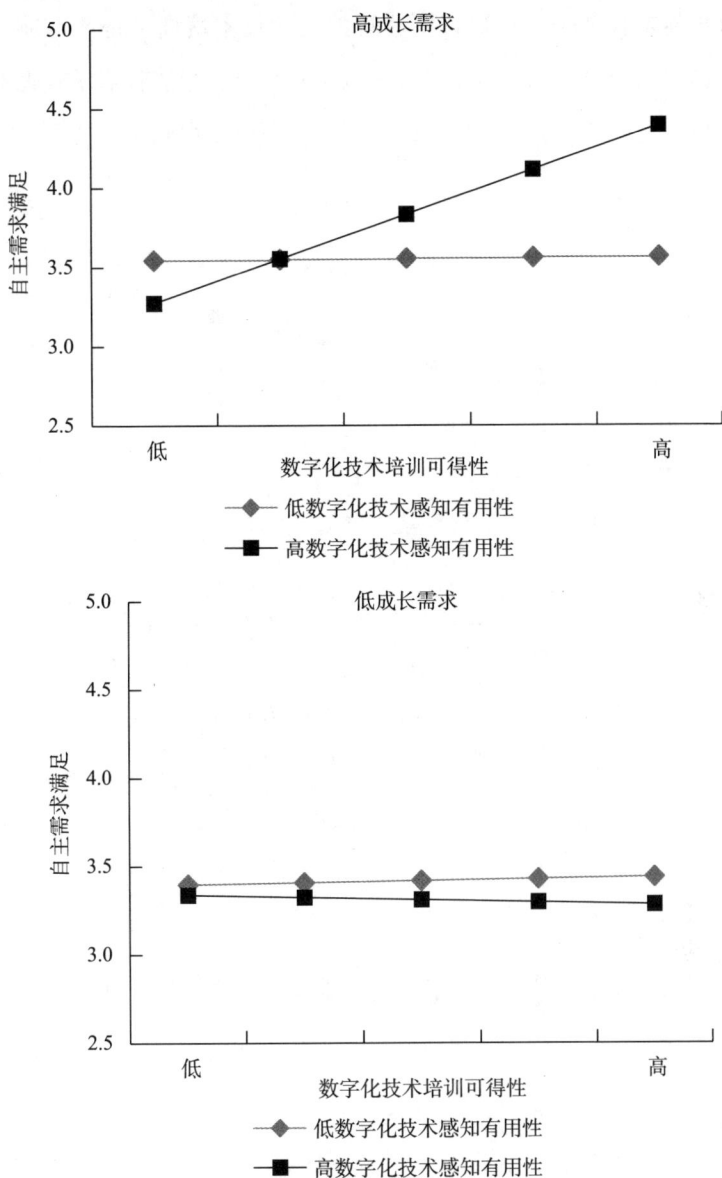

图 6.4　对自主需求满足的三阶交互作用

对于成长需求较低的员工，该调节效应不显著（$k=-0.07$，$p=0.721$）。类似地，数字化技术感知有用性对数字化技术培训可得性与能力需求满足关系的调节效应同样因成长需求的上升而增强（$B=0.43$，$p=0.009$）。如图 6.5 所

数字化时代下的职场成功老龄化：理论与实践

示，当成长需求较高时，感知有用性对数字化技术培训可得性与能力需求满足关系的调节效应显著为正（$k=0.62$，$p=0.001$）；当成长需求较低时，该调节效应不显著（$k=0.12$，$p=0.468$）。因此，假设 6 得到了支持。

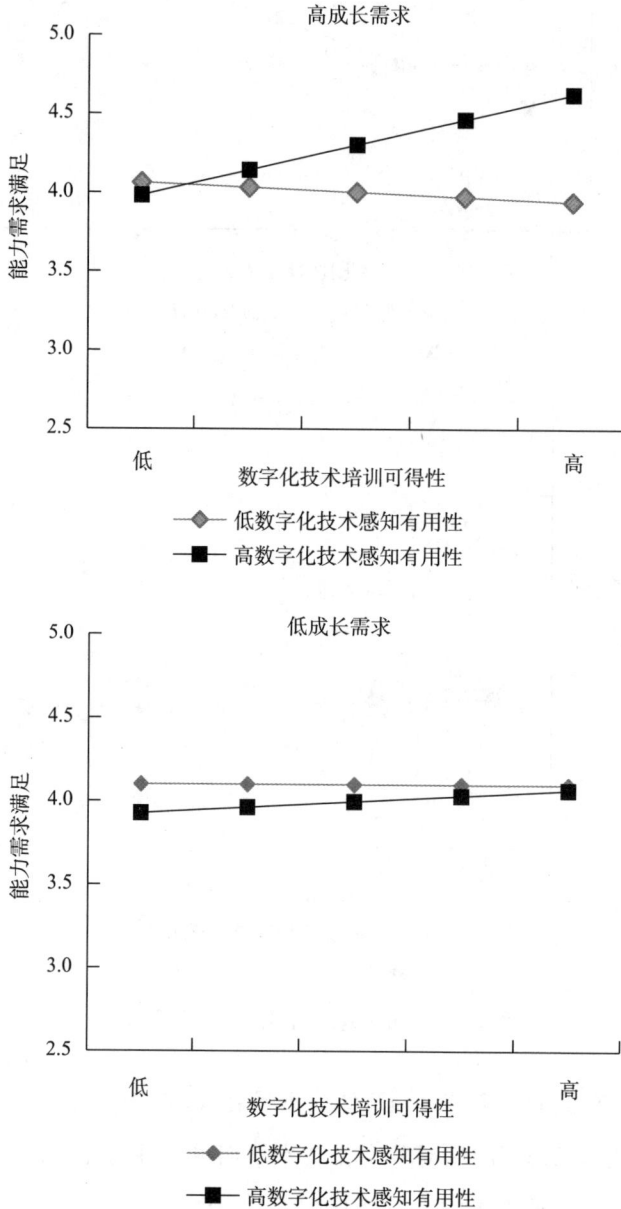

高成长需求

能力需求满足

数字化技术培训可得性

—◆— 低数字化技术感知有用性
—■— 高数字化技术感知有用性

低成长需求

能力需求满足

数字化技术培训可得性

—◆— 低数字化技术感知有用性
—■— 高数字化技术感知有用性

图 6.5　对能力需求满足的三阶交互作用

表 6.2　非标准化路径系数结果

变量	自主需求满足		能力需求满足		留职意愿	
	B	SE	B	SE	B	SE
截距	3.53**	0.06	4.10**	0.04	0.24	0.49
控制变量						
年龄	0.02*	0.01	0.01	0.01	0.01	0.01
性别（1=男，0=女）	−0.00	0.12	0.11	0.09	0.04	0.14
教育年限	−0.05**	0.02	−0.01	0.01	−0.01	0.02
健康状态	0.14	0.08	0.12*	0.06	0.02	0.09
财富状态	0.07*	0.03	0.02	0.02	−0.02	0.04
组织年限	0.00	0.01	−0.00	0.00	0.00	0.01
工作状态（1=全职，0=兼职）	−0.08	0.24	0.02	0.19	0.45	0.30
预测变量						
数字化技术培训可得性	0.33*	0.14	0.19	0.11	0.11	0.17
数字化技术感知有用性	0.06	0.08	0.07	0.06	0.10	0.10
成长需要	0.28**	0.10	0.09	0.07	0.20	0.12
培训可得性×感知有用性	0.41*	0.18	0.37**	0.14	0.64**	0.23
感知有用性×成长需求	0.23*	0.11	0.24**	0.09	−0.04	0.14
培训可得性×成长需求	0.57	0.24	0.19	0.19	0.07	0.30
培训可得性×感知有用性×成长需求	0.83**	0.21	0.43**	0.16	0.16	0.27

续表

变量	自主需求满足		能力需求满足		留职意愿	
	B	SE	B	SE	B	SE
自主需求满足					0.47^{**}	0.09
能力需求满足					0.33^{**}	0.12
R^2	27%		18%		33%	

注：$N=285$；

** 表示 $p<0.01$，* 表示 $p<0.05$。

第五节　讨　论

一、研究意义

本研究具有重要的理论意义。首先，企业和管理者传统上往往忽视为年长员工提供培训机会。通过聚焦年长员工的数字化技术培训，本研究驳斥了这一刻板印象。针对年长员工的负面偏见使企业低估了为其提供培训的价值（Boehm et al.，2021；Froidevaux et al.，2020；Sterns & Spokus，2020；Williams Van Rooij，2012）。然而，本研究结果表明，为年长员工提供适当的培训，尤其是数字化技术培训，可以有效激励他们继续留在组织中。鉴于年长员工在维持组织竞争优势方面发挥着关键作用，因此本研究结果具有重要现实意义（Burmeister et al.，2020；Li et al.，2021）。其次，本研究揭示了年长员工如何从数字化技术培训中直接获益。不同于以往通过比较不同年龄组员工得出的结论，即年长员工通常较少从培训等发展性人力资源实践中受益（Kooij et al.，2010；Truxillo et al.，2015），本研究聚焦于年长员工的具体体验。研究结果显示，当年长员工有机会获得数字化技术培训时，其自主需求满足显著增强。该结果突显了在年长员工培训计划中融入数字化技术相关内容具有重要意义（Froidevaux et al.，2020；Wang et al.，2013）。然而，研究结果也显示，数字化技术培训可得性与年长员工能力需求满足间的关系并不显著。表明，自主需求满足与能力需求满足可能有着不同的驱动因素。具体而言，当提供培训机会时，年长员工通常可以自主决定是否或何时参与，这使得培训可得性成为促进自主需求满足的有效驱动力。而提升能力需求满足感，不仅需要获得培训机会，还需要将所学内容应用于实践（Noe et al.，2016；Williams Van Rooij，2012），只有这样年长员工才能在工作中体验到掌控感和成就感。再次，本研究还考察了数字化技术感知有用性和成长需求在数字化技术培训可得性效用中的调节作用，从而提供了一个更为全面的理论视角，揭示培训设计、工作环境和受训者三者如何共同影响年长员工的培训效果（Williams Van Rooij，2012）。研究结果表明，当年长员工感知数字化技术的有用性较高，且成长需求较强时，数字化技术培训的可得性能够通过满足自主需求和能力需求，显著提升年长员工的留职意愿。这一研究发现支持了以往培训相关文献所强调的评估开展专门培训需求的重要性。也就是说，有效的培训项目应根据组织需求设计合适的内容，并面向真正需要培训的合适人员（Noe et al.，2016；Williams Van Rooij，2012）。最后，在探讨年长员工留职意愿的前因时，本研究也为年长员工留任及退休后再就业的研究提供了新的视角。先前的研究识别了多种可能促使年长员工延长工作年限的因素，包括个体特征（如年龄和健康状况）、工作相关的心理因素（如工作压力）、家庭相关因素（如婚姻状况）以及组织支持（如灵活工作安排的可用性）等（Kim & Feldman，2000；Rau & Adams，2005；Wang et al.，2008；Zhan et al.，2015）。然而，对于有关年长员工的数字化技术培训等发展性管理实践在这一过程中所起的作用，却知之甚少。此外，不同于以往研究强调年长员工的跨代际作用，例如将其视为年轻员工培训计划中的培训者或导师（Burmeister et al.，2020，2021；Fasbender & Gerpott，2022；Mor-Barak，1995；Rau & Adams，2005），本研究聚焦于将年长员工作为需要数字知识和技能的受训者。因此，本研究通过揭示为何以及何时对年长员工提供数字化技术培训能够增强其留职意愿的答案，进一步丰富了相关文献。

二、未来研究方向

本研究也存在一些局限性。首先，本研究变量均由年长员工的自我报告得出，因此可能存在共同方法偏差的问题。然而，考虑到本研究的重点在于数字化技术培训可用性对年长员工留职意愿的影响，以及相关的心理机制和情境因素，使用年长员工的自我报告数据在方法上是合理的（Chan，2009；Van den Broeck et al.，2016）。相比他人报告，自我报告数据能够更准确地捕捉年长员工的心理体验和行为意图，减少因观察不准确而引发的偏差。此外，本研究假设的三阶交互作用和两个中介效应的复杂性，也有助于减轻共同方法偏差的潜在影响（Chang et al.，2010）。其次，年长员工的自主需求满足、能力需求满足以及留职意愿均在同一问卷中测量，可能导致反向因果关系的问题。然而，现有文献表明，自主需求满足和能力需求满足在激励员工留在当前组织方面具有积极作用（Burmeister et al.，2020；Halvari & Olafsen，2022；Puhakka et al.，2021；Tang et al.，2021；Van den Berg，2011；Van den Broeck et al.，2016；Vansteenkiste et al.，2007）。因此，本研究结果具有良好的理论和实证基础。尽管如此，未来研究仍需采用多时点数据进一步验证研究结果，以加深对年长员工留职意愿的理解。

值得注意的是，本研究考察的两个机制（即年长员工的自主需求和能力需求满足）不仅与职场成功老龄化过程中的两个关键因素相对应（Kooij et al.，2020），还强调了自我决定理论（SDT，Deci & Ryan，2000）中基本需求满足的重要性。除了自主需求和能力需求，SDT 还指出关系需求（即与他人建立联系的需求）是维持个体内在动机的第三个基本心理需求（Deci & Ryan，2000）。尽管在某些情况下，关系需求对内在动机的影响不如自主和能力需求那么重要（Deci & Ryan，2000），但先前研究表明，满足关系需求同样可以有效增强年长员工的工作动机（Burmeister et al.，2020；Tang et al.，2021）。基于这一逻辑，组织在制定年长员工的培训策略时，可以考虑采用团队或小组培训方法（Canning，2011；Lee et al.，2009），营造让年长员工感受到归属感的环境，从而激励他们继续留任。因此，数字化技术培训的可得性对年长员工留职意愿的积极影响可能还通过其他机制实现。未来研究可以采用不同的理论视角（如 SDT），进一步探索组织如何制定和实施有效的培训项目，以鼓励年长员工留任。

参考文献

[1] Hülür，G.，B. Macdonald. Rethinking Social Relationships in Old Age：Digitalization and the Social Lives of Older Adults [J]. American Psychologist，

2020, 75 (4): 554-566.

[2] Schuster, A. M., S. R. Cotton. Differences between Employed and Retired Older Adults in Information and Communication Technology Use and Attitudes [J]. Work, Aging and Retirement, 2024, 10 (1): 38-45.

[3] Sheng, N., Y. Fang, Y. Shao, V. Alterman, M. Wang. The Impacts of Digital Technologies on Successful Aging in Non-Work and Work Domains: An Organizing Taxonomy [J]. Work, Aging and Retirement, 2022, 8 (2): 198-207.

[4] König, R. Digitally Savvy at the Home Office: Computer Skills of Older Workers during the COVID - 19 Pandemic across Europe [J]. Frontiers in Sociology, 2022, 7, 858082.

[5] Turek, K., J. Oude Mulders, K. Henkens. The Proactive Shift in Managing an Older Workforce 2009—2017: A Latent Class Analysis of Organizational Policies [J]. The Gerontologist, 2020, 60 (8): 1515-1526.

[6] Armstrong-Stassen, M., A. Templer. Adapting Training for Older Employees: The Canadian Response to an Aging Workforce [J]. Journal of Management Development, 2005, 24 (1): 57-67.

[7] Armstrong - Stassen, M., N. D. Ursel. Perceived Organizational Support, Career Satisfaction, and the Retention of Older Workers [J]. Journal of Occupational and Organizational Psychology, 2009, 82 (1): 201-220.

[8] Visser, M., J. Lössbroek, T. van der Lippe. The Use of HR Policies and Job Satisfaction of Older Workers [J]. Work, Aging and Retirement, 2021, 7 (4): 303-321.

[9] Kraiger, K. Designing Effective Training for Older Workers. In E. Parry and J. McCarthy (Eds.), The Palgrave Handbook of Age Diversity and Work, 2017, 639-667.

[10] Kooij, D. T. A. M., H. Zacher, M. Wang, J. Heckhausen. Successful Aging

at Work: A Process Model to Guide Future Research and Practice [J]. Industrial and Organizational Psychology, 2020, 13 (3): 345-365.

[11] Deci, E. L., R. M. Ryan. The "What" and "Why" of Goal Pursuits: Human Needs and the Self-Determination of Behavior [J]. Psychological Inquiry, 2000, 11 (4): 227-268.

[12] Boon, C., K. Kalshoven. How High-Commitment HRM Relates to Engagement and Commitment: The Moderating Role of Task Proficiency [J]. Human Resource Management, 2014, 53 (3): 403-420.

[13] Göbel, C., T. Zwick. Are Personnel Measures Effective in Increasing Productivity of Old Workers? [J]. Labor Economics, 2013, 22: 80-93.

[14] Lee, J. W., D. W. Kwak, E. Song. Can Older Workers Stay Productive? The Role of ICT Skills and Training [J]. Journal of Asian Economics, 2022, 79 (101438): 1-16.

[15] Zacher, H. Successful Aging at Work [J]. Work, Aging and Retirement, 2015, 1 (1): 4-25.

[16] Guerrero, S., B. Sire. Motivation to Train from the Workers' Perspective: Example of French Companies [J]. The International Journal of Human Resource Management, 2001, 12 (6): 988-1004.

[17] Williams Van Rooij, S. Training Older Workers: Lessons Learned, Unlearned, and Relearned from the Field of Instructional Design [J]. Human Resource Management, 2012, 51 (2): 281-298.

[18] Zhang, X., X. Han, Y. Dang, F. Meng, X. Guo, J. Lin. User Acceptance of Mobile Health Services from Users' Perspectives: The Role of Self-Efficacy and Response-Efficacy in Technology Acceptance [J]. Informatics for Health and Social Care, 2017, 42 (2): 194-206.

[19] Hedge, J. W. Strategic Human Resource Management and the Older Worker [J]. Journal of Workplace Behavioral Health, 2008, 23 (1-2): 109-123.

[20] Hackman, J. R., G. R. Oldman. Work redesign [M]. Boston: Addison-Wesley, 1980.

[21] Shalley, C. E., L. L. Gilson, T. C. Blum. Interactive Effects of Growth Need Strength, Work Context, and Job Complexity on Self-Reported Creative Performance [J]. Academy of Management Journal, 2009, 52 (3): 489-505.

[22] Graen, G. B., T. A. Scandura, M. R. Graen. A Field Experimental Test of the Moderating Effects of Growth Need Strength on Productivity [J]. Journal of Applied Psychology, 1986, 71 (3): 484-491.

[23] Kooij, D. T. A. M., A. de Lange, P. Jansen, J. Dikkers. Older Workers' Motivation to Continue to Work: Five Meanings of Age: A Conceptual Review [J]. Journal of Managerial Psychology, 2008, 23 (4): 364-394.

[24] Kooij, D. T. A. M., P. G. W. Jansen, J. S. E. Dikkers, A. H. De Lange. The Influence of Age on the Associations between HR Practices and Both Affective Commitment and Job Satisfaction: A Meta-Analysis: HR Practices, Age, and Work-Related Attitudes [J]. Journal of Organizational Behavior, 2010, 31 (8): 1111-1136.

[25] Marescaux, E., S. De Winne, L. Sels. HR Practices and HRM Outcomes: The Role of Basic Need Satisfaction [J]. Personnel Review, 2013, 42 (1): 4-27.

[26] Callahan, J. S., D. S. Kiker, T. Cross. Does Method Matter? A Meta-Analysis of the Effects of Training Method on Older Learner Training Performance [J]. Journal of Management, 2003, 29 (5): 663-680.

[27] Morris, M. G., V. Venkatesh. Age Differences in Technology Adoption Decisions: Implications for a Changing Work Force [J]. Personnel Psychology, 2000, 53 (2): 375-403.

[28] Zwick, T. Training Older Employees: What Is Effective? [J]. International Journal of Manpower, 2015, 36 (2): 136-150.

［29］ Dropkin, J., J. Moline, H. Kim, J. E. Gold. Blended Work as a Bridge Between Traditional Workplace Employment and Retirement: A Conceptual Review [J]. Work, Aging and Retirement, 2016, 2 (4): 373-383.

［30］ VanYperen, N. W., B. Wörtler. Blended Working and the Employability of Older Workers, Retirement Timing, and Bridge Employment [J]. Work, Aging and Retirement, 2017, 3 (1): 102-108.

［31］ Colbert, A., N. Yee G. George. The Digital Workforce and the Workplace of the Future [J]. Academy of Management Briarcliff Manor, 2016, 59 (3): 731-739.

［32］ Lee, J. W., D. W. Kwak, E. Song. Can Older Workers Stay Productive? The Role of ICT Skills and Training [J]. Journal of Asian Economics, 2022, 79 (101438): 1-16.

［33］ Oksa, R., T. Saari, M. Kaakinen, A. Oksanen. The Motivations for and Well-Being Implications of Social Media Use at Work among Millennials and Members of Former Generations [J]. International Journal of Environmental Research and Public Health, 2021, 18 (2): 803-824.

［34］ Allen, J., F. M. Alpass, A. Szabó, C. V. Stephens. Impact of Flexible Work Arrangements on Key Challenges to Work Engagement among Older Workers [J]. Work, Aging and Retirement, 2021, 7 (4): 404-417.

［35］ Scheibe, S., F. Walter, Y. Zhan. Age and Emotions in Organizations: Main, Moderating, and Context-Specific Effects [J]. Work, Aging and Retirement, 2021, 7 (1): 1-8.

［36］ Rudolph, C. W., H. Zacher. Age Inclusive Human Resource Practices, Age Diversity Climate, and Work Ability: Exploring between-and within-Person Indirect Effects [J]. Work, Aging and Retirement, 2021, 7 (4): 387-403.

［37］ Stone, D. N., E. L. Deci, R. M. Ryan. Beyond Talk: Creating Autonomous Motivation through Self-Determination Theory [J]. Journal of General Management, 2009, 34 (3): 75-9.

[38] Wang, B., Y. Liu, S. K. Parker. How Does the Use of Information Communication Technology Affect Individuals? A Work Design Perspective [J]. Academy of Management Annals, 2020, 14 (2): 695-725.

[39] Komp-Leukkunen, K., A. Poli, T. Hellevik, K. Herlofson, A. Heuer, R. Norum, P. E. Solem, J. Khan, V. Rantanen, A. Motel-Klingebiel. Older Workers in Digitalizing Workplaces: A Systematic Literature Review [J]. The Journal of Aging and Social Changes, 2022, 12 (2): 37-59.

[40] Van Dalen, H. P., K. Henkens, M. Wang, M. Recharging or Retiring Older Workers? Uncovering the Age-Based Strategies of European Employers [J]. The Gerontologist, 2015, 55 (5): 814-824.

[41] Benge, J. F., A. Aguirre, M. K. Scullin, A. M. Kiselica, R. C. Hilsabeck, D. Paydarfar, M. Douglas. Internet-Enabled Behaviors in Older Adults during the Pandemic: Patterns of Use, Psychosocial Impacts, and Plans for Continued Utilization [J]. Work, Aging and Retirement, 2022, 10 (1): 6-13.

[42] Iancu, I., B. Iancu. Elderly in the Digital Era: Theoretical Perspectives on Assistive Technologies [J]. Technologies, 2017, 5 (3): 60-72.

[43] Carstensen, L. L., D. M. Isaacowitz, S. T. Charles. Taking Time Seriously: A Theory of Socioemotional Selectivity [J]. American Psychologist, 1999, 54 (3): 165-181.

[44] Armstrong-Stassen, M., F. Schlosser. Perceived Organizational Membership and the Retention of Older Workers [J]. Journal of Organizational Behavior, 2011, 32 (2): 319-344.

[45] Kollmann, T., C. Stöckmann, J. M. Kensbock, A. Peschl, A. What Satisfies Younger versus Older Employees, and Why? An Aging Perspective on Equity Theory to Explain Interactive Effects of Employee Age, Monetary Rewards,

and Task Contributions on Job Satisfaction [J]. Human Resource Management, 2020, 59 (1): 101-115.

[46] Burmeister, A., M. Wang, A. Hirschi. Understanding the Motivational Benefits of Knowledge Transfer for Older and Younger Workers in Age-Diverse Coworker Dyads: An Actor-Partner Interdependence Model [J]. Journal of Applied Psychology, 2002, 105 (7): 748-759.

[47] Fasbender, U., F. H. Gerpott, L. Rinker. Getting Ready for the Future, Is It Worth It? A Dual Pathway Model of Age and Technology Acceptance at Work [J]. Work, Aging and Retirement, 2022, 9 (4): 358-375.

[48] Wang, M., D. A. Olson, K. S. Shultz. Mid and Late Career Issues: An Integrative Perspective [M]. London: Routledge, 2013.

[49] Williams van Rooij, S. Training Older Workers: Lessons Learned, Unlearned, and Relearned from the Field of Instructional Design [J]. Human Resource Management, 2012, 51 (2): 281-298.

[50] Brooke, L. Prolonging the Careers of Older Information Technology Workers: Continuity, Exit or Retirement Transitions? [J] Ageing & Society, 2009, 29 (2): 237-256.

[51] Colquitt, J. A., J. A. LePine, R. A. Noe. Toward an Integrative Theory of Training Motivation: A Meta-Analytic Path Analysis of 20 Years of Research [J]. Journal of Applied Psychology, 2000, 85 (5): 678-707.

[52] Sitzmann, T., K. G. Brown, W. J. Casper, K. Ely, R. D. Zimmerman. A Review and Meta-Analysis of the Nomological Network of Trainee Reactions [J]. Journal of Applied Psychology, 2008, 93 (2): 280-295.

[53] Tannenbaum, S. I., J. E. Mathieu, E. Salas, J. A. Cannon-Bowers. Meeting Trainees' Expectations: The Influence of Training Fulfillment on the Development of Commitment, Self-Efficacy, and Motivation [J]. Journal of Applied Psychology, 1991, 76 (6): 759-769.

[54] Tharenou, P. The Relationship of Training Motivation to Participation in Training and Development [J]. Journal of Occupational and Organizational Psychology, 2001, 74 (5): 599-621.

[55] Graen, G. B., T. A. Scandura, M. R. Graen. A Field Experimental Test of the Moderating Effects of Growth Need Strength on Productivity [J]. Journal of Applied Psychology, 1986, 71 (3): 484-491.

[56] Lin, X. S., J. Qian, M. Li, Z. X. Chen. How Does Growth Need Strength Influence Employee Outcomes? The Roles of Hope, Leadership, and Cultural Value [J]. The International Journal of Human Resource Management, 2018, 29 (17): 2524-2551.

[57] Enders, C. K., D. L. Bandalos. The Relative Performance of Full Information Maximum Likelihood Estimation for Missing Data in Structural Equation Models [J]. Structural Equation Modeling, 2001, 8 (3): 430-457.

[58] Li, Y., Y. Shao, M. Wang, Y. Fang, Y. Gong, C. Li. From Inclusive Climate to Organizational Innovation: Examining Internal and External Enablers for Knowledge Management Capacity [J]. Journal of Applied Psychology, 2022, 107 (12): 2285-2305.

[59] Bhattacherjee, A., N. Hikmet. Physicians' Resistance Toward Healthcare Information Technology: A Theoretical Model and Empirical Test [J]. European Journal of Information Systems, 2007, 16 (6): 725-737.

[60] La Guardia, J. G., R. M. Ryan, C. E. Couchman, E. L. Deci. Within-Person Variation in Security of Attachment: A Self-Determination Theory Perspective on Attachment, Need Fulfillment, and Well-Being [J]. Journal of Personality and Social Psychology, 2000, 79 (3): 367-384.

[61] Armstrong-Stassen, M., N. D. Ursel. Perceived Organizational Support, Career Satisfaction, and the Retention of Older Workers [J]. Journal of Occupational and Organizational Psychology, 2009, 82 (1): 201-220.

［62］ Armstrong-Stassen, M., F. Schlosser. Benefits of a Supportive Development Climate for Older Workers ［J］. Journal of Managerial Psychology, 2008, 23 (4): 419-437.

［63］ Feldman, D. C. The Decision to Retire Early: A Review and Conceptualization ［J］. Academy of Management Review, 1994, 19 (2): 285-311.

［64］ Petkoska, J., J. K. Earl. Understanding the Influence of Demographic and Psychological Variables on Retirement Planning ［J］. Psychology and Aging, 2009, 24 (1): 245-251.

［65］ Burmeister, A., M. Wang, A. Hirschi. Understanding the Motivational Benefits of Knowledge Transfer for Older and Younger Workers in Age-Diverse Coworker Dyads: An Actor-Partner Interdependence Model ［J］. Journal of Applied Psychology, 2020, 105 (7): 748-759.

［66］ Wang, M., Y. Zhan, S. Liu, K. S. Shultz. Antecedents of Bridge Employment: A Longitudinal Investigation ［J］. Journal of Applied Psychology, 2008, 93 (4): 818-830.

［67］ Boehm, S. A., H. Schröder, M. Bal. Age-Related Human Resource Management Policies and Practices: Antecedents, Outcomes, and Conceptualizations ［J］. Work, Aging and Retirement, 2021, 7 (4): 257-272.

［68］ Sterns, H. L., D. M. Spokus. Training the Older Workers: Pathways and Pitfalls. In S. J. Czaja, J. Sharit, and J. B. James (Eds.), Current and Emerging Trends in Aging and Work, 2020, 259-278.

［69］ Li, Y., Y. Gong, A. Burmeister, M. Wang, V. Alterman, A. Alonso, S. Robinson. Leveraging Age Diversity for Organizational Performance: An Intellectual Capital Perspective ［J］. Journal of Applied Psychology, 2021, 106 (1): 71-91.

［70］ Truxillo, D. M., D. M. Cadiz, L. B. Hammer. Supporting the Aging Workforce: A Review and Recommendations for Workplace Intervention Research

　　　　[J]. Annual Review of Organizational Psychology and Organizational Behavior, 2015, 2 (1): 351-381.

[71] Noe, R. A., J. R. Hollenbeck, B. Gerhart, P. M. Wright. Human Resource Management: Gaining a Competitive Advantage [M]. New York: McGraw-Hill Education, 2016.

[72] Kim, S., D. C. Feldman. Working in Retirement: The Antecedents of Bridge Employment and Its Consequences for Quality of Life in Retirement [J]. Academy of Management Journal, 2000, 43 (6): 1195-1210.

[73] Rau, B. L., G. A. Adams. Attracting Retirees to Apply: Desired Organizational Characteristics of Bridge Employment [J]. Journal of Organizational Behavior, 2005, 26 (6): 649-660.

[74] Zhan, Y., M. Wang, J. Shi, J. Retirees' Motivational Orientations and Bridge Employment: Testing the Moderating Role of Gender [J]. Journal of Applied Psychology, 2015, 100 (5): 1319-1331.

[75] Mor-Barak, M. E. The Meaning of Work for Older Adults Seeking Employment: The Generativity Factor [J]. The International Journal of Aging and Human Development, 1995, 41 (4): 325-344.

[76] Van den Broeck, A., D. L. Ferris, C. H. Chang, C. C. Rosen. A Review of Self-Determination Theory's Basic Psychological Needs at Work [J]. Journal of Management, 2016, 42 (5): 1195-1229.

[77] Chang, S., A. Witteloostuijn, L. Eden. From the Editors: Common Method Variance in International Research [J]. Journal of International Business Studies, 2010, 41: 178-184.

[78] Halvari, H., A. H. Olafsen. Will They Stay or Will They Go? Motivational Profiles, Retirement-Related Correlates, and Retirement Intentions among 58-72-Year-Old Workers [J]. Frontiers in Psychology, 2022, 13, 807752.

[79] Puhakka, I. J., P. Nokelainen, L. Pylväs. Learning or Leaving? Individual

and Environmental Factors Related to Job Satisfaction and Turnover Intention [J]. Vocations and Learning, 2021, 14 (3): 481-510.

[80] Tang, M., D. Wang, A. Guerrien. The Contribution of Basic Psychological Need Satisfaction to Psychological Well-Being via Autonomous Motivation among Older Adults: A Cross-Cultural Study in China and France [J]. Frontiers in Psychology, 2021, 12 (734461): 1-14.

[81] Van den Berg, P. T. Characteristics of the Work Environment Related to Older Employees' Willingness to Continue Working: Intrinsic Motivation as a Mediator [J]. Psychological Reports, 2011, 109 (1): 174-186.

[82] Van den Broeck, A., D. L. Ferris C. H. Chang, C. C. Rosen. A Review of Self-Determination Theory's Basic Psychological Needs at Work [J]. Journal of Management, 2016, 42 (5): 1195-1229.

[83] Vansteenkiste, M., B. Neyrinck, C. P. Niemiec, B. Soenens, H. De Witte, A. van den Broeck. On The Relations among Work Value Orientations, Psychological Need Satisfaction and Job Outcomes: A Self-Determination Theory Approach [J]. Journal of Occupational and Organizational Psychology, 2007, 80 (2): 251-277.

[84] Deci, E. L., R. M. Ryan. The "What" And "Why" of Goal Pursuits: Human Needs and the Self-Determination of Behavior [J]. Psychological Inquiry, 2000, 11 (4): 227-268.

[85] Canning, R. Older Workers in the Hospitality Industry: Valuing Experience and Informal Learning [J]. International Journal of Lifelong Education, 2011, 30 (5): 667-679.

[86] Lee, C. C., S. J. Czaja, J. Sharit. Training Older Workers for Technology-Based Employment [J]. Educational Gerontology, 2009, 35 (1): 15-31.

战略启示篇

第七章　个人与家庭人口老龄化策略

成功老龄化依赖于个体和家庭成员的共同努力，通过相互协同一起应对老龄化带来的挑战。年长员工自身的个体策略包括：维持健康生活方式、持续学习和主动的职业生涯规划等，这对于维持健康的生理和心理状态都具有重要作用。家庭策略主要体现在家庭成员间的情感支持和资源共享方面，通过为年长者构建出一个支持性强的社会环境，提高社会参与感和归属感，从而提升整体生活满意度。

第一节　个人层面的策略与行动

随着年龄的增长，员工在职场中挑战与机遇并存。为了成功应对这一阶段，年长员工需要采取一系列有效的个人策略，涵盖健康管理、持续的知识技能发展以及职业生涯规划等方面。通过均衡饮食、定期运动以及常规健康检查，年长员工可以有效地优化生活方式，保持良好的身体状态。这不仅有助于他们应对工作的体力和精力需求，还能减少健康问题对工作表现的影响，从而更好地适应不断变化的工作环境。同时，持续的知识技能发展也是年长员工应对职场挑战的重要策略。通过参加培训、学习新技能或进一步深造，年长员工能够与时俱进，增强职业竞争力。最后，有效的职业规划和过渡性就业策略可以帮助年长员工在职业生涯的不同阶段做出明智的选择。这些综合性的个人策略不仅能帮助年长员工在职场中维持高效表现，还能提升其生活质量，实现身心健康与职业成功的双重目标。

一、健康管理与生活方式优化

随着年龄的增长，身体各项机能的自然衰退对年长员工的职场表现带来了挑战。然而，通过积极的健康管理，年长员工可以有效地应对这些挑战，继续在职场中发挥重要作用。首先，保持健康的生活方式是关键，包括合理的饮食、定期的身体锻炼和必要的健康检查。Nelson 等人（2007）的研究指出，年长者每周至少进行 150 分钟的中等强度有氧运动，如步行、游泳或骑自行车，可以显著改善心血管健康和增强肌肉力量，从而提高工作中的耐力和专注力。力量训练也被证明对年长员工有益。阻力训练可以预防肌肉流失，维持骨密度，降低骨质疏松的风险。合理的饮食同样重要，摄取足够的蛋白质、维生素和矿物质有助于维持身体机能并增强免疫力。世界卫生组织建议年长者应注重摄入富含纤维的食物，如全谷物、水果和蔬菜，同时减少饱和脂肪和糖的摄入，以降低慢性疾病的风险[①]。健康的饮食习惯不仅可以减少病假天数，还能帮助年长员工维持良好的工作表现。此外，定期健康检查有助于早期发现和预防慢性疾病。根据美国预防服务工作组（USPSTF，2018）的建议，年长者应定期检测血压、胆固醇和血糖，以及时管理健康风险[②]。通过全面的健康管理，年长员工可以更好地维持身体机能，减少因健康问题导致的工作中断。

在健康管理之外，心理健康与压力管理对年长员工的职场表现也起着同样重要的作用。随着年龄的增长，年长员工可能面临更多的工作和生活压力，尤其是在应对工作角色变动或技术革新所带来的适应性挑战时。良好的心理健康可以帮助年长员工更好地应对这些挑战，提升他们的职业韧性。Goyal 等

---

① 世界卫生组织（WHO），健康饮食，https://www.who.int/zh/news-room/fact-sheets/detail/healthy-diet，2020.

② 美国预防服务工作组（USPSTF），推荐的预防服务，https://www.uspreventiveservicestaskforce.org/，2018.

人（2014）的一项系统性回顾和元分析表明，冥想等放松训练能够显著降低焦虑、抑郁和压力水平，改善心理健康状态。通过正念冥想，年长员工可以提高注意力和情绪调节能力，从而在工作中更有效地应对压力。此外，深呼吸练习和渐进式肌肉放松等方法也被证明对缓解压力有积极效果。除了冥想和放松训练，认知行为疗法（CBT）也是有效的压力管理工具。Hofmann 等人（2012）的元分析指出，CBT 对焦虑和抑郁症状有显著的改善效果。因此，年长员工可以通过心理咨询或自助书籍学习 CBT 技巧，以更好地应对工作和生活中的压力。培养兴趣爱好和参与社交活动同样有助于缓解压力，增强社会支持感。通过参与社区活动、志愿服务或兴趣小组，他们不仅能够扩大社交网络，还能找到新的兴趣和目标，丰富生活。Thoits 和 Hewitt（2001）的一项研究支持这一观点，表明志愿服务可以增强自我效能感，减少抑郁症状。

二、持续学习与技能提升

在当今飞速发展的社会背景下，终身学习已经从一种选择转变为必需。面对职场环境的快速变化以及新兴技术的不断涌现，年长员工必须不断地获取新知识和更新旧技能，以维持其在职场上的竞争力。由于过时的知识和技能是影响其职业表现的关键因素之一（Wang et al.，2012），年长员工需要主动采取措施，积极参与学习，以适应这些挑战。

具体来说，年长员工可以通过参加各种培训课程和研讨会来提高专业技能，无论是线上还是线下的教育资源，都为他们提供了学习新知识的渠道。例如，许多高校和教育机构都开设了针对成人的课程，包括开放大学和社区学院等。据《中国成人教育协会发展报告》统计[1]，近年来参加继续教育的成人数量逐年上升。这些学习机会为年长员工提供了丰富的资源，帮助他们更新专业知识，适应行业的新发展。此外，年长员工可以利用互联网和在线教育平台获取最新的行业资讯和学习资源，例如慕课（MOOC）、Coursera、

---

[1]　中国成人教育协会，《中国成人教育协会发展报告（2012—2022）》，2022 年。

edX 等平台提供的广泛课程，涵盖多个领域，可以根据个人兴趣和需求选择合适的课程进行学习。越来越多的年长员工开始利用这些数字化平台来提升自己，这一趋势已在全球范围内得到体现。

无疑，年长员工在学习过程中会遇到一些特有的挑战。他们在适应快速发展的数字化工具和平台时可能会面临困难，需要更多的时间和支持来掌握这些新技术，例如，在使用在线学习平台或复杂的软件工具时，往往需要多次练习和额外指导才能达到熟练程度。此外，年长员工还面临心理上的挑战，包括学习新技能时的焦虑和因年龄偏见而带来的职场压力。时间管理也是一个挑战，尤其是对已接近退休年龄的员工而言，他们需要在工作、家庭和学习之间找到平衡，这使他们难以投入足够的时间和精力进行系统化学习。

在学习风格方面，年长员工更倾向于结构化且目标明确的学习方式，喜欢通过系统化课程和明确目标的培训获得知识，而不是接受零散的信息。此外，他们重视互动性和实际应用，通过讨论、案例分析和实践练习，可以更好地理解和应用所学知识，从而提升学习效果（Brookfield，2013）。这种偏好使年长员工在参与组织良好、目标明确的学习活动时，表现出更高的参与热情和效果。研究发现，年长员工倾向于选择那些可以直接应用到工作中的课程内容，以确保学习成果能迅速转化为工作效益，从而实现职业成长和提升工作表现。

总的来说，年长员工应主动采取行动，积极参与持续学习和技能提升的各项活动。通过多种途径获取新知识、掌握新技能，他们不仅可以提升竞争力，还能增加职业满意度和成就感。一项对英国劳动者的调查显示，参与终身学习的年长员工在职业满意度方面的得分显著高于未参与者（Schuller & Watson，2009）。因此，持续学习是年长员工实现职场成功老龄化的重要途径。

三、退休规划与过渡性就业

在职业生涯的后期，年长员工面临着不断变化的工作和生活环境，因此积极规划职业生涯后半段，特别是为退休阶段做准备，对于维持其健康福祉尤为重要（Wang & Shi，2014；Wang & Shultz，2010）。Wang（2007）针对年长员工在退休过渡和调整过程中的心理福祉变化进行了探讨，发现了三种共存的潜在增长曲线模式：平行线（即，随着退休过程的推进，幸福感维持稳定，出现维持模式）、具有正斜率的直线（即，随着退休过程的推进，幸福感逐渐上升，出现恢复模式）和U形曲线（即，随着退休过程的推进，幸福感先下降后逐步恢复，出现U型模式）。其中，维持模式与连续性理论的预测一致，表明年长员工试图通过维持其熟悉的思维、行为和人际关系模式来适应重大的生活变化。恢复模式则表明，对于那些不满意当前工作状态的年长员工而言，退休让他们能够摆脱不愉快的工作角色，从而带来了幸福感的积极提升。最后，U型模式表明，退休引起的角色丧失可能导致退休人员感到焦虑或抑郁，从而导致心理福祉的负面变化；但是随时间推移他们对退休生活的适应使其能够重新达到好的心理福祉。

针对上述研究成果，面临退休的年长人员可以采用一系列积极策略来应对退休转变。首先，维持社会联系和积极参与社会活动非常重要。参与社区活动、志愿服务或兴趣小组可以帮助退休人员保持社会互动，防止孤独和抑郁。例如，参与社区志愿者项目不仅能帮助他人，还能丰富个人社交生活，从而提升幸福感。其次，培养新兴趣爱好和追求个人梦想也是提升退休生活质量的有效途径。无论是旅行、学习新技能，还是从事艺术创作，这些活动都能增强退休人员的成就感和满足感。研究表明，积极参与休闲活动的退休人员在心理健康和生活满意度方面表现更佳（Hinterlong，2008）。

过渡性就业（bridge employment）指退休人员在正式退休后继续以兼职、临时、顾问或创业等形式参与工作的现象（Wang et al.，2008）。这种就业形式在全球日益普遍，反映了人口老龄化和退休观念的转变。过渡性就业不仅为退休人员提供额外收入，还帮助他们保持社会联系、延续专业技能，并维持自我价值感。例如，退休教师可以在培训机构担任兼职讲师，继续分享自己的知识，或通过在线平台开展课程，扩大影响力；退休工程师也可作为技术顾问，为企业项目提供专业指导。通过这些方式，退休人员不仅可以继续从事自己热爱的领域，还能获得成就感和满足感。研究表明，参与过渡性就业的退休人员在心理和生理健康方面表现更好，更可能保持积极的生活态度，减少退休后的压力和焦虑（Kim & Feldman，2000）。

此外，过渡性就业也有助于社会和经济的可持续发展。通过充分利用年长员工的经验和技能，企业和组织能够从中受益。例如在医疗保健领域，经验丰富的退休护士以顾问或兼职形式继续工作有助于缓解人手短缺问题，进而提高医疗服务质量；在科技行业，资深退休工程师可以指导和培训年轻员工，促进知识传承和人才培养。过渡性就业还可以应对劳动力市场面临的诸如人口老龄化和技能短缺问题。随着人口老龄化趋势加剧，劳动力供给可能不足，而过渡性就业则为填补这一空缺提供了可行的解决方案（Beehr & Bennett，2015）。年长员工的持续参与还有助于促进多代际员工之间的协作，增强组织的创新能力和竞争力。

Wang 及其合作者从个体、工作、家庭、退休计划四个维度探讨了影响成功实现过渡性职业的因素（Wang et al.，2008；Zhan et al.，2015）。研究发现，那些年轻、教育程度较高、健康状况良好、退休前在职位上承受较少工作压力且工作满意度较高，以及较少思考退休问题的退休人员，相比完全退休，更倾向于选择与其职业生涯相关领域的过渡性就业；而那些年轻、教育年限较长、健康和经济条件较好、退休前在工作中承受较少工作压力，以及较少考虑退休问题的退休人员，与选择完全退休相比，更可能选择在一个全新领域中进行过渡性就业。此外，无论哪种类型的过渡性就业都需要政策和组织的支持。企业应为退休人员提供灵活的工作安排和适当的岗位选择，鼓励他们继续贡献力量。政府可以通过税收优惠、立法支持和职业培训等手段，促进过渡性就业的发展（Shacklock & Brunetto，2011）。通过政策、企业和个人的共同努力，过渡性就业将成为年长员工继续为社会和经济作出贡献的重要途径，同时提升他们的个人生活质量和幸福感。

四、社交网络与人际关系拓展

社交网络的建设对于年长员工实现职场成功老龄化具有关键作用。通过建立和维护广泛的人际关系，年长员工可以获取最新的行业信息，寻找新的工作机会，并获得情感上的社会支持，从而在职场中保持积极的状态。数字化技术的飞速发展为年长员工的社交网络拓展带来了前所未有的机遇。除了传统的面对面交流，线上社交平台如 LinkedIn、微信、微博等，为年长员工提供了更加便捷的方式来拓展人脉。例如，根据中国互联网络信息中心（CNNIC）的报告，截至 2023 年 12 月底，中国 50 岁及以上网民占比达32.5%[①]，这表明越来越多的年长员工开始利用互联网平台进行社交和信息获取。建立多元化的社交圈有助于年长员工保持对行业动态的敏锐性。通过与不同背景、不同年龄层次的人交流，年长员工可以获得新的视角和思路。同时，广泛的社交网络也为他们提供了更多的职业机会。研究显示，大量的工作机会是通过人际网络获得的（Granovetter，1973），这意味着拥有丰富人脉的年长员工在就业市场中具有更大的优势。积极参与社交活动的年长员工在失业后的成功再就业概率显著高于那些社交网络较窄的同龄人。

此外，各种线下社交活动，如行业会议、研讨会和社区活动，也是年长员工扩大社交网络和实现职场成功老龄化重要路径。例如，参加行业协会组织的年会，不仅可以了解最新的行业趋势，还能结识业内的专家和同行，为后续的职业参与打下坚实基础。参与社区和行业协会的活动不仅帮助年长员工保持行业联系，还能提升其职业价值，通过分享自己的专业知识获得社会的认可和尊重（Olesen & Berry，2011）。这种参与感使他们在职业生涯后期依然能够发挥作用，从而增强自我价值感，提升职业满意度和心理健康水平。例如，在美国，许多退休的工程师通过参与"工程师无国界"（Engineers Without Borders）[②] 等志愿者组织，利用自己的专业技能帮助发展中国家建设基础设施。这些活动不仅使他们保持了与专业领域的联系，还增强了他们的社会归属感。年长员工还可以通过担任导师的角色，指导年轻一代的员工。这样的双向交流不仅有助于年轻人的成长，也使年长员工感受到自身价值的

---

① 中国互联网络信息中心（CNNIC），《第 53 次中国互联网络发展状况统计报告》，2023 年。

② Engineers Without Borders USA, Annual Report, 2020.

延续（Burmeister et al., 2020）。Burmeister 等人（2020）的研究有力地支持了上述观点；他们的研究显示，担任导师角色的年长员工，其能力需求、自主需求和归属感需求都获得了积极满足，有效地降低了年长员工的离职倾向性。

第二节　家庭层面的策略与行动

家庭层面的策略和行动是年长员工实现成功老龄化的重要保障。家庭支持与资源共享为年长员工提供了情感慰藉和日常生活工作中的实际帮助。此外，代际互动与知识传承促进了不同年龄层之间的沟通与理解，增强了家庭的凝聚力。通过代际互动，年长员工不仅能够向自己的子女传授丰富的工作经验和生活智慧，还能从年轻一代学习新的知识和技能，有助于保持思维的活跃性和灵活性。家庭层面的这些策略为年长员工维持职场竞争力和生活质量奠定了坚实基础。

一、家庭支持与资源共享

中国传统文化中，孝道和家庭纽带被视为社会的基石，家庭不仅是情感的避风港，也是实际资源的重要来源。家庭支持既体现在情感层面，也包括知识、技能、经济和物质资源的共享，这些支持对年长员工的职业发展产生了深远的影响。

情感支持是家庭支持的重要组成部分，包括家庭成员间的理解、鼓励和关爱。例如，家庭成员可以倾听年长员工的困惑、在他们遇到困难时提供安慰，或者在他们取得成就时表达认可与鼓励。这些具体行为可以帮助年长员工缓解压力，增强自信心。对于年长员工而言，在面对职业压力、技能更新或职场变革时，家庭的理解与陪伴能够显著缓解他们的心理压力。研究显示，来自家庭成员的情感支持可以显著提高年长员工的工作满意度和生活幸福感（Lin & Chen，2018）。

　　除情感支持外，家庭成员，尤其是成年子女，还可以为年长员工提供知识和技能方面的支持（Fingerman et al.，2020）。成年子女通常具备在新技术和新观念方面的丰富知识和技能，他们可以为父母提供实质性的帮助，包括介绍最新的行业趋势、分享职业发展的建议，甚至协助其拓展人脉网络。一位成年子女可以帮助父母创建和完善求职账号，指导他们如何使用这个平台来结识业内人士，获取职业机会，从而拓展人脉。这种实际的帮助能够显著提高年长员工在现代职场中的适应能力和竞争力。在技术支持方面，成年子女可以帮助年长员工掌握新技术和数字工具，如智能手机、计算机软件和在线平台的使用，不仅提高了年长员工的技术能力，还增强了他们在数字化工作环境中的自信心。例如，年长员工通过掌握在线会议工具和数据分析软件，不仅能够更高效地完成日常工作，还能够参与更多的团队协作和项目管理，从而获得新的职业机会和提升工作效率。

　　最后，实现职场成功老龄化往往需要一定的经济投入，例如参加培训课程或购买必要的设备等。家庭成员，尤其是成年子女，可以在这方面提供经济支持，帮助年长员工减轻经济负担。通过减轻年长员工的经济压力，他们能够更灵活地规划职业发展，如参与职业培训、接受再教育或尝试新的职业方向。经济支持也使他们可以更自主地选择符合个人兴趣和市场需求的职业路径。在物质支持方面，家庭成员可以为年长员工提供必要的工具和设备。例如，为了适应远程办公的需求，家庭可以为年长员工配备高速网络、先进的计算机设备以及舒适的办公环境，从而提高工作效率。这种物质支持能够使年长员工在数字化环境中保持高效工作，减少技术障碍对工作表现的影响。

　　综上所述，家庭支持与资源共享在年长员工的职业发展中发挥着重要作用。情感支持可以增强他们的心理资本，即自信心、应对压力的能力和积极的心态，信息支持可以帮助他们更新知识技能，如掌握新技术、适应行业变化的能力，而经济和物质支持为他们提供了必要的资源。成年子女在这些方面的作用尤为突出，通过提供技术指导、经济支持和信息共享，帮助父母更好地适应现代职场的需求。

二、代际互动与知识传承

随着社会的迅速发展，技术和文化的变迁使得不同代际之间的经验和知识存在显著差异。通过与子女及晚辈的交流，年长员工不仅能够获取新的知识和视角，还可以将他们宝贵的经验和智慧传递给下一代。这种互动是双向且互惠的，既帮助年长员工理解当代社会和技术的变化，也为年轻一代提供了深入了解职场和生活经验的机会。

首先，知识传承是家庭内部代际互动的重要组成部分。年长员工通过与年轻一代分享职业经验和生活智慧，可以传递勤奋、诚实、责任感和尊重他人等积极的家庭传统和价值观。这些价值观帮助年轻一代建立正确的职业伦理和人生观，使他们在职场和生活中做出更负责任的决策。这种传承不仅包括职业经验，还涵盖工作伦理、职业责任感和人生观的传递。例如，一位退休医生可以通过与子女分享自己在医疗领域的经验，帮助年轻一代理解医疗工作的责任和意义。这种知识传承不仅能丰富年轻一代的视野，也有助于年长员工在退休后继续感受到自身的价值和社会认同。在职业发展方面，代际互动对于年轻一代具有深远的影响。通过与年长员工的互动，年轻人可以学习到解决问题的技巧、应对压力的方法和职业发展的策略，这些宝贵经验是书本上难以获得的，能够帮助他们更好地适应职场环境。

其次，在当代社会，技术更新的速度前所未有，数字化和信息技术的普及使年长员工面临适应新环境的挑战。通过与年轻一代的交流，他们能够更快地掌握新技术并提升数字化技能。年长员工在与年轻家庭成员互动时，可以更有效地学习和使用数字化设备和社交媒体（van Volkom et al., 2014）。这种互动不仅帮助他们掌握了社交媒体的基本操作，还消除了对新技术的畏惧心理。年轻人通常更擅长使用新技术，能够以直观且实用的方式传授知识，缓解年长员工因技术的复杂性和对未知事物的不确定感所带来的焦虑和抗拒情绪。通过年轻人的帮助，年长员工逐步克服这些心理障碍，积极参与数字化转型。

　　代际互动不仅有助于提升年长员工的技能，还能增强家庭的和谐与代际间的理解。不同世代之间在价值观、生活方式和兴趣爱好上可能存在显著差异，容易引发沟通障碍和理解上的困难。然而，通过代际互动，家庭成员可以分享各自的经验与观点，逐步消除这些障碍，增进彼此的理解与尊重，形成更加紧密的家庭纽带。对于年长员工而言，代际互动满足了其自我实现和归属感的需求。通过与年轻一代的交流，年长员工感受到被需要和被重视，增强了自我价值感。例如，年长员工在帮助年轻人解决工作中的问题时，会感受到自己经验的价值和重要性，这种互动让他们意识到自己依然能够为他人和社会作出贡献。这对他们的心理健康和生活满意度有积极影响。根据Erikson的理论模型，老年阶段的重要任务是实现自我整合，对自己的生命历程感到满足。代际互动为他们提供了实现这一任务的机会（Erikson，1982）。

　　对于年轻一代而言，代际互动有助于他们形成正确的价值观和人生观。在与年长员工的交流中，他们能够更深入地理解生活的意义、工作的价值和社会的责任，这对于他们的成长和发展具有重要的指导意义。此外，代际互动还有助于加强社会资本的积累。通过家庭内部的知识传承和价值观的传递，年轻一代可以更好地融入社会，建立有效的社会网络。例如，年轻人通过家中年长者的引荐，可以认识一些业内资深人士，参加行业相关的社交活动，逐渐拓展人脉。这些社会网络对于他们的职业发展和社会适应能力都有积极影响，帮助他们更容易获取工作机会和职业指导。

　　总之，代际互动在家庭层面具有重要意义。它不仅促进了知识和经验的传递，帮助年长员工适应社会变化并保持心理健康，还增强了家庭的和谐和代际间的理解。

参考文献

[1] Nelson, M. E., W. J. Rejeski, S. N. Blair, P. W. Duncan, J. O. Judge, A. C. King, C. Castaneda-Sceppa. Physical Activity and Public Health in Older Adults: Recommendation from the American College of Sports Medicine and the

American Heart Association〔J〕. Circulation, 2007, 116（9）: 1094-1105.

〔2〕Goyal, M., S. Singh E. M. S. Sibinga. Meditation Programs for Psychological Stress and Well-Being: A Systematic Review and Meta-Analysis〔J〕. Journal of the American Medical Association Internal Medicine, 2014, 174（3）: 357-368.

〔3〕Hofmann, S. G., A. Asnaani, I. J. J. Vonk. The Efficacy of Cognitive Behavioral Therapy: A Review of Meta-Analyses〔J〕. Cognitive Therapy and Research, 2012, 36: 427-440.

〔4〕Thoits, P. A. L. N. Hewitt. Volunteer Work and Well-Being〔J〕. Journal of Health & Social Behavior, 2001, 42（2）: 115-131.

〔5〕Wang, M., A., D. A. Olson, K. S. Shultz. Mid and Late Career Issues an Integrative Perspective〔M〕. New York: Routledge, 2012.

〔6〕Schuller, T., D. Watson. Learning through Life〔J〕. Learning, 2009, 44: 1-51.

〔7〕Wang, M. Profiling Retirees in the Retirement Transition and Adjustment Process: Examining the Longitudinal Change Patterns of Retirees' Psychological Well-Being〔J〕. Journal of Applied Psychology, 2007, 92: 455-474.

〔8〕Li, Y., Y. Gong, A. Burmeister, M. Wang, V. Alterman, A. Alonso, S. Robinson, S. Leveraging Age Diversity for Organizational Performance: An Intellectual Capital Perspective〔J〕. Journal of Applied Psychology, 2021, 106（1）: 71-91.

〔9〕Ng, T. W. H., D. C. Feldman. The Relationships of Age with Job Attitudes: A Meta-Analysis〔J〕. Personnel Psychology, 2010, 63（3）: 677-718.

〔10〕Wang, M., J. Shi. Psychological Research on Retirement〔J〕. Annual Review of Psychology, 2014, 65（1）: 209-233.

〔11〕Zhan, Y., M, Wang, S. Liu, K. S. Shultz. Bridge Employment and Retirees' Health: A Longitudinal Investigation〔J〕. Journal of Occupational Health

Psychology, 2009, 14 (4): 374-389.

[12] Hinterlong, J. E. Productive Engagement among Older Americans: Prevalence, Patterns, and Implications for Public Policy [J]. Journal of Aging & Social Policy, 2008, 20 (2): 141-164.

[13] Wang, M., Y. Zhan, S. Liu, K. S. Shultz. Antecedents of Bridge Employment: A Longitudinal Investigation [J]. Journal of Applied Psychology, 2008, 93 (4): 818-830.

[14] Kim, S., D. C. Feldman. Working in Retirement: The Antecedents of Bridge Employment and Its Consequences for Quality of Life in Retirement [J]. Academy of Management Journal, 2000, 43 (6): 1195-1210.

[15] Beehr, T. A., M. M. Bennett. Working after Retirement: Features of Bridge Employment and Research Directions [J]. Work, Aging and Retirement, 2015, 1 (1): 112-128.

[16] Shacklock, K., Y. Brunetto. A Model of Older Workers' Intentions to Continue Working [J]. Personnel Review, 2011, 40 (2): 252-274.

[17] Granovetter, M. The Strenght of Weak Ties [J]. American Journal of Sociology, 1973, 78 (6): 1360-1380.

[18] Olesen, S. C., H. L. Berry. Community Participation and Mental Health During Retirement in Community Sample of Australians [J]. Aging & Mental Health, 2011, 15 (2): 186-197.

[19] Burmeister, A., M. Wang, A. Hirschi. Understanding the Motivational Benefits of Knowledge Transfer for Older and Younger Workers in Age-Diverse Coworker Dyads: An Actor-Partner Interdependence Model [J]. Journal of Applied Psychology, 2020, 105 (7): 748-759.

[20] Lin, X. S., J. Qian, M. Li, Z. X. Chen. How Does Growth Need Strength Influence Employee Outcomes? The Roles of Hope, Leadership, and Cultural Value [J]. The International Journal of Human Resource Management,

2018, 29（17）：2524-2551.

［21］Fingerman, K. L., M. Huo, K. S. Birditt. A Decade of Research on Inter-generational Ties：Technological, Economic, Political, and Demographic Changes［J］. Journal of Marriage and Family, 2020, 82（1）：383-403.

［22］Volkom, M., Van, Stapley, C. Janice, Amaturo, Vanessa. Revisiting the Digital Divide：Generational Differences in Technology Use in Everyday Life［J］. North American Journal of Psychology, 2014, 16（3）：557-574.

［23］Erikson, E. H. The Life Cycle Completed：A Review［M］. New York：W. W. Norton & Company, 1982.

第八章　企业人口老龄化战略

　　面对职场人口老龄化的挑战，企业必须采用切实有效的人力资源管理措施，这不仅是实现成功老龄化的核心关键，更是确保企业长期竞争力的重要基础。一方面，通过合理的人力资源管理，企业能够激发不同年龄段员工的潜力，维持组织的活力和创新能力，使年长员工的经验与年轻员工的活力形成互补。另一方面，通过制定兼顾不同年龄段需求的中立政策，企业既能满足员工的多样化需求，又能营造公平包容的工作环境，从而激发员工的积极性和归属感。与此同时，数字化技术的迅猛发展为人力资源管理提供了重要支持。从招聘、培训、绩效管理到健康福利管理，数字化工具全面提升了各个环节的效率和效果，为年长员工融入职场、实现成功老龄化提供了更有力的支持，同时帮助企业最大化地利用人力资本，提升整体竞争力。

第一节　年龄相关人力资源管理实践

　　对于大多数企业而言，行之有效的人力资源管理实践包括：①制定灵活而有效的招聘和保留策略，以吸引并留住经验丰富的年长员工，确保企业持续受益于这些宝贵的专业知识和技能；②实施针对性的培训与发展计划，帮助年长员工适应新技术和不断变化的工作环境，从而提升他们的工作效率和满意度；③重视年长员工的身心健康，提供全面的健康管理和心理支持，以减轻年龄增长带来的身体和心理压力等。此外，企业还需推动跨代际合作与知识传承机制，促进不同年龄段员工之间的协作与理解，实现关键知识的有效传递与持续创新。通过这些综合性的人力资源管理实践，企业不仅能够有效应对劳动力老龄化带来的挑战，还能最大化人力资本的潜力，从而提升整体竞争力和可持续发展能力。

Froidevaux 等人（2020）基于对现有年龄相关人力资源管理实践的回顾与分析，提出了两类管理模式：年龄特定（Age-Specific）和年龄中立（Age-Neutral）。年龄特定的管理模式注重根据不同年龄群体的特点进行差异化管理，满足年长员工的特定需求，例如灵活的工作安排和健康管理；而年龄中立的管理模式则强调平等对待所有员工，确保每个人都能享有同样的机会和资源。事实上，这两类模式反映了对员工及其年龄变化过程的两种不同管理理念（Yeatts et al., 1999）。

第一种理念是折旧模型（Depreciation Model），认为员工在职业生涯初期的价值最高，随着时间推移，其价值逐渐减少，直至退休时几乎为零。在这种模式下，年长员工通常被视为企业的成本负担。因此，为了抵消这种对年长员工的传统负面观念，企业开发了针对年长员工的人力资源管理实践，旨在激励和延长年长员工的职业生涯。第二种理念是维护模型（Maintenance Model），认为所有员工，无论年龄大小，都是组织的宝贵资产，都应该接受优质的培训、教育和管理，以保持其工作能力。这种模式倡导对所有员工进行长期投资，以获取组织的长远收益。通过优质的培训和发展项目，维护模型致力于帮助员工保持职业技能的更新与提升，并促进各年龄段员工之间的合作与交流。

一、年龄特定人力资源管理实践

年龄特定人力资源管理实践是指组织根据员工的年龄特点、职业生涯阶段及其特定需求，制定并实施相应的政策和措施（Kooij et al., 2020）。这种实践的核心在于为不同年龄段的员工提供量身定制的支持，以提升他们的工作满意度，完成对组织的承诺。

1. 招聘年长员工

尽管多数国家的法律已明确禁止年龄歧视，但在许多企业的招聘过程中，尤其在人力资源管理的选拔环节，年龄歧视现象仍然普遍存在。研究表明，与年轻面试者相比，年长面试者的面试时间通常较短，获得工作机会的可能性也更低（Bendick Jr et al.，1999）。Fasbender 和 Wang（2017a）基于计划行为理论（Ajzen，1991）提出，企业对年长面试者的负面态度会降低其雇用意愿，从而减少聘用同等资质年长候选人的可能性。然而，他们的研究也发现，当决策者具备较高的核心自我评价（如自尊心强）时，他们对年长员工的威胁感知较弱，从而降低了歧视的可能性，能够做出更加公正的招聘决策（Fasbender & Wang，2017a）。实际上，这些负面态度可能源于年轻员工对年长员工知识和资历的威胁感，甚至触发对自身衰老和死亡的焦虑（Nelson，2011），使得他们更倾向于避免与年长员工共事（Fasbender & Wang，2017b）。此外，类似于心理学中的脱敏现象，群际接触被认为是缓解这些歧视情境的有效策略（Allport，1954）。Fasbender 和 Wang（2017b）发现，高质量的群际接触（即"明确区分的群体成员之间实际面对面的互动"；Pettigrew & Tropp，2006）能够有效缓解管理者对雇用年长员工并与之共事的消极态度与负面情绪。

基于上述研究结果，我们建议企业在实践中可以通过多样化的人力资源管理措施，避免其在招聘年长员工时产生负面态度和偏见。首先，如果企业希望引进具有丰富经验的年长员工，应由重视年龄多样性并倡导公平的高层管理者来主导（Oude Mulders et al.，2017）。其次，企业应创造机会，促进高层管理人员与不同年龄段员工之间的高质量、频繁互动，这种积极的交流有助于消除高层管理人员对年龄的偏见，增进相互理解。最后，人力资源管理实践应制定针对性的政策，消除年长员工招聘过程中所表现出来的负面态度和偏见。此外，在招聘过程中，无论是从内部还是外部寻找合适的候选人，当有职位空缺并且这些职业适合现有的年长员工或即将退休的员工时，管理者应将这些拥有丰富知识和经验的资深员工视为填补职位空缺的首选。这一策略不仅可以帮助组织节省招聘和培训成本，还能最大化利用现有的人才资源，提升组织整体的资源积累和稳定性（Rudolph et al.，2017）。

2. 留住年长员工

除招聘外，面对劳动力老龄化的挑战，企业还需采取有效的人力资源管理策略以留住年长员工。通过减少不必要的员工流失，企业不仅可以降低招聘相关成本，还能保留那些关键职位上的资深员工，如管理者或具有丰富经验的领导者，从而避免宝贵知识资本的流失。在各类保留年长员工的重要策略中继任规划最为常见，它通过识别和培养潜在的接班人，帮助年长员工平稳过渡关键职位（Rau & Adams，2013）。此策略不仅能够最大限度利用年长员工的剩余工作时间，还能通过促进他们与年轻员工的互动与指导，有效减少知识流失（Erdheim & Lodato，2013）。

此外，在许多西方发达国家，延长职业生涯被证明对企业和员工均有积极影响。例如，数据显示，美国有大约80%的50岁及以上员工希望在达到法定退休年龄后继续工作（Jackson et al.，2018）。根据连续性理论，逐步退休对个人有益（Kim & Feldman，2000），员工可以选择逐渐减少工作时间，或在退休后以兼职形式重新进入工作岗位（De Vaus et al.，2007）。这种渐进式退休模式不仅可以让个人在保留工作角色的同时增加收入，还能通过积极的工作方式维持生活的目标感（Calvo et al.，2009；De Vaus et al.，2007）。然而，尽管许多管理者也认同年长员工在责任感、情绪稳定性及其某些行为表现方面优于年轻同事（Bertolino et al.，2013；Truxillo et al.，2012），但在实际留住年长员工的积极性却往往不足。这种态度很大程度上源于管理者对年长员工的负面看法和刻板印象，这些偏见可能导致对即将退休的员工进行不公平对待，甚至提前解雇他们（Fasbender & Wang，2017b）。

基于上述研究成果，我们建议企业可以采取多种人力资源管理措施来留住年长员工。首先，逐步退休制度可以帮助员工在减少工作时间的同时继续留在岗位上（Rau & Adams，2013）。这一制度特别适用于那些希望逐步退出职场的年长员工；研究表明，长时间工作是促使他们选择退休的关键因素之一（Peiró et al., 2013）。许多企业也常在年长员工退休后重新雇佣他们为临时工（Rau & Adams, 2013）。

其次，随着职业生涯的发展，年长员工的福利需求与年轻员工有所不同。年轻员工通常更加重视薪酬和职位晋升，而年长员工则更看重工作稳定性、灵活的工作时间以及担任导师的机会（Rau & Adams, 2013）。继任计划不仅明确了年长员工在组织中的关键地位，还为他们提供了在退休前指导年轻员工的机会，增强了他们的自我价值感，同时促进了知识的有效传承。最后，为了有效吸引和留住年长员工，提供全面的福利计划、灵活的工作安排以及职业发展机会也尤为关键（Cleveland & Maneotis, 2013）。这些制度能够使年长员工感受到企业的重视和尊重，从而选择继续留任（Rau & Adams, 2013）。

3. 针对年长员工的调整措施

调整措施是指在工作场所中，为应对老龄化导致的身体和认知能力下降而采取的一系列措施。这些措施不仅能直接改善年长员工的身体和认知健康，还通过营造关注员工安全与健康的组织氛围，间接带来积极影响（Newnam et al., 2008）。以往研究发现，这些举措有助于提升员工的工作效率和绩效，同时激励他们延长职业生涯（Rau & Adams, 2013）。事实上，采取调整措施的成本相对较低，而忽视这些措施则可能导致人才流失，因此这些做法具有较高的可行性和经济性。

提高工作灵活性是最常见的调整措施。年长员工由于年龄增长，可能需要更频繁地就医，因此需要更大的工作灵活性。这种灵活性不仅包括工作时间和地点的选择自由，还包括工作自主权，即在工作中拥有较大的自主性，体现了组织对年长员工的重视与支持（Cleveland & Maneotis, 2013）。其次，工作重塑，即员工根据自身情况调整工作任务以更好地适应岗位要求，也是一种有效的调整策略（Tims et al., 2012）。研究表明，通过允许年长员工调整其职责，可以帮助他们在工作中实现成功老龄化（Kooij et al., 2015）。具体的工作重塑措施包括让年长员工在组织内担任指导年轻员工的角色；根据人体工程学来改善工作场所（Noe et al., 2017），如使用更大或更高质量的计算机屏幕，调整工作布局以减少体力劳动者的身体负担和重复性动作等。最后，随着互联网技术发展，远程工作也成为一种常见的调整方式，它允许员工在家通过互联网工作，为其提供了更大的时间和地点灵活性（Peiró et al., 2013）。

在企业案例方面，德国宝马公司在应对劳动力老龄化问题上展现了前瞻性和实际操作能力[①]。宝马公司认识到，单靠年轻员工无法满足公司持续发展的需求，因此决定整体改善工作环境，使其更加适合年长员工，同时确保生产效率不受影响。在高层管理的积极推动下，宝马将年龄多样性纳入企业战略。管理层不仅重视不同年龄层员工的贡献，还特别提出了针对年长员工的各类人力资源管理政策。这种自上而下的变革为具体措施的实施奠定了坚实的基础。例如，宝马对生产线进行了全面改造，提升了工作环境的舒适度和安全性。公司安装了符合人体工程学的设备，以确保操作人员在工作中保持正确姿势，从而减少因重复动作导致的身体疲劳。此外，宝马公司还引入了坐姿工作站，使年长员工在需要时可以选择坐着工作，有效减轻了体力负担。这些调整不仅优化了工作条件，还提高了整体生产效率。同时，宝马公司非常重视员工的参与感，尤其是在鼓励年长员工积极参与到决策和工作流程改进中。公司鼓励年长员工利用其丰富的经验和专业知识来优化生产流程，并促进不同年龄段员工之间的交流与理解。这种包容性的管理策略不仅增强了团队凝聚力，还激发了员工的创新力和主动性，使年长员工能够继续高效工作，延长了其职业生涯，不仅保留了宝贵的经验和技能，也为公司的持续发展提供了坚实的人才支持。

4. 年长员工技能培训

在当前数字化技术驱动的工作环境中，技术的快速更新使年长员工的技能容易变得过时。由于年长员工在流体智力上往往不如年轻员工，企业在提

---

① How BMW Is Planning for an Aging Workforce, Harvard Business Review, https://hbr.org/2009/03/bmw-and-the-older-worker.

升这一群体的学习能力方面具有重要推动作用。培训与发展作为人力资源管理的关键实践，不仅能帮助员工掌握与工作直接相关的知识、技能和行为，还能提升他们应对工作要求变化和客户需求的能力（Noe et al.，2017）。然而，当前许多企业并未为年长员工提供足够的培训机会。研究表明，25岁至45岁员工的受训机会是45岁及以上的员工的两倍（Peiró et al.，2013；Dibden & Hibbett，1993）。

为了更好地满足年长员工的发展需求，企业需要采取一系列综合措施。首先，企业应为所有员工提供平等的培训机会，确保年龄不会成为学习新技能的障碍。其次，企业应保持适当的监督和支持，帮助各年龄段的员工持续学习，应对新挑战。最后，企业可以将经验丰富的年长员工纳入培训体系，让其担任导师角色，这不仅能传授年轻员工宝贵的知识，还能帮助其快速成长。根据Wang等人（2013）建议，针对年长员工的培训内容应与其实际工作密切相关，并给予足够的时间练习新技能，使其能够更好地将这些技能应用于工作实践中。通过这些培训与发展策略，企业不仅能帮助年长员工适应快速变化的技术环境，延长其职业生涯，还能增强组织的整体实力和市场竞争力。对于针对年长员工培训的积极效用，Li等人（2023）的研究给予了较为扎实的实证研究支持。他们的研究重点关注企业如何通过人力资本开发活动留住那些即将退休的高价值年长员工。具体而言，在动机选择理论框架下，研究探讨了年长员工的个人成长需求与企业管理实践（鼓励年长员工持续发展的氛围和年龄包容型企业文化）对即将退休的员工的培训参与及留任意图的联合作用。通过对荷兰企业年长员工的调研，Li等人（2023）发现个人成长需求和鼓励年长员工持续发展的氛围有力地提升了年长员工的培训参与度，而培训参与度又与即将退休的年长员工选择留任（而非退休）具有正向关系；此外，年龄包容型企业文化增强了个人成长需求与培训参与之间的正向关系。

5. 代际传承

在企业内部，员工掌握的知识类型多样，包括易于表达的显性知识、难以言传的隐性知识、涉及信息和事实的智力知识，以及与人际关系和社交网络相关的社会知识（Nahapiet & Ghoshal，1998；Peterson & Spiker，2005）。尽管员工拥有这些丰富的知识，但当他们离开组织或退休时（尤其是年长员工），往往会导致大量知识流失（DeLong，2004）。因此企业应高度重视跨代际知识的传递。为了有效管理知识传递，企业管理者应通过精心设计的知识传递流程，跟踪知识的存储与流动。对于依赖显性知识的任务型工作，企业应制定详细的文档记录流程（如编写操作手册等电子文档），帮助未来员工学习和作为工作参考；而对于那些依赖隐性知识和社会知识的岗位，可以加强员工之间的直接交流（如指明在工作中向哪位年长员工寻求帮助）从而促进知识传递（Zhu et al.，2019）。此外，企业还需建立一种重视沟通、鼓励不同代际员工合作的组织文化。在这种文化的鼓励下，年长员工不仅可以将自身的知识和经验传授给年轻员工，还可以在工作中扮演导师角色。这不仅为他们的工作带来意义和目标感，还有助于减少年轻员工对年长员工的偏见（Calvo et al.，2009；De Vaus et al.，2007；França et al.，2017）。上述实践帮助企业防止知识流失，促进知识的代际传承，增强员工之间的联系，提高工作效率和团队凝聚力。这种跨代知识传递的实践将形成一个积极的循环，使知识在不同年龄层之间得以流动和更新，最终为组织带来长期效益。

二、年龄中立人力资源管理实践

特定年龄段的人力资源管理实践往往体现出传统的年龄管理理念，即通过对年长员工实行积极的差别待遇抵消企业内外直接和间接的年龄歧视（Schroder et al.，2011）。然而，Rudolph 等人（2017）指出，当前越来越需要从更为广泛的毕生发展视角来进行年龄相关的人力资源管理实践，即年龄中立人力资源管理实践。企业应关注员工职业生涯的全程发展，从职业生涯早期至晚期，涵盖所有年龄群体。事实上，不同职业阶段的员工对企业效能和表现的贡献具有独特的价值：年长员工拥有丰富的经验和广泛的社会网络，而年轻员工则在最新知识和技术方面具有优势。支持年龄中立人力资源管理实践的另一个重要原因在于，企业中的年龄规范（例如晋升或退休的年龄）

可能导致对特定年龄群体的负面态度，进而引发歧视行为（Peiró et al.，2013）。例如，Hennekam 和 Herrbach（2015）的研究表明，相当一部分年长员工认为，针对他们的年龄特定人力资源管理实践是一种"标签化"行为，将他们视为价值较低的群体，从而导致污名化和歧视。

鉴于此，不少学者提出，人力资源管理实践应注重年长员工与其同事之间共享的积极社会身份，而非单纯采取特殊待遇（Oliveira，2018）。此外，人力资源管理实践应基于对所有年龄群体的平等对待，这种做法有助于年长员工融入团队并充分发挥潜力。因此，普遍适用于所有员工的年龄中立人力资源管理实践可以确保所有员工公平地获得组织资源和机会（Deller et al.，2018）。年龄中立的管理实践还能有效解决一个普遍存在的担忧，即企业对年长员工的投入和积极态度可能对年轻员工产生不利影响（Loretto & White，2006）。

1. 多样性的人员选拔

为了构建年龄多样化的劳动力队伍，企业需要通过招聘年轻、年长以及处于职业生涯中期的员工来提升团队的年龄多样性。为应对劳动力短缺问题，许多组织正在同时雇佣年轻和年长的员工（Burke，2015）。在一项美国的全国性研究中，Pitt-Catsouphes 等人（2007）指出，大约 62% 的美国企业已采取措施推动劳动力的年龄多样化。针对于此，Rudolph 等人（2017）提出了一些具体的人力资源管理模式以促进员工的年龄多样性。首先，应开展年龄多样性调查，系统收集公司年龄结构的现状信息，以便制定更加有效的招聘策略。其次，在招聘过程中应特别关注职位发布中的信息传达，确保内容能够充分强调年轻和年长求职者的优势与需求，避免无意间排斥某些群体（如过分强调累积工作经验可能令年轻求职者望而却步）。职位发布应表明企业对非正式工作经验（如志愿服务、实习）的重视，并通过培训与发展机会支持员工，同时通过"传帮带"计划帮助年轻员工借鉴年长员工的经验。最后，基于年龄因素的职位分析应系统评估与岗位相关的工作和非工作经验、教育和培训等要素，有针对性地构建年龄多样性的团队，从而使不同年龄段的员工受益（Rudolph et al.，2017）。在评估环节，可结合经验面试、培训和经验以及传记数据等方法，企业可以全面了解应聘者的过往经历；评估内容不仅关注职位数量和任期等量化指标，更注重个人态度、性格、兴趣等质量因素，以及对假设情境的分析能力。

2. 全职业生命周期的调整策略

人力资源管理中的调整模块传统上主要针对年长员工的身体能力下降问题，但这些实践同样适用于整个职业生命周期的员工，尤其是在健康维护和疾病预防方面。Deller 等（2018）提出了两大调整模块。第一，工作设计优化包括灵活的工作时间安排（如转为兼职、无薪假期）、弹性办公地点安排（如远程办公）、与员工能力匹配的工作任务，以及创设符合人体工学的工作环境配置（如使用特殊鼠标以缓解手腕疼痛）；第二，健康管理措施包括运动支持计划（如鼓励骑自行车上班，与合作健身房达成折扣协议）、健康膳食选择（如公司食堂标注均衡营养的菜单）、工作场所的医疗服务（如在午休时间提供的瑜伽课程），以及健康促进活动（如职业倦怠预防活动，鼓励可持续的工作与生活平衡）。这些实践普惠全体员工（Deller et al.，2018；Oliveira，2018）。以弹性工时为例，灵活的工作时间安排有助于更好地平衡工作与家庭生活，从有育儿需求的年轻父母到中老年时期需要照顾配偶、父母或孙辈的员工均能受益。

3. 全员平等的培训机会

年龄中立的培训和发展实践是维持员工终身学习、防止技能老化的关键策略（Schroder et al.，2011）。在一项针对年长员工的定性研究中，平等获取学习和发展的机会被列为最重要的组织支持形式之一（Taneva et al.，2016）。因此，企业应确保培训资源不受年龄限制。然而现实情况是，随着员工年龄的增长，组织对其培训和发展的支持显著减少，尤其是对临近退休员工的投资非常有限（Burke，2015）。有效的培训体系应包括：一是面向全体员工的通用能力提升项目，例如入职社交、技能更新、领导力培训、计算机技能培训等（Wang et al.，2013）。二是针对年龄包容化的专项培训，如代际差异认知、多样化管理和跨团队建设等（Boehm et al.，2011；Burke，2015），这种培训不仅能减少组织文化中对特定年龄群体的潜在负面看法，还能降低由此产生的紧张和冲突（Burke，2015）。

完善的个人发展实践应包括持续的发展规划、适当的培训和发展方案，以及动态的岗位流动机制等（Deller et al.，2018）。具体而言，持续的发展规划应涵盖员工职业生涯的各个阶段，可通过员工与管理者之间的个别会谈以及专业研讨会实现，帮助员工增强自我反思，了解自身能力、竞争力和发展目标。此外，适当的培训和发展方案包括实习、会议以及面向所有年龄段员工的继续教育，并通过学费报销等方式展现企业支持。在岗位流动方面，员工可以通过岗位调动来更好地展现其不断发展的技能和兴趣，包括增加工作职责、参与新项目或在其他部门工作。事实上，一些研究还显示，企业对员工成长的投入不仅给企业内部带来了积极的效益，同时也可能以员工创业等形式，向企业外部进行溢出，从而使整个行业获益（Ye et al.，2023）。例如，Ye 等人（2023）通过对 500 多名员工长达一年时间的跟踪调查发现，当企业内部具有较好的创业环境和企业外部具有较好的创业制度时，企业向员工所进行的人力资本发展投资将有利于提高员工的创造力，并进而影响他们的创业意愿。

4. 双向知识传递

从年龄中立的视角重新审视人力资源管理实践，有助于拓展跨代际合作在企业整体知识管理中的应用，突破传统导师制将知识单向从年长员工传递给年轻员工的模式。Deller 等人（2018）提出，知识管理是组织中积极老龄化的核心支柱之一。具体而言，跨代际合作意味着公司应促进代际间的双向知识转移，不仅是年长员工向年轻员工传授经验，年轻员工也应向年长员工传授新知（De Vos & Van der Heijden，2015）。在数字化时代下的工作环境中，导师与学员的角色不应该再由年龄来决定。例如，一位五六十岁新入职的员工也可能成为学习者（Wang et al.，2013）。这种合作可以通过正式的导师制度来实现，也可以通过非正式的跨代际合作来实现，如在特定任务上的代际互动（Deller et al.，2018）。跨代际导师制成功的关键在于早期和晚期职业阶段同事之间的最佳匹配，使双方在这种关系中都有可以学习和分享的内容。例如，年轻员工可能为年长员工带来最新的技术知识，而年长员工则可以帮助年轻员工理解组织决策背后的政治因素，以及如何在正式和非正式场合进行有效沟通。跨代际导师制成功的另一个关键因素是明确双方的角色并清晰传达彼此的期望，以建立有效的知识分享框架，从而避免因角色模糊而导致的不必要干涉的心理或对他人策略的质疑（Wang et al.，2013）。

在企业典型案例方面，通用电气公司（General Electric Company，GE）在应对不同代际员工之间的知识交流与技能传递方面展现了前瞻性和创新力。早在 1999 年，时任通用电气董事长兼首席执行官的 Jack Welch 便认识到，仅依靠年长高层领导的经验已不足以应对快速变化的市场需求。因此，他推动了反向导师制，促使五六百位高层领导与精通网络技术的年轻员工结对子。这一举措不仅为高层领导提供了了解"新世代"的契机，也帮助他们深入理解年轻一代所面临的挑战与机遇。

随着时间的推移，GE 于 2011 年再次面临代际员工之间隔阂的问题。一方面，年轻员工抱怨公司在使用他们熟悉的社交网络工具方面的力度不足；另一方面，年长员工难以理解年轻员工对这些新兴工具的依赖。这种代际间的沟通障碍影响了团队的协作效率和企业的创新能力。为了解决这一问题，GE 在时任董事长兼首席执行官 Jeff Immelt 的领导下，发起了"世界新动向"（World New Trends）项目，选拔出来自 10 个国家的 21 位年轻员工，汇聚于美国克劳顿村培训中心（现称约翰·韦尔奇领导力发展中心）。通过分享视角与见解，这些年轻员工向全球高管展示了 GE 如何适应新时代的趋势与挑战。

该项目被视为 GE "逆向导师"计划的雏形，标志着 GE 在跨代际知识传递和转移方面迈出了重要一步。逆向导师计划的成功在于其双向学习机制：年长的高层领导从年轻员工那里学到了如何使用最新的数字化工具与社交媒体，同时，年轻员工也从年长领导那里获得了宝贵的领导力与战略思维经验。

这种安排打破了传统的上下级关系，形成了更加平等与开放的沟通环境，增强了团队的协作与凝聚力。通过结合不同代际的视角，GE 的逆向导师制极大地推动了企业的创新能力与问题解决能力。年轻员工带来的新颖的思维方式与技术应用技能激发了年长员工的创新潜力；而年长员工的丰富经验与深厚专业知识则为年轻员工提供了坚实的指导与支持。这种跨代际的合作不仅提升了员工的整体技能水平，也为企业在激烈的市场竞争中保持领先地位提供了坚实的人力资本保障。

第二节 数字化技术助推人力资源管理实践

随着数字化技术的深入应用，企业人力资源管理正经历着深刻变革，涵盖招聘、培训、数字化绩效管理、健康与福利管理以及决策支持等关键环节。人工智能和大数据技术提升了招聘的效率与公正性，通过简历自动筛选减少偏见，促进了劳动力多样性。在培训方面，在线学习平台与虚拟现实技术提供灵活个性化的方案，帮助年长员工提升技能和适应能力。数字化绩效管理通过实时监控和标准化评估，确保评估公平透明，促进员工发展目标与组织战略的契合。健康与福利管理则通过数字化手段提高健康管理效率，提供更灵活的福利选择，增强员工的幸福感和归属感。同时，数据分析和预测技术为企业人力资源决策提供支持，优化管理策略，提高竞争力。总体而言，数字化技术在提升管理效率、公正性和员工满意度方面展现了巨大潜力，但企业仍需关注数据透明性、算法公平性以及员工的数字化素养，以实现可持续的数字化转型。

一、数字化招聘与入职管理

随着数字化技术的广泛应用，企业的人力资源管理体系正在发生深刻变革，数字化招聘与入职管理成为其中尤为重要的环节。数字化招聘不仅提升了招聘效率，还有效支持了劳动力多样性的实现，而智能招聘平台则是这一变革的重要推动力。通过 AI 算法，智能招聘平台可以实现更加公平和客观的招聘过程，吸引来自不同年龄层次的优秀人才，尤其是具备丰富经验的年长员工。

首先，AI 在招聘中的应用主要通过自然语言处理（NLP）和机器学习（ML）技术，实现对大量简历的自动筛选与评估。具体而言，AI 算法可以对简历中的关键词、工作经验、技能匹配度等进行量化分析，生成候选人的评分（Raghavan et al., 2020）。这不仅提高了筛选效率，还通过标准化的评估标准减少了人为主观偏见的影响。在传统招聘模式中，招聘者的个人偏见可能会影响对候选人的判断，例如对年长员工的刻板印象。通过 AI 筛选和简历的匿名化处理，这些偏见得以有效消除，使所有年龄段的候选人都有平等的机会展示其能力。这种公平性不仅使招聘过程更加客观，还提升了企业整体的多样性水平。

例如，谷歌（Google）利用机器学习算法自动分析求职者的工作经验、技能关键词以及与岗位要求的匹配度，确保候选人不因年龄或其他非相关因素受到歧视。通过 AI 对简历的匿名化处理和对技能与经验的量化分析，谷歌使一些因年龄偏见可能被筛除的年长候选人得以进入面试阶段并展示其能力。这种方法有效地提高了招聘的公正性，帮助企业实现人才队伍的多样化。除了谷歌，其他科技巨头如微软（Microsoft）和亚马逊（Amazon）也在招聘过程中广泛应用 AI 技术。例如，微软利用 AI 驱动的招聘工具对候选人进行初步筛选，确保评估标准一致且公正。亚马逊则通过 AI 系统分析候选人的履历和面试表现，提升了招聘决策的科学性。

其次，大数据技术使岗位需求与应聘者技能的匹配更加精细化。大数据在招聘中的应用主要体现在数据收集、数据分析和智能匹配三个方面。招聘平台通过收集候选人的简历、在线行为数据、社交媒体信息等多源数据，利用数据挖掘和机器学习算法分析岗位需求与候选人技能的匹配度。例如，基于大数据的推荐系统可以实时调整匹配算法，根据市场需求和候选人反馈优化匹配结果。在传统招聘中，人工匹配过程往往难以全面考虑岗位要求与候选人技能的细微差异。而通过大数据分析，招聘平台可以深入挖掘岗位所需的各种技能特征，并与候选人的职业经历全面匹配，从而实现更精准的人岗匹配。例如，亚马逊利用其内部 AI 系统为每个岗位设定多维度技能需求，包括技术能力、团队协作能力和问题解决能力。大数据分析使这些要求能够与候选人履历中的详细信息自动匹配，从而提高了招聘的精准度和效率。这种精准匹配有效减少了招聘周期，提升了应聘者的满意度和岗位适配度。此外，LinkedIn 利用其庞大的职业社交网络，通过大数据分析为企业推荐最合适的候选人，显著提升了招聘效果。

尽管 AI 在减少招聘偏见和入职管理方面具有显著优势，但其应用也面临一些挑战。首先，AI 算法的透明性和可解释性不足（Rudin，2019），可能导致候选人对招聘决策过程缺乏信任。其次，如果训练数据本身存在偏见，AI 算法可能无意中放大这些偏见（Binns，2018）。因此，企业在应用 AI 招聘工具时，需严格审查和优化训练数据，并采用公平的评估方法，确保算法的公正性。再次，大数据技术虽然在精准人岗匹配中具有显著优势，但其应用也面临数据隐私和安全问题（Tankard，2012）。企业在收集和分析候选人数据时，需严格遵守相关法律法规，保护候选人的隐私权。最后，数据分析结果的准确性和可靠性也需要通过持续优化算法和模型进行保障，以避免匹配失误和数据偏差。

总之，随着 AI 和大数据技术在招聘与入职管理中的深入应用，企业在人力资源管理方面的效率和公正性得到了显著提升。然而，企业在应用这些技术时也应高度重视潜在的挑战，采取措施确保数据的公正性、透明性和安全性，以实现可持续的人力资源管理创新。

二、数字化培训与发展

数字化技术的普及也深刻改变了员工培训与发展领域，为年长员工带来了新的机遇和挑战。面对全球人口老龄化，企业需要重新审视如何利用数字化工具有效支持年长员工的职业发展。通过在线学习平台、虚拟现实技术和智能辅导系统，企业能够为年长员工量身定制灵活且个性化的培训方案，帮助他们更高效地掌握新技能，提高工作效率和适应能力，并增强其在快速变化的职场环境中的竞争力。此外，数字化工具还有利于构建企业内部持续学习的文化氛围，使年长员工能够随时获取最新知识和资源，从而延续并发展他们的职业生涯。

学习管理系统（LMS）已成为企业广泛采用的数字化培训工具。通过提供丰富多样的学习资源和课程，LMS帮助员工持续提升技能和知识，满足年长员工对技能不断更新的需求。对于这些员工而言，LMS的最大优势在于其灵活性和自主性，涵盖技术、管理、个人发展等多个领域，他们可以根据自身的职业发展目标选择学习内容。同时，LMS支持随时随地的学习方式，使员工能够根据自己的生活和工作安排灵活学习。这种弹性对于需要平衡工作与家庭责任的年长员工尤为重要。此外，LMS平台通常具备进度跟踪、评估测试和互动讨论等功能，进一步增强了学习的效果和参与感，促进了员工之间的知识共享与协作。

除了LMS，个性化的发展路径也是数字化培训与发展的核心内容。借助大数据和人工智能技术，企业能够深入分析员工的职业发展需求和学习行为，为每位员工制订个性化的培训计划。这种精准化的培训计划不仅提高了培训的有效性，还增强了员工的学习积极性和职业满意度。例如，埃森哲①（Accenture）通过数据驱动的方法，为员工量身定制培训计划，使他们获得符合自身职业目标和企业需求的培训内容，从而提升技能水平和岗位适应性。职业规划支持在数字化培训与发展中同样扮演着关键角色。通过数字化工具，企业可以帮助年长员工规划职业路径，提供职业咨询和技能评估，明确职业目标并制订行动计划。这不仅有助于员工个人的发展，也有助于企业人才战略的实施，确保员工的技能和目标与组织的需求保持一致。

---

① 埃森哲，https://www.accenture.cn/cn-zh/careers/life-at-accenture/training-counseling.

数字化培训平台和技术的优势在于其可扩展性、个性化和数据驱动特性。数字化平台能够轻松适应不同规模企业的发展和多样化需求，无论是跨国公司还是中小企业，都可以根据自身情况灵活调整培训内容和模式。此外，数字化技术通过收集和分析大量的学习数据，帮助企业评估培训效果，识别知识差距，并持续优化培训方案。例如，利用学习分析（Learning Analytics），企业可以追踪员工的学习进度和成果并及时调整培训策略，确保培训资源的高效利用和最大化收益。虚拟现实和增强现实技术的应用，也为培训提供了沉浸式和互动性的体验，尤其适用于需要实践操作和情境模拟的培训内容，显著提升了员工的学习效果和参与度。

然而，企业在实施这些数字化培训项目时，也面临诸多挑战。首先，数字鸿沟和年长员工的数字化素养问题不容忽视。尽管数字化培训工具带来了诸多便利，但部分年长员工可能在使用数字化技术方面存在困难。皮尤研究中心的调查（Pew Research Center，2017）显示，62%的50~65岁的成年人表示对使用数字化设备感到不自信，需要额外支持[1]。对此，企业需要提供基础的数字化技能培训和技术支持服务，帮助他们跨越数字鸿沟，从而充分利用数字化培训资源。其次，培训内容的多样性与包容性也是企业需要关注的重要方面。为了满足不同员工的需求，培训内容应涵盖多种主题和层次，适应不同背景和能力的员工。同时，尊重和包容员工的个体差异，避免培训内容的单一化和刻板化，有助于提升培训的有效性和员工的参与度。

三、数字化绩效管理

随着科技的迅猛发展和工作环境的变革，传统的绩效管理方式已难以满足企业和员工的多样化需求。数字化手段不仅能够优化绩效管理流程，减少烦琐的行政负担，还能提升工作效率。对于年长员工而言，数字化绩效管理

---

① Pew Research Center, Tech Adoption Climbs Among Older Adults, https://www.pewresearch.org/.

提供了灵活性与适应性更强的支持，帮助他们更好地融入现代工作环境，继续发挥自身的经验和技能优势。首先，实时绩效监控工具通过对员工绩效的持续跟踪和分析，提供及时的反馈与支持，帮助员工不断改进工作表现。这种动态管理机制对年长员工具有特殊价值。年长员工在面对新任务和技能要求时，可能需要更多的指导和支持。通过实时数据监控，管理者能够迅速识别员工的优势与不足，从而提供针对性指导与资源调配。其次，数字化绩效评估工具通过标准化的评价指标和算法，大幅减少了人为偏见，确保绩效评估的公平公正，这对于年长员工的职业发展具有重要意义。在传统绩效管理中，管理者的主观偏见可能会对年长员工产生不利影响，例如认为他们难以适应新技术或缺乏创新性，导致年长员工在评估中受到不公平的待遇。数字化工具则通过客观的数据分析和标准化的评估流程，提升了绩效评估的公正性。例如，Adobe 公司采用的 Check-In 系统[①]，通过预设的绩效指标和持续的反馈机制，减少了管理者在绩效评估中的主观性，从而提高了评估的公平性。该系统取消了传统的年度绩效评估，而代之以持续的、实时的反馈，使员工能够及时了解自己的工作表现和改进方向。这种绩效评估不仅增强了年长员工的工作满意度，更提升了他们的组织归属感和忠诚度。此外，目标管理系统作为数字化绩效管理的核心模块，旨在通过明确的职业目标设定和动态调整，帮助员工实现个人发展与组织战略的有机结合。对于年长员工而言，明确的职业目标使其在职业生涯后期依然保持清晰的发展方向并降低职业倦怠感。目标管理系统还强调根据员工的实际情况和发展需求进行动态调整，以保持工作的灵活性和适应性。年长员工在健康状况、学习新技能的速度和工作偏好方面可能存在个体差异（Kooij et al.，2011）。通过个性化的目标设定和调整，企业能够照顾到年长员工的特殊需求，减少其工作压力，提升工作满意度。微软公司通过其 MyAnalytics 工具，允许员工根据自身情况动态调整工作目标和任务负荷，确保他们能够在不影响健康和工作质量

---

① Adobe, How Adobe continues to inspire great performance and support career growth, https://www.adobe.com/check-in.html.

的前提下，合理规划工作进度。这种个性化的目标管理模式，不仅体现了对年长员工的关怀，符合以人为本的现代管理理念，也提升了员工的工作积极性。

数字化绩效管理的优势还体现在数据驱动的决策支持和持续改进上。通过收集和分析大量的绩效数据，企业可以更全面地了解员工的工作表现和潜力，制订更有效的培训和发展计划。对于年长员工，这意味着他们的经验和技能可以被更好地识别和利用，促进知识传承和团队协作。此外，数字化工具还可以帮助企业预测未来的人才需求和绩效趋势，提前采取措施应对可能的挑战，确保组织的持续发展。

需注意的是，企业在实施数字化绩效管理时也需要关注潜在的问题。例如，过度依赖技术可能导致人际沟通的减少，员工可能感到缺乏情感支持。特别是对于年长员工，他们可能更倾向于面对面的交流和反馈。因此，企业需要在应用数字化工具的同时，保持人性化的管理方式，结合技术与情感支持，才能达到最佳的管理效果。

四、数字化健康与福利管理

在数字化转型的推动下，企业的健康与福利管理也迎来了深刻的变革。特别是面对年长员工群体，数字化健康管理应用和福利自助平台显著提升了健康监测与管理的效率，还为年长员工个性需求的满足提供了便利。通过全面健康监测与个性化健康计划，企业能够更好地关注年长员工的身心健康，预防和管理潜在的健康问题。同时，灵活的福利自助平台为年长员工提供了更大的选择自由，满足其个性化需求，进一步提升其幸福感和归属感。

首先，健康管理应用在全面健康监测和制订个性化健康计划方面发挥了关键作用。随着年长员工比例的增加，企业需要更加关注他们的健康状况，以确保其能够持续高效地工作。健康管理应用通过提供在线健康评估和管理工具，帮助员工实时监测健康指标，如血压、血糖、体重等，及时发现其潜在的健康问题。例如，惠普（HP）公司推出了其"HP Health"平台①，整合了健康评估、健康数据监测以及个性化健康建议，帮助员工更好地管理自身健康。此外，这些应用还能够根据员工的健康数据，制订个性化的健康促进计划，如定制化的运动方案、饮食建议和心理健康支持，从而有效提高员工的生活质量和工作效率。通过这些措施，企业不仅能够预防和管理员工的健康问题，还能够降低因健康问题导致的缺勤率和医疗成本，提升整体运营效率。

其次，福利自助平台通过提供灵活的福利选择和透明化管理，显著提升了年长员工的满意度和忠诚度。传统的福利管理模式往往缺乏灵活性，难以满足不同员工的个性化需求。而数字化的福利自助平台则打破了这一限制，允许员工根据自身需求自主选择和管理福利项目。例如，Adobe公司通过其"Adobe Benefits"平台②，提供了多样化的福利选项，包括健康保险、退休计划、健身补贴等，员工可以根据自己的实际情况进行选择和调整。这种灵活的福利管理方式不仅满足了年长员工在健康保障、退休规划等方面的特殊需求，还增强了员工对企业的认可和忠诚度。

五、数据分析与决策支持

在当今高度竞争和快速变化的商业环境中，数据分析与决策支持在优化人力资源管理中发挥着至关重要的作用。人力资源分析（HR Analytics）通过整合和分析大量人力资源数据，科学地评估员工结构、离职率、绩效指标等关键要素，帮助企业制定基于证据的人力资源策略，以应对如老龄化管理、人才短缺等复杂挑战（Marler & Boudreau，2017）。通过深入的数据洞察，企业可以更准确地了解员工需求和组织动态，从而提高决策的准确性和效率。人力资源分析不仅限于数据的收集和整理，更重要的是对数据的深度挖掘和应用；通过高级分析模型和机器学习算法，人力资源分析能够识别影响员工

---

① https://www.hp.com/us-en/solutions/healthcare/overview.html.

② https://benefits.adobe.com/cn.

绩效和满意度的关键因素。例如，谷歌公司利用其先进的人力资源分析工具，深入分析员工的工作模式、团队协作和职业发展路径，不仅有效降低了员工的离职率，还提升了员工的满意度和生产力（Bock，2015）。

此外，人力资源分析还具备趋势预测的功能，能够识别职场老龄化的趋势，帮助企业提前采取措施应对潜在的人才短缺和技能老化问题。随着全球人口老龄化的加剧，企业面临着经验丰富的员工逐渐退休、新生代员工技能不足的挑战。通过预测性分析，企业可以规划未来的人才需求，制定继任计划和培训方案，确保关键岗位的连续性。预测性分析工具进一步拓展了数据分析在人力资源管理中的应用，通过需求预测和风险管理，支持企业的可持续发展。需求预测能够准确预测未来的人力资源需求、技能要求和可能面临的挑战，使企业能够提前做好人力储备和培训计划，确保在业务扩展或市场变化时具备足够的人力支持。例如，IBM 通过其 Watson Analytics 平台，成功预测并调整了其全球人力资源需求，从而保持了业务的连续性和竞争力。IBM 利用人工智能和大数据分析，优化了招聘流程和人才配置，提高了人力资源管理的效率。

在风险管理方面，预测分析能够识别潜在的管理风险，如高离职率、员工绩效下滑、技能差距等，并帮助企业制定相应的管理策略，以保障企业的稳定运行。Davenport 等（2010）针对进行风险管理的企业使用预测分析，认为其运营稳定性和员工保留率显著高于未采用此类方法的企业。包括谷歌、思科、宝洁在内的一些企业通过数据驱动的洞察能够更早地发现问题并采取措施，进而降低运营风险。人力资源分析的应用不仅提高了人力资源管理的效率和效果，还促进了人力资源部门在战略层面的价值贡献。通过数据分析，人力资源部门可以为高层管理者提供有力的决策支持，如人才投资回报率、培训效果评估和组织健康度分析。这使得人力资源管理从传统的支持性角色转变为战略性的业务伙伴。此外，人力资源分析还促进了员工的个人发展和组织文化的建设。通过对员工绩效和潜力的分析，企业可以为员工制订个性化的职业发展计划，提升员工的敬业度和满意度。

参考文献

[1] Yeatts, D. E., W. E. Folts, J. Knapp. Older Worker's Adaptation to a Changing Workplace: Employment Issues for the 21st Century [J]. Educational Gerontology, 1999, 25 (4): 331-47.

[2] Ye, Q., Y. Zhu, Y. Jin, D. Wang. Will There Always Be a Return on Investment? The Effects of Investment in Employee Development on Employee Entrepreneurship [J]. Journal of Vocational Behavior, 2023, 141: 103-843.

[3] Kooij, D. T. A. M., H. Zacher, M. Wang, J. Heckhausen. Successful Aging at Work: A Process Model to Guide Future Research and Practice [J]. Industrial and Organizational Psychology, 2020, 13 (3): 345-365.

[4] Bendick Jr, M., L. E. Brown, K. Wall. No Foot in the Door: An Experimental Study of Employment Discrimination against Older Workers [J]. Journal of Aging & Social Policy, 1999, 10 (4): 5-23.

[5] Ajzen, I. The Theory of Planned Behavior [J]. Organizational Behavior and Human Decision Processes, 1999, 50 (2): 179-211.

[6] Fasbender, U., M. Wang. Negative Attitudes toward Older Workers and Hiring Decisions: Testing the Moderating Role of Decision Makers' Core Self-Evaluations [J]. Frontiers in Psychology, 2017a, 7: 2057.

[7] Fasbender, U., M. Wang. Intergenerational Contact and Hiring Decisions about Older Workers [J]. Journal of Managerial Psychology, 2017b, 32 (3): 210-224.

[8] Allport, G. W. The Nature of Prejudice [M]. Oxford, UK: Addison-Wesley, 1954.

[9] Pettigrew, T. F., L. R. Tropp. A Meta-Analytic Test of Intergroup Contact Theory [J]. Journal of Personality and Social Psychology, 2006, 90 (5): 751-783.

［10］Oude Mulders, J., K. Henkens, J. Schippers. European Top Managers' Age-Related Workplace Norms and Their Organizations' Recruitment and Retention Practices Regarding Older Workers［J］. The Gerontologist, 2017, 57（5）: 857-866.

［11］Rau, B. L., G. A. Adams. Aging, Retirement, and Human Resources Management: A Strategic Approach. In M. Wang（Ed.）［J］. The Oxford Handbook of Retirement, 2013, 117-135.

［12］Jackson, S. E., R. S. Schuler, S. Werner. Managing Human Resources（12th ed.）［M］. New York: Oxford University Press, 2018.

［13］Feldman, D. C., S. Kim. Bridge Employment during Retirement: A Field Study of Individual and Organizational Experiences with Post-Retirement Employment［J］. People and Strategy, 2000, 23（1）: 14.

［14］De Vaus, D., Y. Wells, H. Kendig, S. Quine. Does Gradual Retirement Have Better Outcomes than Abrupt Retirement? Results from an Australian Panel Study［J］. Ageing and Society, 2007, 27（5）: 667-682.

［15］Calvo, E., K. Haverstick, S. A. Sass. Gradual Retirement, Sense of Control, and Retirees' Happiness［J］. Research on Aging, 2009, 31（1）: 112-135.

［16］Bertolino, M., D. M. Truxillo, F. Fraccaroli. Age Effects on Perceived Personality and Job Performance［J］. Journal of Managerial Psychology, 2013, 28（7/8）: 867-885.

［17］Truxillo, D. M., E. A. McCune, M. Bertolino, F. Fraccaroli. Perceptions of Older Versus Younger Workers in Terms of Big Five Facets, Proactive Personality, Cognitive Ability, and Job Performance［J］. Journal of Applied Social Psychology, 2012, 42（11）: 2607-2639.

［18］Peiró, J. M., N. Tordera, K. Potočnik. Retirement Practices in Different Countries. In M. Wang（Ed.）. The Oxford Handbook of Retirement, 2013, 510-540.

[19] Van Dalen, H. P., K. Henkens, M. Wang. Recharging or Retiring Older Workers? Uncovering the Age-Based Strategies of European Employers [J]. The Gerontologist, 2015, 55 (5): 814-824.

[20] Newnam, S., M. A. Griffin, C. Mason. Safety in Work Vehicles: A Multilevel Study Linking Safety Values and Individual Predictors to Work-Related Driving Crashes [J]. Journal of Applied Psychology, 2008, 93 (3): 632-644.

[21] Di Pierro, D., C. Villosio, C. C. Alberto. State and Evolution of the Organisation of Work with an Age Perspective [R]. Labour Markets and Demographic Change, 2009.

[22] Tims, M., A. B. Bakker, D. Derks. Development and Validation of the Job Crafting Scale [J]. Journal of Vocational Behavior, 2012, 80 (1): 173-186.

[23] Noe, R. A., J. R. Hollenbeck, B. Gerhart, P. M. Wright. Fundamentals of Human Resource Management [M]. Boston: McGraw-Hill/Irwin, 2017.

[24] Armstrong-Stassen, M., F. Schlosser. Perceived Organizational Membership and the Retention of Older Workers [J]. Journal of Organizational Behavior, 2011, 32 (2): 319-344.

[25] Dibden, J., A. Hibbett. Older Workers: An Overview of Recent Research [J]. Employment Gazette, 1993, 101 (3): 237-250.

[26] Nahapiet, J., S. Ghoshal. Social Capital, Intellectual Capital, and the Organizational Advantage [J]. Academy of Management Review, 1998, 23 (2): 242-266.

[27] Peterson, S. J., B. K. Spiker. Establishing the Positive Contributory Value of Older Workers: A Positive Psychology Perspective [J]. Organizational Dynamics, 2005, 34 (2): 153-167.

[28] DeLong, D. W. LostKnowledge: Confronting the Threat of an Aging Workforce

［M］. New York：Oxford University Press, 2004.

［29］ Hennekam, S., O. Herrbach. The Influence of Age – Awareness Versus General HRM Practices on the Retirement Decision of Older Workers ［J］. Personnel Review, 2015, 44 (1)：3-21.

［30］ Deller, J., R. Finkelstein, M. Wilckens, A. Wöhrmann, C. Adams. Silver Work Index：Merging the German and the US Perspectives ［R］. Current and Emerging Trends in Aging and Work conference, 2018.

［31］ Loretto, W., P. White. Employers' Attitudes, Practices and Policies towards Older Workers ［J］. Human Resource Management Journal, 2006, 16 (3)：313-330.

［32］ Pitt-Catsouphes, M., M. A. Smyer, C. Matz-Costa, K. Kane. The National Study of Business Strategy and Workforce Development：Summary Report ［M］. Chestnut Hill：Sloan Center on Aging and Work at Boston College, 2007.

［33］ Taneva, S. K., J. Arnold, R. Nicolson. The Experience of Being an Older Worker in an Organization：A Qualitative Analysis ［J］. Work, Aging and Retirement, 2016, 2 (4)：396-414.

［34］ De Vos, A., B. Van Der Heijden. Handbook of Research on Sustainable Careers ［M］. Cheltenham, UK and Northampton：Edward Elgar Publishing Limited, 2015.

［35］ Rudin, C. Stop Explaining Black Box Machine Learning Models for High Stakes Decisions and Use Interpretable Models Instead ［J］. Nature Machine Intelligence, 2019, 1 (5)：206-215.

［36］ Tankard, C. Big Data Security ［J］. Network Security, 2012, 2012 (7)：5-8.

［37］ Kooij, D. T. A. M., A. H. De Lange, P. G. W. Jansen, R. Kanfer, J. S. E. Dikkers. Age and Work-Related Motives：Results of a Meta-Analysis ［J］. Journal of Organizational Behavior, 2011, 32 (2)：197-225.

［38］ Marler, J. H., J. W. Boudreau. An Evidence-Based Review of HR Analytics ［J］. The International Journal of Human Resource Management, 2017, 28 （1）：3-26.

［39］ Bock, L. WorkRules！: Insights from Inside Google That Will Transform How You Live and Lead ［M］. New York：Twelve, 2015.

［40］ Davenport, T. H., J. Harris, J. Shapiro. Competing on Talent Analytics ［J］. Harvard Business Review, 2010, 88 （10）：52-58.

［41］ Angrave, D., A. Charlwood, I. Kirkpatrick, M. Lawrence, M. Stuart. HR and Analytics：Why HR Is Set to Fail the Big Data Challenge ［J］. Human Resource Management Journal, 2016, 26 （1）：1-11.

［42］ Alrakhawi, H. A. S., R. Elqassas, M. M. Elsobeihi, B. Habil, B. S. Abunasser, S. S. Abu-Naser. Transforming Human Resource Management：The Impact of Artificial Intelligence on Recruitment and Beyond ［J］. International Journal of Academic Information Systems Research, 2024, 8 （8）：1-5.

［43］ Li, Y., K. Turek, K. Henkens, M. Wang. Retaining Retirement-Eligible Older Workers Through Training Participation：The Joint Implications of Individual Growth Need and Organizational Climates ［J］. Journal of Applied Psychology, 2023, 108 （6）：954-976.

［44］ Van Dalen, H. P., K. Henkens, M. Wang. Recharging or Retiring Older Workers? Uncovering the Age-Based Strategies of European Employers ［J］. The Gerontologist, 2015, 55 （5）：814-824.

［45］ Zhu, Y., T. Chen, M. Wang, Y. Jin, Y. Wang. Rivals or Allies：How Performance-prove Goal Orientation Influences Knowledge Hiding ［J］. Journal of Organizational Behavior, 2019, 40：849-868.

第九章　政府人口老龄化战略

政府在应对人口老龄化进程中发挥着核心引领作用。通过科学制定战略政策，政府能够实现三大关键功能：一是优化社会资源配置，确保老年群体获得公平的社会保障。二是跨部门协作网络，统筹医疗、就业、养老等支持性服务体系。三是推动形成社会共识、动员家庭、企业及社区等多方力量共同参与。这种系统性的政策干预不仅有效缓解老龄化带来的社会经济压力，更为促进老年人社会参与、健康保障和生活质量构建了制度基础，是实现代际公平与社会可持续发展的重要保障。

第一节　世界各国人口老龄化战略与政策

西方发达国家较中国更早步入老龄化社会，积累了丰富的应对经验和宝贵的教训。他们在养老保障体系建设、医疗和长期护理服务优化、促进积极老龄化以及调整劳动力市场等方面进行了多年的探索，形成了一系列政策和措施。面对人口老龄化的挑战，考虑到老龄化对劳动力供给、经济增长、公共财政和社会保障体系等多个方面产生了深远影响，西方发达国家普遍将其视为影响社会经济可持续发展的关键议题。为此，这些国家采取了综合性、多层次的策略和措施，旨在平衡养老保障、医疗服务、劳动力市场和社会参与等多个领域，确保社会经济的稳定与可持续发展。

一、政策框架与目标

首先，完善养老保障体系是应对老龄化的核心策略之一（Clark et al.，2009）。在老龄化社会中，退休人口比例上升，如果缺乏有效的养老保障体系，可能导致老年人口贫困和社会不稳定。因此，发达国家普遍建立了全民覆盖的基本养老金制度，并通过发展企业年金和个人储蓄计划，形成了一个多支柱的养老保障体系。这种体系的优势在于它能够分散经济和市场风险，满足不同收入和职业背景群体的多样化需求，同时鼓励个人和企业参与养老储蓄，减轻政府的财政压力，确保养老体系的长期稳定。

其次，优化医疗和长期护理服务也是政策的重点。随着生理机能的退化，老年人对医疗和护理服务的需求显著增加，这不仅加重了医疗系统的负担，也给个人和家庭带来沉重的经济压力。为了应对这些挑战，发达国家的政策制定者采取了多种措施，包括加强初级保健服务，提升基层医疗机构的服务能力，减少对大型医院的依赖；推广预防性医疗措施，通过健康教育和定期体检早期发现和管理慢性病；建立长期护理保险制度，为需要长期护理的老年人提供经济支持，促进护理服务的专业化，减轻家庭负担。

再次，促进积极老龄化成为共同目标。多数发达国家秉持积极老龄化理念，强调老年人应继续参与社会、经济、文化和公民活动，维持身体和心理健康。这不仅提升了老年人的生活质量，预防了孤独和抑郁，还充分利用了他们的经验和技能，为社会和经济发展作出贡献，并增强了社会的凝聚力。实现这一目标的政策措施包括鼓励老年人延长工作年限，参与志愿服务和社区活动，以及提供终身学习的机会，满足他们求知和社交的需求。

最后，劳动力市场的调整是应对老龄化的重要环节。随着劳动力人口的减少，为保证经济增长和社会保障体系的可持续性，政策包括：逐步提高法定退休年龄，延长劳动者的职业生涯；推行兼职、远程办公等灵活就业模式，吸引更多人参与劳动力市场；通过技术创新和培训提高劳动者的工作技能和效率，以弥补劳动力数量的不足。

总之，面对人口老龄化这一全球性挑战，西方发达国家通过综合性、多层次的策略，力求在养老保障、医疗服务、劳动力市场和社会参与等方面实现平衡与协调。这些策略的核心在于以人为本，注重社会公平和个人福祉，同时强调政策的系统性和可持续性。对于其他国家而言，这些经验和理念具有重要的参考价值，有助于制定更为有效的老龄化应对策略，促进社会经济的持续健康发展。下面我们将对发达国家的主要人口老龄化战略与措施进行介绍。

二、主要战略与措施

1. 养老金改革

（1）调整退休年龄。随着全球人口老龄化加剧，许多先进国家面临预期寿命延长和生育率下降的挑战。这一趋势不仅改变了人口结构，还对社会经济体系产生了深远的影响。老年人口比例上升导致养老金支付压力增大，劳动力市场供需失衡，经济增长潜力受限。在此背景下，调整退休年龄成为各国广泛采用的政策选择，目的是延长劳动参与时间，减轻养老金支付压力，维持经济的可持续发展。

调整退休年龄的核心在于应对由人口结构变化带来的社会经济影响。首先，通过延迟退休，国家可以增加劳动力供给，缓解劳动力短缺带来的经济压力。随着退休年龄提高，老年人可以继续在职场贡献力量，延长职业生涯，这不仅有助于填补劳动力市场的空缺，还能提高整体经济生产力。延长劳动参与时间意味着养老金基金的收入增加，从而减轻养老金支付压力，实现养老金体系的长期可持续性。其次，调整退休年龄有助于确保养老金体系的可持续性。随着预期寿命延长，养老金领取年限增加，对养老金体系的财务健康构成挑战。通过延迟退休，缴费年限得以延长，养老金领取年限相对缩短，以此减轻养老金支付压力。再次，延迟退休还鼓励老年人继续积累个人储蓄，提高退休后的经济保障水平，养老金体系因此能够依赖多层次机制，增强其财务稳健性。最后，调整退休年龄也涉及促进代际公平的重要问题。在应对人口老龄化过程中，必须平衡不同代际之间的利益。通过延迟退休，年轻一代在养老金体系中获得更稳定的保障，避免了将养老金支付压力转嫁给他们，影响他们的生活质量和经济发展潜力。

瑞典是调整退休年龄较为成功的积极典范。瑞典已经进入了一个高度老龄化的社会阶段，随着平均寿命的持续延长，该国面临越来越多的老龄化挑战。为应对这些挑战，瑞典采纳了逐步推迟退休年龄的策略，并实施了一套灵活的养老金发放体系。这些措施旨在激励老年人继续参与社会活动，利用他们的经验和知识为社会贡献价值。根据瑞典中央统计局 2023 年的数据，瑞典男性的平均预期寿命达到了 82 岁，而女性则接近 85 岁①。随着寿命的延长，瑞典一直在动态调整其退休年龄，以适应人口老龄化的趋势。政策调整包括将最早领取全民养老金的年龄从 61 岁推迟到 62 岁，并制订了一项到 2026 年将此年龄提升至 64 岁的计划。同时，职业养老金的领取年龄被设定为 67 岁。此外，瑞典还设定了劳动者的最高工作年限。从 2020 年起，公民有权利继续工作至 68 岁，这一上限已在 2023 年进一步提升至 69 岁②。这些措施不仅旨在确保养老金体系的可持续性，也鼓励老年人根据个人意愿和健康状况选择退休时间，从而更好地平衡工作与退休生活。

许多发达国家目前还处在推迟退休年龄的进程中。尽管短期内调整退休年龄可能会引起社会不满，特别是在那些体力劳动密集的行业中，但从长远来看，这一政策有助于减轻养老金支付的压力，并通过延长劳动力的参与时间来增强经济活力。为了确保调整退休年龄政策的顺利实施，各国需要配套实施就业支持、职业培训和健康保障措施，确保老年劳动者能够有效地适应延迟退休的新要求。这些配套措施不仅可以帮助平滑政策转变期间可能出现

---

① Statistics Sweden（SCB），Population and Life Expectancy Reports，https://www.scb.se/，2023.
② Regeringen. se，Policy Update on Pension Age Adjustment，https://www.regeringen.se/，2023.

的社会波动，还能确保不同年龄层的劳动者都能在新的劳动市场环境中找到适应的方式，实现个人福祉与社会经济发展的双赢。通过这种方式，调整退休年龄不仅是对经济和社会政策的微调，更是对社会结构的长期投资，旨在为未来的经济稳定和社会和谐打下坚实的基础。

（2）完善养老金体系。为了确保养老金体系的长期可持续性，不少发达国家已经采纳了一系列综合性措施，包括构建多支柱体系、改革缴费机制以及实施投资多元化策略。这些措施的主要目的是通过分散风险、增加养老金收入来源以及提升体系的稳健性和灵活性，从而确保养老金体系能够稳定运行，满足不断增长的支付需求。这一完善的养老金体系基于几个相互支持的核心原则构建，形成了一个既稳健又灵活的可持续系统。

养老金体系中的多层次保障设计包括国家基本养老金、职业养老金和个人养老金，目的是满足不同群体的多样化需求。这种多层次保障不仅扩大了养老金体系的覆盖范围，而且增加了其适应性，使其能够更好地满足各种需求。通过多支柱体系和投资多元化策略的实施，养老金体系能够有效地分散面临的各种风险。减少了对单一收入来源的依赖，以及降低了对单一市场或资产类别的风险敞口，提高了整个体系的抗风险能力。此外，激励机制的设置也起到了至关重要的作用。通过税收优惠和财政补贴等方式，鼓励个人和企业增加养老储蓄和投资，不仅激发了参与者的积极性，还增强了养老金体系的资金基础，进一步提高了保障水平。这种综合性策略的实施，不仅确保了养老金体系的稳定和持续发展，也为应对未来人口老龄化趋势奠定了坚实的基础。

荷兰的养老金体系就是一个多层次的结构，由三个主要的支柱构成：国家养老金、职业养老金以及个人养老金。首先，国家养老金提供基本保障，它是一种福利制度，向在荷兰居住满50年的居民提供全额养老金，从15~65岁的居住年限计算。每位荷兰公民在达到65岁时都有权申请，不过如果他们在此期间有部分时间未在荷兰居住，或者选择提前退休，政府会按比例调整养老金金额。其次，荷兰的职业养老金作为第二支柱，是欧洲最先进的体系之一。这部分养老金虽然不是强制性的，但多数公司由于政府政策的激励措施，例如税前扣除等，都会为员工缴纳。参与职业养老金计划的员工会从工资中自动扣除相应的养老金，而企业如果退出职业养老金计划可能面临高额罚款。最后，第三支柱是个人养老金，它基于个人的自愿参与。这一部分为个人提供了高度的自由度，允许根据个人条件选择合适的养老金产品。第三支柱的参与比例正在逐渐增加，主要是补充第一和第二支柱可能的不足。个人缴纳的养老金享有税收优惠，即购买的养老金产品投资免税，但这要求购买政府认证的养老金产品，并且在退休前不能提取这部分资金，否则将需要缴纳所得税。

澳大利亚的养老金体系也是全世界较为成熟的体系之一，具有广泛的覆盖范围和较高的替代率，共同保持了政府支出的低水平。这个系统旨在建立一个广泛的、合理的、公平且易于管理的可持续养老金体系。澳大利亚实施的是一个典型的三支柱养老金模型。其第一支柱是面向所有国民的基础养老金，即年龄养老金；第二支柱是由雇主强制性缴纳的超级年金计划，也称为超级年金担保；第三支柱则是基于个人自愿的超级年金。此外，为了应对未来潜在的养老金缺口并减轻财政压力，澳大利亚政府还设立了澳大利亚未来基金，作为养老金的储备资金。澳大利亚的强制性储蓄年金制度自 1992 年起实施，最初的资产规模约为 1480 亿澳元[①]。在该制度初始阶段，仅有 64% 的雇员参与了年金计划。随着时间的推移，年金的费率也逐步提高，从 1992 年的工资的 3% 增长到当前的 10%（2022 年）[②]。根据现行法律，这一费率将在 2025 年进一步提升至 12%。这种逐步增加的强制缴费比例展示了澳大利亚在确保其养老金体系可持续性方面的决心和努力。

加拿大养老金计划（Canada Pension Plan，CPP）构成了加拿大养老保险体系的核心，主要由居民缴费和投资收益组成，负责提供养老金。为了保证

---

① Australian Taxation Office, Superannuation Guarantee（Administration）Act 1992, https://www.ato.gov.au, 2023.

② Australian Taxation Office, Superannuation Guarantee rates and dates, https://www.ato.gov.au, 2023.

CPP 资金的持续性，加拿大政府在 1997 年和 2015 年进行了两次重要改革，创建了基础 CPP 账户和附加 CPP 账户，并成立了加拿大养老金计划投资委员会（CPPIB）来负责基金的市场化投资管理。通过有效的投资管理，CPP 的资金规模显著增长，截至 2023 年一季度末，资产总额已达到 5700 亿加元，使其成为全球公共养老基金中规模较大的一个[①]。CPPIB 的投资策略展现出明显的资产类别和地域多元化趋势，主要投资领域包括公开市场的股票和私募股权，同时涉及固定收益和实体资产，如房地产和基础设施。在股权投资方面，CPP 不仅集中在美国等发达国家的资本市场，也逐渐扩展到亚洲、拉丁美洲等新兴市场。作为一个在可持续投资领域里的先驱，CPP 还是全球首个发行绿色债券的养老基金，并通过《绿色债券框架 2022》明确了绿色债券资金的使用标准和管理方法。这些举措不仅强化了 CPP 的财务健康，也展示了其在全球养老金管理中的领先地位。

2. 医疗保健调整

（1）强化老年医疗服务。随着老年人口的增加，医疗服务需求显著提高，促使先进国家对其医疗体系进行必要的调整和优化。其中，核心策略之一是采取以预防为主的医疗理念，广泛开展健康教育和预防性服务，以降低疾病发生率，从而减轻老年人因慢性病和其他健康问题带来的医疗负担。这种预防性策略不仅提升了公共健康水平，还有助于减少医疗资源的过度使用，提高医疗服务的效率和质量。

此外，社区医疗的发展是应对老龄化社会的另一重要举措。通过加强基层医疗机构的建设，提供便捷且贴近社区的医疗服务，确保老年人可以在熟悉的环境中及时获得医疗照护。这种社区导向的医疗模式提高了医疗服务的可及性，促进了医疗资源的合理配置，并增强了老年人的健康管理能力和生活质量。同时，实现全民医疗覆盖保障了所有老年人，无论其经济状况或社会地位，都能平等增享有基本医疗保障。这一原则强调了医疗服务的公

---

① CPP Investment Board, Quarterly and Annual Reports, https://www.cppinvestments.com/, 2023.

平性和普及性，通过健全的社会保障体系和医疗保险机制，消除了老年人在获取医疗服务时的经济障碍，切实保障了他们在健康管理和疾病治疗中的基本权益。

美国的 PACE（Program of All-Inclusive Care for the Elderly）① 是一个专为老年人设计的综合性医疗护理项目，旨在为那些虽需护理院级别的照护但仍能在社区中居住的老年人提供服务。该模式结合了医疗和社会服务，通过一个多学科团队在社区环境中为参与者提供一系列包括医疗、康复和社会支持在内的服务。PACE 模式有效地融合了短期医疗与长期照护，极大地延长了老年人在社区的居住时间，被证明是一种成功且高效的老年照护模式。该模式起源于 1973 年，在旧金山的中国城中，当地华裔社区由于文化习俗对养老院持保留态度，因此建立了日间医疗护理中心，这也是 PACE 的初步形态。借鉴英国日间医院的经验，美国老年管理机构、加利福尼亚州政府及健康服务部共同出资建立了首个社区成人日间护理中心——On Lock。随后，On Lock 逐步扩充了家庭支持服务和基础医疗服务，不断优化其服务内容和运营模式，为患者提供了从长期到急性病、慢性病的全面医疗服务。随着时间的推进，On Lock 模式获得了广泛认可，并开始接受医疗保险和医疗救助的共同资助。到了 1986 年，PACE 正式成立，并通过立法在全国范围内建立了多个示范项目，医疗保险和医疗救助成为其主要的资金来源。1990 年，美国首个"全面照护计划"（PACE）开始运营，得到了医疗保险和医疗救助的双重资助。1997 年，PACE 被正式确认为医疗保险支付范围内的永久性服务项目，证明了它作为一种针对失能老年人的综合性健康照护和支持性长期照护服务的效率和效益，相较于传统养老机构，PACE 提供了一个更为有效的选择。

（2）推广长期护理保险。为应对不断增加的老年人口及其长期护理需求，多个发达国家建立了全面的长期护理保险制度，旨在提供专业护理服务并给

---

① https://www.cms.gov/medicare/medicaid-coordination/about/pace.

予经济支持。这些保险制度基于以下核心原则设计，确保能够有效满足老年人的多样化需求，并显著减轻家庭的负担。

首先，社会共济原则是长期护理保险的基础，通过保险机制共同分担护理的风险和费用。这种集体承担方式既平衡了个人之间的经济负担，还提升了社会整体应对老年护理需求的能力。其次，保障需求原则确保所有需要护理的老年人都能获得必要的服务，不受经济状况或社会地位的限制。系统化的护理服务使老年人能够在家中或社区内接受专业的医疗和护理支持，既提升了他们的生活质量和独立性，又能有效预防和管理慢性病，降低潜在医疗成本。此外，减轻家庭负担是该保险制度的重要目标。传统上，家庭成员承担了大量的照护责任，这不仅消耗了大量时间和精力，还带来了经济压力。长期护理保险通过提供经济支持和专业护理服务，大幅降低了家庭照护者的压力，使他们能够更好地平衡工作与生活。

为实现这些目标，长期护理保险制度通常包含强制性或自愿性保险计划、政府补贴以及对护理服务监管等多种政策措施。这些措施确保了服务的覆盖面和质量，服务形式包括家庭护理、社区护理和机构护理等服务形式，以满足不同老年人的需求。政府通过税收优惠和财政补贴鼓励个人和企业参与，从而增强资金保障和财务稳定性。在不少发达国家，实施长期护理保险制度已取得显著成效。该制度不仅有效缓解了公共养老金和医疗系统的压力，确保这些系统在面对日益增长的护理需求时的可持续性，还通过提供专业护理服务大幅提升了老年人的健康水平和生活质量，使他们能够更长久地在社区中独立生活，减少了对传统机构护理的依赖。同时，通过减轻家庭照护者的负担，也促进了劳动力市场的稳定和经济发展。

日本作为较早面临人口老龄化问题的国家之一，于 2000 年建立了长期护理保险制度[①]。二十多年来，该制度经历了多次改革，主要聚焦于控制护理费用、提升服务质量以及确保系统的可持续性等方面，同时加强政府的监管角

---

① 郭佩，《日本长期护理保险制度改革借鉴》，http://ijs.cssn.cn/xsyj/xslw/rbsh/202309/t20230908_5684290.shtml，2023.

色。日本长期护理保险制度的显著特点之一是引入市场竞争机制，鼓励民营企业参与老年护理服务。这种机制有效地调动了市场、地方政府和非营利组织等多方力量的参与，形成了一种混合福利供给模式。在这一模式中，政府主要负责法规制定、系统组织运作、资金提供以及监督和问责。另一个显著特点是护理预防，日本积极推动老年失能预防体系的建设。该体系主要由地方基层行政单位（市、町、村）负责，同时吸引非营利组织、社会团体和个人参与到老年预防护理服务中，实现服务供应的多元化。通过对轻度失能老年人进行早期健康干预，提升其身心健康，从而减少潜在失能人群的数量，减轻了护理保险基金的负担。此外，日本还鼓励居家养老，并发展社区整合型护理服务。政府不断完善和细化这些服务内容，包括加强医疗、护理和生活援助之间的协调与合作。各地区根据当地护理需求、老年人口数量和特性，制订具有地方特色的护理保险服务计划。同时，日本建立了 24 小时巡回型护理服务和随时应对型护理服务体系，为有中、重度护理需求的老年人提供必要的居家生活支持。这些措施综合提高了护理服务的可达性和质量，确保了长期护理保险制度的有效运行和可持续发展，有效应对了老龄化社会的挑战。

3. 鼓励老年人继续参与社会活动

社会参与不仅仅是简单的活动参与，更是一种对社会资源和人际网络的利用和扩展，这对老年人心理、情感和身体的健康都有显著的积极影响（Morrow-Howell，2010）。通过广泛而深入的社会参与，老年人能够重新融入社会主流，感受到自己属于群体的一部分，从而减轻因与社会脱节带来的孤独感和无助感。具体而言，参与各种社会活动显著增强了老年人的心理健康，有效减少孤独感和抑郁症的发生。这些社会互动帮助老年人保持积极的心态，感受到自身的价值和社会的认可，从而延缓认知功能的衰退，提升整体幸福感和生活满意度。此外，社会参与为老年人提供继续学习和自我发展的机会，使他们能够保持智力活跃并适应社会的变化。通过参与文化、教育和娱乐活动，老年人不断增加自己的知识和技能，保持对生活的热情。这种持续的学习和成长不仅有助于个人的自我实现，而且增强了他们的适应能力和应对生活挑战的能力。志愿服务也是一个重要的平台，通过参与自愿服务互动，老年人可以利用自身的经验和专长为社区和他人作出贡献。这种利他行为不仅提升了老年人的自尊和成就感，更促进跨代际、跨群体的社会连接，有效拓展社会网络的广度和深度。

加拿大政府推出了新视野老年计划（New Horizons for Seniors Program，NHSP)①，这是一个由加拿大就业和社会发展部支持的社区项目计划，旨在为全国各地的社区项目提供资金支持。NHSP 的目标多元，包括促进老年人与其他年龄层之间的志愿服务，以增强代际合作与理解。该计划还鼓励老年人通过指导和参与社区活动的方式积极投身社会，以此支持他们的社会参与和包容性。NHSP 旨在为新启动的项目或现有的社区项目提供必要的资金援助，确保这些项目能够成功实施，从而提升老年人的生活质量并增强社区的凝聚力。

三、科技助老战略

全球老龄化趋势下，科技创新正成为提升养老服务质量和效率的关键驱动力（Sheng et al., 2022）。各国政府纷纷制定并实施国家层面的战略政策，大力推广先进的机器人技术、人工智能、物联网和智能家居系统，以帮助老年人实现更高程度的独立生活并提高生活质量。这些战略政策通常涵盖资金支持、研发激励、法规制定及公私部门合作，为科技助老项目提供制度支持。

在实施层面，多国设立了专门的科技发展计划和养老创新基金，为科技研发和应用转化提供了必要的财政支持。同时，相关国家政府还制定了一系列法规和标准，以保护老年人在使用智能设备和接受远程医疗服务时的隐私和安全。政策引导下形成的公共部门与私营企业合作模式，推动科技在养老服务中的广泛应用。当前科技助老应用主要呈现三大功能：日常生活辅助

---

① https://www.canada.ca/en/employment-social-development/news/2022/09/backgrounder-new-horizons-for-seniors-program.html.

（如智能代步、家务机器人）、健康管理（如可穿戴设备、远程问诊）以及心理支持（如 VR 康复训练、情感陪伴）。科技助老的普及大大减轻了护理人员的负担，扩大了养老服务的覆盖面和可及性，并促进了代际之间的交流与社会融合。然而，这一领域的发展同样面临技术成本高、隐私安全问题以及老年人数字素养不足等挑战。

日本作为科技助老政策的领导者，于 2015 年实施"机器人新战略"①，特别强调护理机器人的开发，以应对人力护理方式难以满足的不断增长的护理需求的问题。该战略确认了护理机器人在未来日本养老体系中的核心角色，并设定了明确的发展目标与执行路径。日本政府为此提供财政支持，激励科研单位、商业企业及跨行业合作伙伴共同投入护理机器人技术的研发和普及。这些支持措施包括研发补助、税收减免以及试点项目的资助，旨在减轻研发新技术的经济压力，激发创新活力。日本政府还致力于建立标准化的技术规范与认证系统，以确保这些机器人在实际应用中的安全性和有效性。这些规范涉及机器人的设计、安全性能及数据保护等多个方面，确保护理机器人在服务过程中高效完成任务的同时保护使用者的隐私安全。此外，"机器人新战略"特别强调提升用户体验和优化人机交互。政府支持开发的机器人不仅技术先进，还具备高度人性化的特征，能够理解并响应老年人的具体需求，提供定制化的护理服务，使护理机器人不仅能完成日常护理任务，还能在情感上给予老年人支持和慰藉，增强其生活质量。

新加坡政府将"数字适老"定位为建设数字社会的关键方向之一，通过顶层设计与配套政策相结合，全面推进该领域的发展②。政府发布了《数字预备蓝图》（*Digital Readiness Blueprint*），突出增强数字访问的包容性，将数字素养纳入公民意识，推动数字技术在社区和企业的广泛应用，以及通过设计实现数字包容性等关键任务。在政策层面，新加坡制定了一系列具体政策，着重扩大数字工具的普及、提供针对性服务给有特殊需求的群体、培育民众的

---

① https://www.tisi.org/16239.

② https://finance.sina.com.cn/world/2021-09-18/doc-iktzqtyt6695370.shtml.

基本数字技能、提高信息与媒体素养，并激励私营部门及社会团体发挥更大作用。在数字适老政策方面，新加坡采取了综合性措施，旨在满足老年人的需求并提高他们的数字参与度。首先，政府与通信运营商合作推出了"长者移动接入计划"，使低收入老年人能够以优惠价格购买智能手机，减轻他们使用数字服务的经济压力。其次，在老年人频繁访问的社区服务中心设立了数百个数字服务柜台，并招募志愿者作为"数字大使"，提供面对面的技术操作指导。对于有身体残疾的老年人，还提供一对一的数字技能培训，确保他们也能获得必要的支持。此外，新加坡政府还与企业和公私机构合作，在工作场所内为年长雇员提供数字技能培训，帮助他们适应数字化的工作环境，保障他们的就业。针对进阶需求，政府还开设了扩展课程，教授使用与健康医疗相关的应用程序、网络安全以及诈骗防范知识等。新加坡每年还与公益机构合作，选拔技术熟练且积极拥抱数字生活的老年人担任"银发信息大使"，他们不仅是同龄人的榜样，还在社区中开设课程，激发其他老年人对数字生活的兴趣和信心。通过这些措施，新加坡力求在保障公共服务的同时，提供多元化的服务选择，确保老年人在数字化时代中不被边缘化。

除日本和新加坡外，其他一些发达国家和地区也推出了相应的"科技助老"政策。例如，德国在2023年发布了《健康和护理数字化战略》，强调通过现代医学和数据驱动的护理流程，为改善医疗保健提供方向性指导。欧盟通过"积极与辅助生活计划"（AAL Programme），旨在通过使用技术来实现独立、健康的老龄生活，并资助跨国项目，开发支持老年人独立生活的数字技术。

总体而言，这些国家的战略政策展现了在应对人口老龄化挑战时，政府利用科技手段的前瞻性规划和战略思考。通过实施专门的科技助老政策，不仅显著提升了养老服务的质量和效率，还促进了产业创新和经济发展，有效减轻了社会和家庭的负担。在提升养老服务质量和效率方面，这些国家通过集成机器人、人工智能和物联网技术，优化了护理流程，提高了服务的智能化水平。同时，科技助老领域的发展创造了新的市场需求，推动了相关高新技术产业如机器人制造、智能硬件、健康数据分析的快速成长。科技助老的应用，如远程医疗和智能家居技术，也极大地缓解了护理负担，使家庭成员更有效地了解老年人的健康状况，减少了对全职照护的依赖。同时，护理机构通过引入自动化和智能化设备提高了运营效率，降低了成本，使护理服务更具可持续性。

第二节　中国人口老龄化战略与政策

中国当前的人口老龄化战略是一项全面的应对方案，旨在积极应对人口结构变化所带来的挑战（胡湛、彭希哲，2019）。首先，政府正在深化体制机制改革，稳步推进养老保障事业健康发展，努力实现城乡基本养老保险的统筹，建立更加公平和可持续的养老保障体系，确保所有老年人都能获得基本生活保障。其次，在医疗和长期护理方面，重点强化老年医疗服务体系的建设，包括完善医疗基础设施，培养专业的老年医学和护理人才，以满足日益增长的医疗护理需求。最后，政府放宽了生育政策，实施全面三孩政策，并推出一系列配套措施，如生育津贴、育儿补贴和改善托育服务，鼓励适龄夫妻生育，促进人口长期均衡发展。

一、政府应对措施

1. 养老金体系改革

随着中国人口老龄化的加剧，现有的养老保险体系面临着前所未有的压力（施文凯，董克用，2024）。特别是在城乡之间，养老保障水平存在显著差异。农村地区的养老保障相对薄弱，但老年人口比例更高，养老保险覆盖率和待遇水平明显低于城市[①]。许多农村老年人依靠的土地收入和子女赡养难以

[①]　人力资源和社会保障部，《中国社会保险发展年度报告 2018》，2019 年。

满足日益增长的养老需求。为应对这一挑战，我国政府积极推动城乡居民基本养老保险的整合①，旨在建立全国统一的基本养老保险制度，消除城乡之间的差异。这一举措不仅是对破除城乡二元经济结构的回应，也是为了确保所有老年人都能享有公平、充足的养老保障。与此同时，根据经济发展水平和物价指数，政府适时调整养老金领取水平，以确保养老金的购买力不断提升，从而提高老年人的生活质量。2005 年以来，中国已连续多年调整退休人员基本养老金。

《国务院关于建立统一的城乡居民基本养老保险制度的意见》是支持这一政策的重要文件。该文件提出将新型农村社会养老保险和城镇居民社会养老保险进行整合，统一管理和运行，避免重复建设和资源浪费。这一政策的基本原则包括统一制度、权责清晰、公平公正和可持续性；其核心在于企业养老保险制度的完善，要与其他群体的养老保险制度的破局结合在一起，最终实现相融。通过增量改革，加快不同群体之间养老保险制度的并轨，以解决现行养老保险体制的碎片化问题。截至 2023 年底，城乡居民基本养老保险参保人数已达到 10.66 亿人②。这表明相关政策的实施取得了显著成效，城乡居民的养老保障水平得到普遍提升。通过统一的制度安排，政府能够更加有效地管理和监督养老保险基金的运行，提高资金使用效率，增强养老保险制度的长期可持续发展能力。

除了整合城乡基本养老保险，我国政府还积极完善多层次养老保障体系，发展企业年金、职业年金和个人商业养老保险等养老保险类型，以满足不同群体的多样化养老需求（张宗良，褚福灵，2024）。事实上，早期单一的基本养老保险体系已难以全面应对人口老龄化带来的复杂挑战，必须通过多支柱的体系增强养老保障的弹性和多样性。在完善养老保障体系的过程中，基本原则包括多元化发展、互补性、自主性与政府引导并重以及风险管理。通过鼓励企业、职业群体和个人积极参与，形成多层次、多支柱的养老保障体系，

---

① 国务院，《国务院关于建立统一的城乡居民基本养老保险制度的意见》，2014 年。
② 人力资源和社会保障部，《2023 年度人力资源和社会保障事业发展统计公报》，2024 年。

各层次的养老保障体系相互补充，分散养老风险，提升整体养老保障水平。同时，政府通过政策引导和支持，确保多层次养老保障体系的健康发展。

2. 医疗和长期护理

老年人患有慢性病和多种疾病的比例较高，对医疗和护理服务的需求持续增加。据统计，截至 2023 年底，中国 60 岁及以上老年人口已达到 2.97 亿，占总人口的 21.1%[①]，其中超过 75% 的老年人患有一种或多种慢性病[②]。然而，现有的医疗服务体系在老年专科医疗、护理人员数量和专业水平等方面，尚未满足这一人群的需求。

为应对这一挑战，中央政府推出了《中共中央　国务院关于加强新时代老龄工作的意见》《"十四五"健康老龄化规划》《"十四五"国家老龄事业发展和养老服务体系规划》等一系列政策意见和规划。这些政策旨在完善老年健康服务体系，增强老年医疗护理服务的供给能力，并特别强调了加强老年病医院、康复医院及护理院的建设，提升基层医疗卫生机构服务老年人的能力。政策措施实施成效显著，截至 2021 年底，全国共建成老年病医院 800 多家，康复医院 2000 多家，护理院近 3000 家[③]，基层医疗机构的服务能力得到了显著提升，老年人就近就医的便利性明显增强。此外，面对老年医学专业人才短缺，难以满足老年人多样化的健康需求的问题，政府还大力鼓励专业人才培养，如老年医学、护理学等专业，完善相关学科设置，提升医疗护理人员的专业素质。据教育部统计，截至 2020 年，全国开设老年医学相关专业的高校已达 150 所，培养老年医学专业毕业生近万人[④]。同时，各级医疗机构积极开展在职培训，提高现有医疗护理人员的老年医学服务能力。上述措施有效缓解了老年医学人才短缺的问题，提高了医疗服务的专业化水平。

政府还推进了长期护理保险制度的试点，以应对因老龄化加深而迅速增长的失能和半失能老年人口的需求。根据人力资源社会保障部办公厅 2016

[①]　国家统计局，《中华人民共和国 2023 年国民经济和社会发展统计公报》，2024 年。

[②]　全国老龄工作委员会办公室，《中国老龄事业发展报告（2019）》，2020 年。

[③]　国家卫生健康委员会，《2021 年我国卫生健康事业发展统计公报》，2022 年。

[④]　教育部，《全国高等学校名单》，2021 年。

年发布的《人力资源社会保障部办公厅关于开展长期护理保险制度试点的指导意见》，试点工作首先在经济条件较好的地区开展。截至 2022 年，长期护理保险试点已覆盖 49 个城市，参保人数超过 1.4 亿[①]。显著提高了试点地区的老年人长期护理服务水平，有效减轻了家庭经济负担。政府还积极发展社区和居家养老服务，支持社区设立日间照料中心、康复护理站等，以提供就近、便捷的医疗和护理服务。如，国务院办公厅发表的《关于推进医疗联合体建设和发展的指导意见》，有效推动了医疗资源的下沉，提高了基层医疗服务水平，使老年人在社区就能获得必要的医疗服务。截至 2021 年底，全国已建成各类社区养老服务设施近 20 万个，社区居家养老服务覆盖率达到 90％以上[②]。老年人获得医疗和护理服务的可及性和便利性大幅提升。

3. 鼓励生育政策

人口出生率持续走低，导致适龄劳动力人口逐渐减少，进一步加剧了人口老龄化趋势（王军，张露，2021）。这一人口结构变化对经济发展和社会保障体系构成了严峻的挑战。为应对这些问题，中共中央、国务院于 2021 年推出了《关于优化生育政策促进人口长期均衡发展的决定》。该政策旨在应对人口老龄化加速、生育水平持续走低及人口发展面临的重大转折，进而促进人口的长期均衡发展，维护国家的可持续发展能力。政策的核心原则是坚持以人民为中心的发展思想，允许一对夫妻生育三个子女，并取消社会抚养费及相关处罚规定。同时，政策强调生育政策与经济社会政策的配套衔接，提出了一系列支持措施。如为减轻家庭的生育和育儿经济负担，政府推出了生育津贴、育儿补贴和税收优惠等经济激励政策。此外，政府还加强托幼机构建设，发展普惠托育服务体系，提供优质、便捷的托育服务，解决家庭的后顾之忧。各地政府积极响应中央政策，推出了具体措施。例如，上海市加大对托育机构的支持力度，鼓励社会力量参与托育服务供给，并对托育机构给予

[①]　人力资源和社会保障部，《长期护理保险制度试点扩大到 49 个城市》，2022 年。
[②]　民政部，《2021 年民政事业发展统计公报》，2022 年。

运营补贴和一次性建设补贴①。在人力资源方面，人社部发布了《关于进一步规范招聘行为促进妇女就业的通知》，明确禁止招聘过程中出现限制生育等就业歧视行为。

在不少方面，政策的成效已经开始显现。根据国家卫生健康委员会的数据，截至 2023 年底，全国千人口托位数达到 3.38 个，共有托位 477 万个，包括社区嵌入式托育、用人单位办托、家庭托育点、托育综合服务中心、幼儿园托班等多种模式②。托育服务的快速发展，有效缓解了家庭育儿难题，提升了家庭生育意愿。这些服务形式包括全日托、半日托、计时托、临时托等。此外，女性就业环境有所改善，招聘歧视现象得到了一定遏制，女性劳动参与率保持稳定。然而，值得注意的是，2023 年全国出生人口为 902 万人，出生率继续下降至 6.39‰③。这表明生育政策的调整对提升出生率的作用尚未充分显现，生育意愿受多种因素影响，短期内难以发生根本性改变。因此，进一步完善配套支持政策，优化生育、养育和教育成本分担机制，营造有利于生育的社会环境，仍是未来的重要任务。只有通过综合施策，持续发力，才能逐步扭转出生率下降的趋势，促进人口长期均衡发展。

二、职场成功老龄化相关政策

1. 调整退休年龄

据《2023 年我国卫生健康事业发展统计公报》，我国人均预期寿命已达到 78.6 岁，而现行的法定退休年龄仍然偏低：男性 60 周岁，女性干部 55 周岁，女性工人 50 周岁④。这种差距导致大量经验丰富的劳动者过早退出劳动力市场，造成劳动力资源的浪费，同时也增加了养老金支付的压力，给社会

---

① 上海市人民政府，《上海市人民政府关于促进本市托育服务发展的若干意见》，《关于进一步促进本市托育服务发展的指导意见》，2023 年。
② 十四届全国人大常委会第十一次会议，《国务院关于推进托育服务工作情况的报告》，2024 年。
③ 国家统计局，《中华人民共和国 2023 年国民经济和社会发展统计公报》，2024 年。
④ 国家卫生健康委，《2023 年我国卫生健康事业发展统计公报》，2024 年。

保障体系带来沉重负担。为应对这些挑战，国家提出了渐进式延迟退休的政策。2024 年 9 月 13 日，十四届全国人大常委会第十一次会议审议通过了《关于实施渐进式延迟法定退休年龄的决定》，明确了改革的目标原则、主要任务和保障措施。9 月 19 日，国务院召开了实施渐进式延迟法定退休年龄工作动员部署视频会议，全面部署各项工作。政策的基本原则是小步调整、弹性实施、分类推进、统筹兼顾，具体采取每年延长几个月的方式，逐步提高退休年龄，避免对社会造成冲击。同时，建立灵活退休机制，允许符合条件的人员自主选择退休时间，鼓励自愿延迟退休。此外，国家健全了养老保险激励机制，鼓励职工长缴多得、多缴多得、晚退多得，体现政策的人性化和公平性。根据人力资源和社会保障部的数据，预计到 2025 年，延迟退休政策将每年为劳动力市场增加约 300 万名经验丰富的劳动者①，在一定程度上缓解劳动力供给不足的问题，并减轻养老金支付压力。

2. 老年人培训教育

在信息技术迅猛发展的背景下，中老年劳动者面临着知识更新缓慢和技能老化的双重挑战（Fang et al., in press），这不仅影响了他们的再就业和持续就业能力，也对整个劳动力市场的活力构成了威胁。为此，国家高度重视老年人培训教育工作，旨在通过系统性的政策措施，提升中老年劳动者的就业竞争力，促进社会公平，实现经济转型升级的目标。例如，2019年国务院《关于印发国家职业教育改革实施方案的通知》中明确提出，要推进终身职业技能培训制度，鼓励和支持劳动者积极参与培训，提高整体就业能力。该政策的基本原则是政府主导、社会参与、个人自愿，致力于构建覆盖全社会的终身学习体系，具体措施包括开展大规模的职业技能培训，政府、企业和社会机构协同合作等。这些措施将为中老年劳动者提供免费或优惠的培训项目，有助于提升数字技能、服务技能等与现代经济发展密切相关的专业能力。同时，政府还积极支持终身学习，推动老年教育

---

① 国家统计局，《中华人民共和国 2021 年国民经济和社会发展统计公报》，2022 年。

的发展，如《老年教育发展规划（2016—2020年）》提出加快建设老年大学、社区学院等教育机构，完善老年教育体系。在一系列政策的指导下，截至2020年底，全国老年大学（学校）已达7.6万所，参与学习的老年人超过1000万人①。这些教育机构不仅为老年人提供了丰富的学习资源，还通过多样化的课程设置，满足了老年人多层次、多样化的学习需求，提升了他们的社会参与能力和生活质量。

在促进就业创业方面，政府建立了老年人就业服务平台，提供全面的就业信息、政策咨询和创业指导，鼓励有能力的老年人继续参与经济活动。这些平台通过整合资源，帮助老年劳动者发现就业机会，获取必要的职业支持，增强其在劳动力市场中的竞争力。此外，政府还修订和完善了《中华人民共和国老年人权益保障法》，明确禁止在招聘过程中对老年劳动者进行年龄等方面的就业歧视，切实保障其合法权益。这些政策措施的实施取得了显著成效。根据统计，参与职业技能培训的中老年劳动者就业率提高了15%，技能水平显著提升。这不仅改善了老年人的生活质量，增强了他们的自我价值感和社会参与度，也为经济社会发展注入了新的活力。通过系统性的培训和教育，老年劳动者不仅能够适应现代科技发展的需求，还能够在各自的岗位上发挥更大的作用，推动产业升级和经济结构优化。

参考文献

[1] 胡湛，彭希哲. 对人口老龄化的再认识及政策思考 [J]. 中国特色社会主义研究，2019，5：60-67.

[2] 施文凯，董克用. 中国基本养老保险制度激励约束机制研究 [J]. 公共管理与政策评论，2024，13（4）：117-127.

[3] 张宗良，褚福灵. 多层次、多支柱养老金体系：改革回顾与优化思路 [J]. 中国特色社会主义研究，2024（1）：65-75.

---

① 教育部，《中国老年教育发展报告（2019—2020)》，2021年。

［4］王军，张露. 中国低生育水平下的人口形势、长期发展战略与治理策略［J］. 治理研究. 2021，37（4）：61-70.

［5］Morrow-Howell, N. Volunteering in Later Life：Research Frontiers［J］. Journals of Gerontology Series B：Psychological Sciences and Social Sciences，2010，65B（4）：461-469.

［6］Sheng, N., Y. Fang, Y. Shao, V. Alterman, M. Wang, and S. Liu. The Impacts of Digital Technologies on Successful Aging in Non-Work and Work Domains：An Organizing Taxonomy［J］. Work, Aging Retirement，2022，8：198-207.